数列的
系统性解读

主　编　刘成龙　　吕荣春　　余小芬　　张　莉
副主编　杨坤林　　郭爱平　　张先毅
编　委〔排名不分先后〕

赵珂誉　李俊彦　李　明　郝永超　李正泉
肖青山　邓万强　李玉刚　杨竣铃　唐　俊
严豪东　郭　洪　郑云升　刘　宵　魏　杰
杨　兵　杨　林　王昌林　陈志明　何明丽
杨旭明　向　勇　徐永浩　张　毅　李小梅
陈　敏　张　伟　秦　丹　何贻勇　李永忠
陈蓉芳　陈　凤　吴芳婷　李晓娟　刘新故
赵青松　谢　林

四川大学出版社
SICHUAN UNIVERSITY PRESS

图书在版编目（CIP）数据

数列的系统性解读 / 刘成龙等主编 . — 成都：四
川大学出版社，2022.11
　　ISBN 978-7-5690-5732-4

　　Ⅰ．①数… Ⅱ．①刘… Ⅲ．①代数课－高中－教学参
考资料 Ⅳ．① G634.623

中国版本图书馆 CIP 数据核字（2022）第 187090 号

书　　名：数列的系统性解读
　　　　　Shulie de Xitongxing Jiedu
主　　编：刘成龙　吕荣春　余小芬　张　莉

选题策划：毕　潜
责任编辑：毕　潜
责任校对：周维彬
装帧设计：墨创文化
责任印制：王　炜

出版发行：四川大学出版社有限责任公司
　　　　　地址：成都市一环路南一段 24 号（610065）
　　　　　电话：（028）85408311（发行部）、85400276（总编室）
　　　　　电子邮箱：scupress@vip.163.com
　　　　　网址：https://press.scu.edu.cn
印前制作：四川胜翔数码印务设计有限公司
印刷装订：四川五洲彩印有限责任公司

成品尺寸：185mm×260mm
印　　张：11
字　　数：282 千字

版　　次：2022 年 12 月 第 1 版
印　　次：2022 年 12 月 第 1 次印刷
定　　价：56.00 元

扫码查看数字版

四川大学出版社
微信公众号

本社图书如有印装质量问题，请联系发行部调换

前　言

　　数列是一种特殊的函数，其特殊性在于数列的定义域是正整数集的子集，于是数列的图像由一系列孤立的点构成．正是由于数列的特殊性，数列除具有一般函数的部分性质外，还具有一些特殊的性质．因此，数列问题的解决方法很多时候不同于一般函数问题．也正是由于数列的特殊性，学生在对数列的认识上有一定的困难．同时，数列是高考的重点内容，是自主招生考试的热点问题，因此，有必要对数列问题进行深入的研究．如何对数列进行研究呢？本书以高考试题、自主招生考试试题和竞赛试题为载体，提出了研究数列的三个维度，即对数列的宏观把握、微观认识和中观解读．

　　基于三个维度，构建了本书的框架：第1章对数列的宏观把握，内容包括从知识层面看数列、从课程标准看数列、从高考试题看数列；第2章对数列的微观认识，介绍了数列的概念、表示及研究方法，等差数列，等比数列，通项公式，数列求和；第3章对数列的中观解读，内容包括函数观点和数列的特殊方法、归纳法和从特殊到一般、回归数列特殊性、数列中方程的思想、数列中的分类讨论、函数观点和单调性解决数列不等式问题、数列不等式中的放缩法求和、数列中不可忽略的一些知识点．

　　本书在撰写过程中力求体现以下特点：

　　（1）语言通俗易懂．书中尽量使用通俗语言，回避生涩词语，便于学习使用．

　　（2）典例案例贯穿始终．书中选取的案例丰富，并具有针对性、典型性和示范性．

　　（3）内容系统完整．本书系统、完整地对数列进行了解读，有利于全面构建数列知识体系．

　　（4）视角新颖深刻．本书对案例的解读视角新颖、深刻，富有深度．

　　感谢为本书的出版提供有力支持和资助的内江师范学院数学与信息科学学院、科技与学科建设处，四川省"西部卓越中学数学教师协同培养计划"项目（ZY16001），教育部本科教学工程内江师范学院"数学与应用数学专业综合改革试点"项目（ZG0464），内江师范学院本科生教学研究能力培养模式探索与实践（YLZY201902），内江师范学院基础教育研究与实践专项"聚焦数学核心素养的大概念教学研究"（JG202125），内江师范学院数学与应用数学一流专业建设子项目"初等代数研究"慕课建设（YLZY201902），2022年内江市教育局高校基础教育研究专项课题"指向数学核心素养发展的复习课教学研究"，2022 年内江市社科规划课题"中小学教师有效教育科研的提升策略研究"；感谢为本书的出版付出辛勤劳动的四川大学出版社的编辑们；感谢为本书的出版提供热情帮助的各位老师；对引用了其研究成果的作者致以衷心的谢意，同时也真诚感谢关心、支持本书出版的所有亲人、朋友，谢谢你们的支持和帮助.

由于时间和知识水平有限，本书在编写过程中难免存在一些不足之处，敬请大家批评指正.

编　者

2022 年 8 月

目　　录

第 1 章　对数列的宏观把握

数列是一种特殊的函数，有着独特的魅力，对数列的理解应当从宏观着眼．本章从知识层面、课程标准和高考试题三个方面来认识数列．

1.1　从知识层面看数列

高中数列由数列的基本概念、等差等比数列、数列通项 a_n 以及前 n 项和 S_n 的性质、求法和应用构成.

1.1.1　数列易错点

(1)等差和等比概念混淆，等差中项和等比中项概念混淆.

(2)数列求和易忽略讨论数列是否为等比数列，以及等比数列公比是否为 1，比如：

①求和：$x + x^2 + \cdots + x^n$；

②$\{a_n\}$ 为等比数列，S_9 是 S_3，S_6 的等差中项，求证：a_2，a_8，a_5 成等差数列.

(3)求和时计算项数往往会犯错，这是因为计算项数时看重末项，忽视首项，忽视项的结构，比如：

①$1 + \dfrac{1}{3} + \left(\dfrac{1}{3}\right)^2 + \cdots + \left(\dfrac{1}{3}\right)^n$；

②由 $a_n - a_{n-1} = n$ 或 $a_{n+1} - a_n = n$，求 a_n（把 $n-1$ 个式子加起来，什么时候开始，什么时候结束）；

③实际问题情境中的年初和年末，计算年份；

④$2 + 2^4 + 2^7 + \cdots + 2^{3n+1}$.

(4)由 S_n 求 a_n 时容易忽视对首项的验证而犯错，比如：

①$a_n = \begin{cases} S_1, & n = 1, \\ S_n - S_{n-1}, & n \geqslant 2 \end{cases}$（一定要算首项并检验）；

②已知 $a_1 = 1$，$a_{n+1} = 3S_n$，求 a_6（当 S_n 与 a_n 下标不一致的时候，一定要检验第一项是否满足）.

(5)证明数列是否为等比数列时容易忽略说明首项不为 0 而犯错.

(6)求解等差数列前 n 项和最值问题时容易出现错误认识，比如：

①"若 $a_1 > 0$，$d < 0$，S_n 有最大值，n 可由 $\begin{cases} a_n \geqslant 0, \\ a_{n+1} < 0 \end{cases}$ 来确定；若 $a_1 < 0$，$d > 0$，S_n 有最小值，n 可由 $\begin{cases} a_n \leqslant 0, \\ a_{n+1} > 0 \end{cases}$ 来确定"是错误的，应改成"若 $a_1 > 0$，$d < 0$，S_n 有最大值，

n 可由 $\begin{cases} a_n \geqslant 0, \\ a_{n+1} \leqslant 0 \end{cases}$ 来确定；若 $a_1 < 0$，$d > 0$，S_n 有最小值，n 可由 $\begin{cases} a_n \leqslant 0, \\ a_{n+1} \geqslant 0 \end{cases}$ 来确定".

②"当 S_n 有最大值时，n 可由 $\begin{cases} S_n \geqslant S_{n-1}, \\ S_n > S_{n+1} \end{cases}$ 来确定；当 S_n 有最小值时，n 可由 $\begin{cases} S_n \leqslant S_{n-1}, \\ S_n < S_{n+1} \end{cases}$ 来确定"是错误的，应改成"当 S_n 有最大值时，n 可由 $\begin{cases} S_n \geqslant S_{n-1}, \\ S_n \geqslant S_{n+1} \end{cases}$ 来确定；

当 S_n 有最小值时，n 可由 $\begin{cases} S_n \leqslant S_{n-1}, \\ S_n \leqslant S_{n+1} \end{cases}$ 来确定".

1.1.2　数列难点与对策

（1）由递推关系求通项公式.

策略：需要记住基本的代数变形，同时可根据题目的提示来思考.

（2）错位相减法算不出正确结果.

策略：记住数列常见易错点，弄清错位相减的基本程序和本质.

（3）数列不等式恒成立求参数范围的问题.

策略：转化为最值，偶尔要思考极限情况.

（4）放缩法处理不等式.

策略：掌握常见的放缩，可以考虑把数看成某个数列的和.

（5）知识点多，方法多，课时不够，难题多.

策略：根据自己的情况，以高考为导向，适当放弃，注重基础知识的强化，用研究数列的基本方法去思考，注意对观察能力的培养.

1.2　从课程标准看数列

1.2.1　从函数的观点看数列

把数列看成特殊函数，并通过等差和等比数列 a_n 和 S_n 的表达式和图像强化函数观点，函数的知识、思想方法都可以在这里得到充分的应用，为处理数列问题提供了强大的工具. 从函数的观点看数列，是从一般到特殊，为我们研究的内容和方法指明了方向，比如，与函数一样，要研究数列的表示方法、性质等.

1.2.2　注重对数列所蕴含思想的揭示

为了发现事物所蕴含的规律，一般采用归纳的思想，这样就会得到数列，再去观察项与项之间的关系，得到递推关系式，然后通过代数变换得到通项公式. 有些时候，直接跨过递推关系式也可以得到通项公式. 由此可知，数列最核心且最基本的思想是"归纳"和"递推"，应该让学生反复经历"归纳"和"递推"这两个过程.

1.2.3　数列递推关系对于数列的重要意义是数列特殊性的体现

数列作为一个特殊的函数，其特殊性反映在图像上是一些离散的点，可以通过点与点之间的关系来找对应关系，即通过数列的递推关系来找数列的通项公式. 对于数列来说，递推关系有着特别的意义. 教材必修 5 第 31 页告诉我们，递推公式也是数列的一种表示方法；例 3 和教材第 34 页 B 组第 3 题就是通过递推关系式去找数列的一些项；在教材第 59 页，阅读与思考——九连环向我们展示了由数列的递推关系去求数列的通项公式.

1.2.4　把观察能力作为数列考查的核心能力

以前的高考题让学生经历的是从递推关系式到通项公式的代数变换，而这其中有很多的解题套路，应该减少对这些套路的考查. 数列既然是一列数，那最基本的研究方法就应该是列出来，再观察. 观察能力应该成为最核心的能力. 教材必修 5 数列第一节的课后习题有超过一半以上的题目都是在考查观察能力.

1.3　从高考试题看数列

尽管高考对数列的考查先后经历了知识立意、能力立意和素养立意，但总的来看可归结为以下三点：

(1)注重对基础知识的考查：数列的相关概念、性质及求和.

(2)注重对基本观点的考查：函数的观点、方程的观点.

(3)注重对常规认识的突破：试题难度加大，结构不良问题偶有设置.

基于此，对数列考查特点的分析显得尤为重要. 以全国卷为例，我们分两段展开：首先以表格的形式呈现 2009—2016 年高考全国卷数列考点及考查方式，然后详细分析 2017—2022 年高考全国卷数列考查特点.

1.3.1　2009—2016年高考全国卷数列考点及考查方式分析

考点及考查方式	高考样题	频数
方程的思想求基本量	【例1-1】(2014年新课标Ⅱ第3题)等比数列$\{a_n\}$的前n项和为S_n，已知$S_3=a_2+10a_1$，$a_5=9$，则$a_1=($　　$)$. A. $\dfrac{1}{3}$　　B. $-\dfrac{1}{3}$　　C. $\dfrac{1}{9}$　　D. $-\dfrac{1}{9}$ 【例1-2】(2013年辽宁卷第14题)已知等比数列$\{a_n\}$是递增数列，S_n是$\{a_n\}$的前n项和. 若a_1，a_3是方程$x^2-5x+4=0$的两个根，则$S_6=$_____. 【例1-3】(2013年新课标Ⅰ第7题)设等差数列$\{a_n\}$的前n项和为S_n，$S_{m-1}=-2$，$S_m=0$，$S_{m+1}=3$，则$m=($　　$)$. A. 3　　B. 4　　C. 5　　D. 6	17
数列性质	【例1-4】(2012年新课标第5题)已知$\{a_n\}$为等比数列，$a_4+a_7=2$，$a_5a_6=-8$，则$a_1+a_{10}=($　　$)$. A. 7　　B. 5　　C. -5　　D. -7 【例1-5】(2012年辽宁卷第6题)在等差数列$\{a_n\}$中，已知$a_4+a_8=16$，则该数列前11项和$S_{11}=($　　$)$. A. 58　　B. 88　　C. 143　　D. 176 【例1-6】(2009年辽宁卷第6题)设等比数列$\{a_n\}$的前n项和为S_n，若$\dfrac{S_6}{S_3}=3$，则$\dfrac{S_9}{S_6}=($　　$)$. A. 2　　B. $\dfrac{7}{3}$　　C. $\dfrac{8}{3}$　　D. 3	11
由a_n和S_n的关系式进行处理	【例1-7】(2016年全国卷Ⅲ第17题)已知数列$\{a_n\}$的前n项和$S_n=1+\lambda a_n$，其中$\lambda\neq0$. (1)证明$\{a_n\}$是等比数列，并求其通项公式； (2)若$S_5=\dfrac{31}{32}$，求λ. 【点评】退位相减是基本方法. 【例1-8】(2015年新课标Ⅱ第16题)设S_n是数列$\{a_n\}$的前n项和，且$a_1=-1$，$a_{n+1}=S_nS_{n+1}$，则$S_n=$_____. 【点评】当退位相减求不出时，可以尝试消掉a_n.	7
等差和等比的转化	【例1-9】(2014年大纲卷第10题)等比数列$\{a_n\}$中，$a_4=2$，$a_5=5$，则数列$\{\lg a_n\}$的前8项和等于($　　$). A. 6　　B. 5　　C. 4　　D. 3	3

续表

考点及考查方式	高考样题	频数
数列的单调性和最值	【例 1－10】(2014 年辽宁卷第 8 题)设等差数列 $\{a_n\}$ 的公差为 d，若数列 $\{2^{a_1 a_n}\}$ 为递减数列，则(　　). 　　A. $d<0$　　　　B. $d>0$　　　　C. $a_1 d<0$　　　　D. $a_1 d>0$ 【点评】既可以从函数的观点，也可以从数列项与项的关系来考虑. 【例 1－11】(2016 年全国卷 I 第 14 题)设等比数列 $\{a_n\}$ 满足 $a_1+a_3=10$，$a_2+a_4=5$，则 $a_1 a_2 \cdots a_n$ 的最大值为＿＿＿＿. 【点评】既可以从函数的观点，也可以从通项公式的特点来考虑. 【例 1－12】(2013 年新课标 II 第 16 题)等差数列 $\{a_n\}$ 的前 n 项为 S_n，已知 $S_{10}=0$，$S_{15}=25$，则 nS_n 的最小值为＿＿＿＿. 【点评】可从函数的观点来考虑，导数是基本工具.	6
数列求和	【例 1－13】(2013 年大纲卷第 6 题)已知数列 $\{a_n\}$ 满足 $3a_{n+1}+a_n=0$，$a_2=-\dfrac{4}{3}$，则数列 $\{a_n\}$ 的前 10 项和为(　　). 　　A. $-6(1-3^{-10})$　　　　　　B. $\dfrac{1}{9}(1-3^{-10})$ 　　C. $3(1-3^{-10})$　　　　　　D. $3(1+3^{-10})$ 【例 1－14】(2015 年新课标 I 第 17 题)S_n 为数列 $\{a_n\}$ 的前 n 项和. 已知 $a_n>0$，$a_n^2+2a_n=4S_n+3$. 　　(1)求 $\{a_n\}$ 的通项公式; 　　(2)设 $b_n=\dfrac{1}{a_n a_{n+1}}$，求数列 $\{b_n\}$ 的前 n 项和. 【点评】裂项的一般形式. 【例 1－15】(2010 年新课标第 17 题)设数列 $\{a_n\}$ 满足 $a_1=2$，$a_{n+1}-a_n=3 \cdot 2^{2n-1}$. 　　(1)求数列 $\{a_n\}$ 的通项公式; 　　(2)令 $b_n=na_n$，求数列 $\{b_n\}$ 的前 n 项和 S_n.	17 次裂项相消，6 次错位相减，3 次并项求和，其他的也不能忽略
由递推关系求 a_n	【例 1－16】(2010 年新课标第 17 题)设数列 $\{a_n\}$ 满足 $a_1=2$，$a_{n+1}-a_n=3 \cdot 2^{2n-1}$. 　　(1)求数列 $\{a_n\}$ 的通项公式; 　　(2)令 $b_n=na_n$，求数列 $\{b_n\}$ 的前 n 项和 S_n. 【例 1－17】(2010 年全国卷 I 第 22 题)已知数列 $\{a_n\}$ 中，$a_1=1$，$a_{n+1}=c-\dfrac{1}{a_n}$. 　　(1)设 $c=\dfrac{5}{2}$，$b_n=\dfrac{1}{a_n-2}$，求数列 $\{b_n\}$ 的通项公式; 　　(2)求使不等式 $a_n<a_{n+1}<3$ 成立的 c 的取值范围.	7
放缩法解决数列不等式	【例 1－18】(2014 年新课标 II 第 17 题)已知数列 $\{a_n\}$ 满足 $a_1=1$，$a_{n+1}=3a_n+1$. 　　(1)证明 $\left\{a_n+\dfrac{1}{2}\right\}$ 是等比数列，并求 $\{a_n\}$ 的通项公式; 　　(2)证明: $\dfrac{1}{a_1}+\dfrac{1}{a_2}+\cdots+\dfrac{1}{a_n}<\dfrac{3}{2}$. 【点评】放缩思路：可求和的数列;记住常见的放缩方式;逼近放缩法.	2

考点及考查方式	高考样题	频数
创新题目	【例1-19】(2012年新课标第16题)数列 $\{a_n\}$ 满足 $a_{n+1}+(-1)^n a_n=2n-1$，则 $\{a_n\}$ 的前60项和为_____. 【例1-20】(2016年全国卷Ⅱ第17题) S_n 为等差数列 $\{a_n\}$ 的前 n 项和，且 $a_1=1$，$S_7=28$. 记 $b_n=[\lg a_n]$，其中 $[x]$ 表示不超过 x 的最大整数，如 $[0.9]=0$，$[\lg 99]=1$. 　(1)求 b_1，b_{11}，b_{101}; 　(2)求数列 $\{b_n\}$ 的前1000项和. 【例1-21】(2016年全国卷Ⅲ第12题)定义"规范01数列" $\{a_n\}$ 如下: $\{a_n\}$ 共有 $2m$ 项，其中 m 项为0，m 项为1，且对任意 $k \leqslant 2m$，a_1，a_2，…，a_k 中0的个数不少于1的个数. 若 $m=4$，则不同的"规范01数列"共有(　　). 　A.18个　　　B.16个　　　C.14个　　　D.12个 【点评】渗透研究数列的根本方法: 列出来，观察、归纳.	

1.3.2　2017—2022年高考全国卷数列考查特点分析

1.3.2.1　着重基础考查，注重通过观察来优化解题方法

一、重基础

【例1-22】(2017年全国卷Ⅲ第9题) $\{a_n\}$ 的首项为1，公差不为0. 若 a_2，a_3，a_6 成等比数列，则 $\{a_n\}$ 的前6项和为(　　).

A. -24　　　　　B. -3　　　　　C.3　　　　　D.8

【解析】因为 $\{a_n\}$ 为等差数列，且 a_2，a_3，a_6 成等比数列，设公差为 d，则 $a_3^2=a_2 \cdot a_6$，即 $(a_1+2d)^2=(a_1+d)(a_1+5d)$，又因为 $a_1=1$，代入上式可得 $d^2+2d=0$.

因为 $d \neq 0$，则 $d=-2$，所以 $S_6=6a_1+\dfrac{6 \times 5}{2}d=1 \times 6+\dfrac{6 \times 5}{2} \times (-2)=-24$.

【点评】用方程的思想求基本量、求和，注意不要误把等比数列当成等差数列进行计算.

【例1-23】(2017年全国卷Ⅲ第14题)设等比数列 $\{a_n\}$ 满足 $a_1+a_2=-1$，$a_1-a_3=-3$，则 $a_4=$ _____.

【解析】因为 $\{a_n\}$ 为等比数列，设公比为 q. 由 $\begin{cases} a_1+a_2=-1, \\ a_1-a_3=-3, \end{cases}$ 得 $\begin{cases} a_1+a_1q=-1① \\ a_1-a_1q^2=-3② \end{cases}$.

显然 $q \neq 1$，$a_1 \neq 0$，$\dfrac{②}{①}$ 得 $1-q=3$，即 $q=-2$，代入①可得 $a_1=1$，所以 $a_4=a_1q^3=1 \times (-2)^3=-8$.

【点评】用方程的思想求基本量，等差数列一般相加减，等比数列一般相乘除.

【例 1-24】(2022 年全国乙卷文科第 13 题)记 S_n 为等差数列 $\{a_n\}$ 的前 n 项和. 若 $3S_3=3S_2+6$，则公差 $d=$ _____.

【例 1-25】(2019 年全国卷 I 第 9 题)记 S_n 为等差数列 $\{a_n\}$ 的前 n 项和. 已知 $S_4=0$，$a_5=5$，则(　　).

A. $a_n=2n-5$ B. $a_n=3n-10$

C. $S_n=2n^2-8n$ D. $S_n=\dfrac{1}{2}n^2-2n$

【例 1-26】(2019 年全国卷 I 第 14 题)记 S_n 为等比数列 $\{a_n\}$ 的前 n 项和. 若 $a_1=\dfrac{1}{3}$，$a_4^2=a_6$，则 $S_5=$ _____.

【例 1-27】(2019 年全国卷 I 文科第 14 题)记 S_n 为等比数列 $\{a_n\}$ 的前 n 项和. 若 $a_1=1,S_3=\dfrac{3}{4}$，则 $S_4=$ _____.

【例 1-28】(2019 年全国卷 III 第 5 题)已知各项均为正数的等比数列 $\{a_n\}$ 的前 4 项和为 15，且 $a_5=3a_3+4a_1$，则 $a_3=$(　　).

A. 16   B. 8   C. 4   D. 2

【例 1-29】(2019 年全国卷 III 第 14 题)记 S_n 为等差数列 $\{a_n\}$ 的前 n 项和，若 $a_1\neq0$，$a_2=3a_1$，则 $\dfrac{S_{10}}{S_5}=$ _____.

【例 1-30】(2019 年全国卷 III 文科第 14 题)记 S_n 为等差数列 $\{a_n\}$ 的前 n 项和，若 $a_3=5,a_7=13$，则 $S_{10}=$ _____.

【例 1-31】(2018 年全国卷 III 文科第 17 题)等比数列 $\{a_n\}$ 中，$a_1=1$，$a_5=4a_3$.

(1)求 $\{a_n\}$ 的通项公式；

(2)记 S_n 为 $\{a_n\}$ 的前 n 项和. 若 $S_m=63$，求 m.

【点评】用方程的思想求基本量，与求和公式结合.

【例 1-32】(2020 年全国卷 II 文科第 14 题)记 S_n 为等差数列 $\{a_n\}$ 的前 n 项和. 若 $a_1=-2,a_2+a_6=2$，则 $S_{10}=$ _____.

【例 1-33】(2020 年全国卷 II 文科第 6 题)记 S_n 为等比数列 $\{a_n\}$ 的前 n 项和. 若 $a_5-a_3=12$，$a_6-a_4=24$，则 $\dfrac{S_n}{a_n}=$(　　).

A. 2^n-1 B. $2-2^{1-n}$ C. $2-2^{n-1}$ D. $2^{1-n}-1$

【点评】用方程的思想求基本量、求和、求通项公式.

【例 1-34】(2020 年全国卷 I 第 17 题)设 $\{a_n\}$ 是公比不为 1 的等比数列，a_1 为 a_2，a_3 的等差中项.

(1)求 $\{a_n\}$ 的公比；

(2)若 $a_1=1$，求数列 $\{na_n\}$ 的前 n 项和.

【点评】用方程的思想求基本量，考查错位相减法求和，注意公比为负数.

【例 1-35】(2017 年全国卷 II 第 15 题)等差数列 $\{a_n\}$ 的前 n 项和为 S_n，$a_3=3$，$S_4=10$，则 $\sum_{k=1}^{n}\dfrac{1}{S_k}=$ _____.

【解析】$a_3=3$，$S_4=2(a_2+a_3)=10\Rightarrow a_2=2\Rightarrow a_n=n$，$S_k=\dfrac{k(k+1)}{2}$，所以 $\sum_{k=1}^{n}\dfrac{1}{S_k}=$

$\sum_{k=1}^{n}\dfrac{2}{k(k+1)}=2\sum_{k=1}^{n}\left(\dfrac{1}{k}-\dfrac{1}{k+1}\right)=\dfrac{2n}{n+1}$.

【点评】用方程的思想求基本量，考查裂项求和等基本知识.

二、通过观察优化解题方法

【例 1-36】(2017 年全国卷 I 第 4 题)记 S_n 为等差数列 $\{a_n\}$ 的前 n 项和. 若 $a_4+a_5=24$，$S_6=48$，则 $\{a_n\}$ 的公差为(   ).

A. 1　　　　　B. 2　　　　　C. 4　　　　　D. 8

方法 1：(方程思想)$S_6=6a_1+15d=48$，$2a_1+7d=24$.

方法 2：(数列性质和广义通项公式的灵活运用)由 $S_6=3(a_1+a_6)=48$，得 $a_1+a_6=16$，因为 $a_4+a_5=24$，所以两式相减得 $2d=8$，即 $d=4$.

【点评】对基础知识进行考查. 既可以用方程的思想求基本量，也可以用求和公式来简化运算.

【例 1-37】(2016 年全国卷 I 第 3 题)已知等差数列 $\{a_n\}$ 的前 9 项和为 27，$a_{10}=8$，则 $a_{100}=$(   ).

A. 100　　　　　B. 99　　　　　C. 98　　　　　D. 97

方法 1：(方程思想)$S_9=9a_1+36d=27$，$a_1+9d=8$.

方法 2：(数列性质和广义通项公式的灵活运用)由 $S_9=9a_5=27$，得 $a_5=3$，$5d=a_{10}-a_5=5$，$a_{100}=a_{10}+90d=8+18\times5=98$.

【点评】对基础知识进行考查，既可以用方程的思想求基本量，也可以利用数列的性质、广义通项公式来优化解题过程.

【例 1-38】(2020 年全国卷 I 文科第 10 题)设 $\{a_n\}$ 是等比数列，且 $a_1+a_2+a_3=1$，$a_2+a_3+a_4=2$，则 $a_6+a_7+a_8=$(   ).

A. 12　　　　　B. 24　　　　　C. 30　　　　　D. 32

【点评】注意到条件中等式都是三项，$\dfrac{a_6+a_7+a_8}{a_1+a_2+a_3}=q^5$，求出公比即可，由 $\dfrac{a_2+a_3+a_4}{a_1+a_2+a_3}=q=2$ 可得.

【例 1-39】(2017 年全国卷 I 文科第 17 题)记 S_n 为等比数列 $\{a_n\}$ 的前 n 项和，已知 $S_2=2$，$S_3=-6$.

(1)求 $\{a_n\}$ 的通项公式；

(2)求 S_n，并判断 S_{n+1}，S_n，S_{n+2} 是否成等差数列.

【点评】注重基础，第(1)问用方程的思想求基本量，但要注意不要误把等比数列当作等差数列. 因为项数涉及较少，可以全部写出来，避免对公比是否为 1 进行讨论. 第(2)问考查了数列求和与等差数列的概念，可以直接根据求和公式进行化简、运算，也可以根据问题灵活选择公式优化解题过程，$S_{n+1} + S_{n+2} - 2S_n = (S_n + a_{n+1}) + (S_n + a_{n+1} + a_{n+2}) - 2S_n = 2a_{n+1} + a_{n+2} = 2a_{n+1} - 2a_{n+1} = 0.$

【变式 1-1】(2007 年全国卷 I 理科第 15 题、文科第 16 题)等比数列 $\{a_n\}$ 的前 n 项和为 S_n，已知 S_1，$2S_2$，$3S_3$ 成等差数列，则 $\{a_n\}$ 的公比为_____.

【变式 1-2】(2007 年全国卷 II 文科第 17 题)设等比数列 $\{a_n\}$ 的公比 $q<1$，前 n 项和为 S_n. 已知 $a_3 = 2$，$S_4 = 5S_2$，求 $\{a_n\}$ 的通项公式.

1.3.2.2　注重考查等差等比转化、等差数列最值和数列不等式

一、等差等比转化

【例 1-40】(2020 年全国卷 III 文科第 17 题)设等比数列 $\{a_n\}$ 满足 $a_1 + a_2 = 4$，$a_3 - a_1 = 8$.

(1)求 $\{a_n\}$ 的通项公式；

(2)记 S_n 为数列 $\{\log_3 a_n\}$ 的前 n 项和. 若 $S_m + S_{m+1} = S_{m+3}$，求 m.

【点评】等比转化为等差，考查方程的思想.

【追溯】(2019 年全国卷 II 文科第 18 题)已知 $\{a_n\}$ 是各项均为正数的等比数列，$a_1 = 2$，$a_3 = 2a_2 + 16$.

(1)求 $\{a_n\}$ 的通项公式；

(2)设 $b_n = \log_2 a_n$，求数列 $\{b_n\}$ 的前 n 项和.

【点评】通过取对数，将等比数列转化为等差数列.

二、等差数列前 n 项和最值

【例 1-41】(2018 年全国卷 II 第 17 题)记 S_n 为等差数列 $\{a_n\}$ 的前 n 项和，已知 $a_1 = -7$，$S_3 = -15$.

(1)求 $\{a_n\}$ 的通项公式；

(2)求 S_n 以及 S_n 的最小值.

【变式 1-3】(2022 年全国甲卷文科第 18 题、理科第 17 题)记 S_n 为数列 $\{a_n\}$ 的前 n 项和，已知 $\dfrac{2S_n}{n} + n = 2a_n + 1$.

(1) 证明：$\{a_n\}$ 是等差数列；

(2) 若 a_4，a_7，a_9 成等比数列，求 S_n 的最小值.

三、数列不等式

（一）等差数列的数列不等式

【例1-42】(2021年新高考卷Ⅱ第17题)记 S_n 是公差不为0的等差数列 $\{a_n\}$ 的前 n 项和，若 $a_3 = S_5$，$a_2 \cdot a_4 = S_4$.

(1)求数列 $\{a_n\}$ 的通项公式；

(2)求使 $S_n > a_n$ 成立的 n 的最小值.

【追溯】(2019年全国卷Ⅰ文科第18题)记 S_n 为等差数列 $\{a_n\}$ 的前 n 项和，已知 $S_9 = -a_5$.

(1)若 $a_3 = 4$，求 $\{a_n\}$ 的通项公式；

(2)若 $a_1 > 0$，求使得 $S_n \geqslant a_n$ 成立的 n 的取值范围.

【点评】相当于解二次不等式.

（二）等比数列的数列不等式

【例1-43】(2022年新高考卷Ⅱ第17题)已知 $\{a_n\}$ 为等差数列，$\{b_n\}$ 是公比为2的等比数列，且 $a_2 - b_2 = a_3 - b_3 = b_4 - a_4$.

(1) 证明：$a_1 = b_1$；

(2) 求集合 $\{k \mid b_k = a_m + a_1, 1 \leqslant m \leqslant 500\}$ 中元素的个数.

【解析】(1) 设数列 $\{a_n\}$ 的公差为 d，所以 $\begin{cases} a_1 + d - 2b_1 = a_1 + 2d - 4b_1, \\ a_1 + d - 2b_1 = 8b_1 - (a_1 + 3d), \end{cases}$ 即可解得 $b_1 = a_1 = \dfrac{d}{2}$，所以原命题得证.

(2) 由 (1) 知 $b_1 = a_1 = \dfrac{d}{2}$，所以 $b_k = a_m + a_1 \Leftrightarrow b_1 \times 2^{k-1} = a_1 + (m-1)d + a_1$，即 $2^{k-1} = 2m$，亦即 $m = 2^{k-2} \in [1, 500]$，解得 $2 \leqslant k \leqslant 10$，所以满足等式的解 $k = 2，3，4，\cdots，10$，故集合 $\{k \mid b_k = a_m + a_1, 1 \leqslant m \leqslant 500\}$ 中元素的个数为 $10 - 2 + 1 = 9$.

【例1-44】(2021年全国乙卷文科)设 $\{a_n\}$ 是首项为1的等比数列，数列 $\{b_n\}$ 满足 $b_n = \dfrac{na_n}{3}$. 已知 a_1，$3a_2$，$9a_3$ 成等差数列.

(1)求 $\{a_n\}$ 和 $\{b_n\}$ 的通项公式；

(2)记 S_n 和 T_n 分别为 $\{a_n\}$ 和 $\{b_n\}$ 的前 n 项和. 证明：$T_n < \dfrac{S_n}{2}$.

【追溯】(2013年湖北卷)已知 S_n 是等比数列 $\{a_n\}$ 的前 n 项和，S_4，S_2，S_3 成等差数列，且 $a_2 + a_3 + a_4 = -18$.

(1)求数列 $\{a_n\}$ 的通项公式；

(2)是否存在正整数 n，使得 $S_n \geqslant 2013$？若存在，求出符合条件的所有 n 的集合；若不存在，说明理由.

【例 $1-45$】（2015 年四川卷）设数列 $\{a_n\}$ 的前 n 项和 $S_n = 2a_n - a_1$，且 a_1，$a_2 + 1$，a_3 成等差数列.

(1)求数列 $\{a_n\}$ 的通项公式；

(2)记数列 $\left\{\dfrac{1}{a_n}\right\}$ 的前 n 项和为 T_n，求使得 $|T_n - 1| < \dfrac{1}{1000}$ 成立的 n 的最小值.

【例 $1-46$】（2021 年湖北武汉三调）已知公比不为 1 的等比数列 $\{a_n\}$ 满足 $a_1 + a_3 = 5$，且 a_1，a_3，a_2 构成等差数列.

(1)求 $\{a_n\}$ 的通项公式；

(2)记 S_n 为 $\{a_n\}$ 的前 n 项和，求使 $S_k > \dfrac{23}{8}$ 成立的最大正整数 k.

【解析】（1）由题意得 $\begin{cases} a_1 + a_3 = 5, \\ a_1 + a_2 = 2a_3, \end{cases}$ 于是 $\begin{cases} a_1(1 + q^2) = 5, \\ a_1(1 + q) = 2a_1 q^2, \end{cases}$ 解得 $\begin{cases} a_1 = 4, \\ q = -\dfrac{1}{2} \end{cases}$ 或

$\begin{cases} a_1 = \dfrac{5}{2}, \\ q = 1 \end{cases}$（舍去），所以 $a_n = 4 \cdot \left(-\dfrac{1}{2}\right)^{n-1}$.

(2)由 $S_k = \dfrac{4\left[1 - \left(-\dfrac{1}{2}\right)^k\right]}{1 + \dfrac{1}{2}} > \dfrac{23}{8}$，得 $\left(-\dfrac{1}{2}\right)^k < -\dfrac{5}{64}$.

①当 $k = 2n$，$n \in \mathbf{N}^*$ 时，$-\dfrac{5}{64} < 0 < \left(-\dfrac{1}{2}\right)^k$，不满足题意；

②当 $k = 2n - 1$，$n \in \mathbf{N}^*$ 时，$\dfrac{1}{2^k} > \dfrac{5}{64}$，$k_{\max} = 3$.

综上，$k_{\max} = 3$.

（三）函数观点证明数列不等式

【例 $1-47$】（2013 年天津卷）已知首项为 $\dfrac{3}{2}$ 的等比数列 $\{a_n\}$ 的前 n 项和为 S_n（$n \in \mathbf{N}^*$），且 $-2S_2$，S_3，$4S_4$ 成等差数列.

(1)求数列 $\{a_n\}$ 的通项公式；

(2)证明：$S_n + \dfrac{1}{S_n} \leqslant \dfrac{13}{6}$（$n \in \mathbf{N}^*$）.

（四）放缩法证明数列不等式

【例 $1-48$】（2014 年新课标 Ⅱ 理科第 17 题）已知数列 $\{a_n\}$ 满足 $a_1 = 1$，$a_{n+1} = 3a_n + 1$.

(1)证明 $\left\{a_n + \dfrac{1}{2}\right\}$ 是等比数列，并求 $\{a_n\}$ 的通项公式；

(2)证明：$\dfrac{1}{a_1}+\dfrac{1}{a_2}+\cdots+\dfrac{1}{a_n}<\dfrac{3}{2}$.

【点评】考试中心的试题评价如是说：放缩法是处理数列不等式的基本方法，出现在第17题，有利于稳定学生的心态.

【例1-49】(2018年浙江卷)已知 a_1，a_2，a_3，a_4 成等比数列，且 $a_1+a_2+a_3+a_4=\ln(a_1+a_2+a_3)$. 若 $a_1>1$，则(　　).

A.$a_1<a_3$，$a_2<a_4$ 　　　　　　　　B.$a_1>a_3$，$a_2<a_4$

C.$a_1<a_3$，$a_2>a_4$ 　　　　　　　　D.$a_1>a_3$，$a_2>a_4$

【解析】由等量关系得到不等关系，很自然会考虑放缩法，由对数函数，很自然考虑 $\ln x\leqslant x-1$，所以 $a_1+a_2+a_3+a_4=\ln(a_1+a_2+a_3)\leqslant a_1+a_2+a_3-1$，即 $a_4\leqslant-1$，结合 $a_1>1$，得 $q<0$，由选项知本题的关键在于确定 q^2 与1的大小关系.

若 $q\leqslant-1$，由 $a_1+a_2+a_3=a_1(1+q+q^2)\geqslant a_1>1$，得 $\ln(a_1+a_2+a_3)>0$，而 $a_1+a_2+a_3+a_4=a_1(1+q+q^2+q^3)=a_1(1+q)(1+q^2)<0$，与题设矛盾.

1.3.2.3　与算法和不等式结合

【例1-50】(2020年全国卷Ⅰ文科第9题)执行下面的程序框图，则输出的 $n=$(　　).

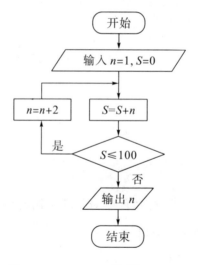

A.17　　　　　　B.19　　　　　　C.21　　　　　　D.23

【解析】输出的 n 是满足 $1+3+5+\cdots+n>100$ 的最小正奇数，因为 $1+3+5+\cdots+n=\dfrac{(1+n)\times\left(\dfrac{n-1}{2}+1\right)}{2}=\dfrac{1}{4}(n+1)^2>100$，解得 $n>19$，所以 $n=21$.

【例1-51】(2018年全国卷Ⅱ理科第7题、文科第8题)为计算 $S=1-\dfrac{1}{2}+\dfrac{1}{3}-\dfrac{1}{4}+\cdots+\dfrac{1}{99}-\dfrac{1}{100}$，设计了下面的程序框图，则在空白框中应填入(　　).

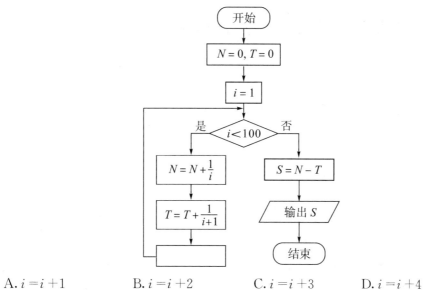

A. $i = i + 1$　　　　B. $i = i + 2$　　　　C. $i = i + 3$　　　　D. $i = i + 4$

【例 1－52】（2019 年全国卷Ⅲ理科、文科第 9 题）执行下面的程序框图，如果输入的 ε 为 0.01，则输出 s 的值等于（　　）.

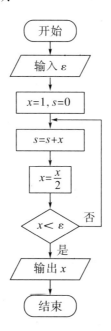

A. $2 - \dfrac{1}{2^4}$　　　　B. $2 - \dfrac{1}{2^5}$　　　　C. $2 - \dfrac{1}{2^6}$　　　　D. $2 - \dfrac{1}{2^7}$

1.3.2.4　重点考查递推关系式下的通项公式求解

一、由 a_n 与 S_n 的关系求 a_n 或 S_n

【例 1-53】(2018 年全国卷 Ⅰ 第 14 题)记 S_n 为数列 $\{a_n\}$ 的前 n 项和. 若 $S_n = 2a_n + 1$,则 $S_6 = $ _____.

【点评】2016 年全国卷 Ⅲ 第 17 题给出了 $S_n = \lambda a_n + 1 (\lambda \neq 0)$,则 $\{a_n\}$ 为等比数列,公比为 $\dfrac{\lambda}{\lambda - 1}$.

【追溯】(2016 年全国卷 Ⅲ 第 17 题)已知数列 $\{a_n\}$ 的前 n 项和 $S_n = 1 + \lambda a_n$,其中 $\lambda \neq 0$.

(1)证明 $\{a_n\}$ 是等比数列,并求其通项公式;

(2)若 $S_5 = \dfrac{31}{32}$,求 λ.

【解析】(1)当 $n = 1$ 时,$S_1 = a_1 = 1 + \lambda a_1$,易知 $\lambda \neq 1$,所以 $a_1 = \dfrac{1}{1 - \lambda} \neq 0$.

把 n 换成 $n - 1$,得 $S_{n-1} = 1 + \lambda a_{n-1}$,$n \geqslant 2$.

又由 $S_n = 1 + \lambda a_n$,两式相减得 $S_n - S_{n-1} = a_n = \lambda a_n - \lambda a_{n-1}$,即 $\dfrac{a_n}{a_{n-1}} = \dfrac{\lambda}{\lambda - 1}$.

所以 $\{a_n\}$ 是以 $\dfrac{1}{1 - \lambda}$ 为首项,$\dfrac{\lambda}{\lambda - 1}$ 为公比的等比数列,即 $a_n = \dfrac{1}{1 - \lambda}\left(\dfrac{\lambda}{\lambda - 1}\right)^{n-1} = -\dfrac{\lambda^{n-1}}{(\lambda - 1)^n}$.

(2)方法 1:由(1)知 $S_n = \dfrac{\dfrac{1}{1 - \lambda} - \left[-\dfrac{\lambda^{n-1}}{(\lambda - 1)^n} \times \dfrac{\lambda}{\lambda - 1}\right]}{1 - \dfrac{\lambda}{\lambda - 1}} = 1 - \dfrac{\lambda^n}{(\lambda - 1)^n} = \dfrac{31}{32}$.

方法 2:因为 $S_n = 1 + \lambda a_n = 1 - \dfrac{\lambda^n}{(\lambda - 1)^n} = \dfrac{31}{32}$,所以 $1 - \dfrac{\lambda^n}{(\lambda - 1)^n} = \dfrac{31}{32}$,即 $\dfrac{\lambda^n}{(\lambda - 1)^n} = \dfrac{1}{32} = \left(\dfrac{1}{2}\right)^5$,则 $\lambda = -1$.

【点评】由 S_n 与 a_n 的关系求 a_n 在全国卷中考查的频率非常高,处理的口诀为退位相减,找关系,即再写一个式子,作差,然后把 a_n,a_{n-1} 分别放到等式两边,观察是等差数列还是等比数列.

【例 1-54】(2017 年全国卷 Ⅲ 文科第 17 题)设数列 $\{a_n\}$ 满足 $a_1 + 3a_2 + \cdots + (2n - 1) \cdot a_n = 2n$.

(1)求 $\{a_n\}$ 的通项公式;

(2)求数列 $\left\{\dfrac{a_n}{2n + 1}\right\}$ 的前 n 项和.

【分析】(1)数列 $\{a_n\}$ 满足 $a_1+3a_2+\cdots+(2n-1)a_n=2n$.

当 $n \geqslant 2$ 时，$a_1+3a_2+\cdots+(2n-3)a_{n-1}=2(n-1)$，所以 $(2n-1)a_n=2$，$a_n=\dfrac{2}{2n-1}$.

当 $n=1$ 时，$a_1=2$，上式也成立，所以 $a_n=\dfrac{2}{2n-1}$.

(2) $\dfrac{a_n}{2n+1}=\dfrac{2}{(2n-1)(2n+1)}=\dfrac{1}{2n-1}-\dfrac{1}{2n+1}$，所以数列 $\left\{\dfrac{a_n}{2n+1}\right\}$ 的前 n 项和 $S_n=$
$\left(1-\dfrac{1}{3}\right)+\left(\dfrac{1}{3}-\dfrac{1}{5}\right)+\cdots+\left(\dfrac{1}{2n-1}-\dfrac{1}{2n+1}\right)=1-\dfrac{1}{2n+1}=\dfrac{2n}{2n+1}$.

【追溯】(2004 年全国卷 I 第 15 题)已知数列 $\{a_n\}$ 满足 $a_1=1$，$a_n=a_1+2a_2+3a_3+\cdots+(n-1)a_{n-1}(n \geqslant 2)$，则 $\{a_n\}$ 的通项公式 $a_n=\begin{cases}1, & n=1, \\ \underline{\qquad\qquad}, & n \geqslant 2.\end{cases}$

【解析】由题知 $a_{n+1}=a_1+2a_2+3a_3+\cdots+(n-1)a_{n-1}+na_n$，两式相减，得 $a_{n+1}-a_n=na_n$，即 $a_{n+1}=(n+1)a_n(n \geqslant 2)$，则 $a_n=na_{n-1}=n(n-1)a_{n-2}=\cdots=n(n-1)\times\cdots\times 3a_2$，在已知中令 $n=2$，得 $a_2=a_1=1$，则 $a_n=\dfrac{n!}{2}$.

【点评】$a_n=a_1+2a_2+3a_3+\cdots+(n-1)a_{n-1}$，等式右边也是数列 $\{na_n\}$ 的前 $n-1$ 项和，于是可以视为 $S_n=Aa_n+B$ 的变形，方法依然是退位相减找关系. 注意到 $a_n=a_1+2a_2+3a_3+\cdots+(n-1)a_{n-1}$ 有意义的前提是 $n \geqslant 2$，后面得到的递推关系也要求 $n \geqslant 2$，题目的设置避免忘记验证 a_1 带来的错误，由此看出全国卷更突出在处理基本问题的思想方法上. 虽然对数列的认知和考查都发生了重大变化，比如弱化由递推关系式求通项的难度，强化从函数的观点看数列，但这并不意味着要否定数列以前所有的命题思想和考查方式，纵向看数列考查方式的变与不变，有助于形成对数列的正确认识，理解全国卷的命题思路. 2017 年全国卷 III 再次考查此题，特别突出由前 n 项和与 a_n 的关系求通项的考查，考查频率非常高，考查方式非常完善，为了避免忘记验证 a_1 带来的错误，设置了通项公式的形式.

【例 1-55】(2015 年新课标 II)设 S_n 是数列 $\{a_n\}$ 的前 n 项和，且 $a_1=-1$，$a_{n+1}=S_nS_{n+1}$，则 $S_n=$ _____.

【点评】根据所求结论，如果是求 a_n，则退位相减找关系；如果是求 S_n，则考虑 $a_{n+1}=S_{n+1}-S_n$.

【追溯】(2008 年全国卷 II)设数列 $\{a_n\}$ 的前 n 项和为 S_n. 已知 $a_1=a$，$a_{n+1}=S_n+3^n$，$n \in \mathbf{N}^*$.

(1)设 $b_n=S_n-3^n$，求数列 $\{b_n\}$ 的通项公式；

(2)若 $a_{n+1} \geqslant a_n$，$n \in \mathbf{N}^*$，求 a 的取值范围.

二、通过构造等比、等差数列或用迭加法、迭乘法解决由 a_n 与 a_{n+1} 的关系求 a_n

【例 1-56】(2022 年新高考卷 I 第 17 题)记 S_n 为数列 $\{a_n\}$ 的前 n 项和，已知 $a_1=1$，

$\left\{\dfrac{S_n}{a_n}\right\}$ 是公差为 $\dfrac{1}{3}$ 的等差数列.

(1)求 $\{a_n\}$ 的通项公式;

(2)证明: $\dfrac{1}{a_1}+\dfrac{1}{a_2}+\cdots+\dfrac{1}{a_n}<2$.

【解析】(1) 因为 $a_1=1$, 所以 $S_1=a_1=1$, $\dfrac{S_1}{a_1}=1$.

又因为 $\left\{\dfrac{S_n}{a_n}\right\}$ 是公差为 $\dfrac{1}{3}$ 的等差数列,所以 $\dfrac{S_n}{a_n}=1+\dfrac{1}{3}(n-1)=\dfrac{n+2}{3}$,

$S_n=\dfrac{(n+2)a_n}{3}$.

当 $n\geqslant2$ 时, $S_{n-1}=\dfrac{(n+1)a_{n-1}}{3}$, 所以 $a_n=S_n-S_{n-1}=\dfrac{(n+2)a_n}{3}-\dfrac{(n+1)a_{n-1}}{3}$, 整

理得 $(n-1)a_n=(n+1)a_{n-1}$, 即 $\dfrac{a_n}{a_{n-1}}=\dfrac{n+1}{n-1}$, 所以 $a_n=a_1\times\dfrac{a_2}{a_1}\times\dfrac{a_3}{a_2}\times\cdots\times\dfrac{a_{n-1}}{a_{n-2}}\times\dfrac{a_n}{a_{n-1}}=$

$1\times\dfrac{3}{2}\times\dfrac{4}{3}\times\cdots\times\dfrac{n}{n-2}\times\dfrac{n+1}{n-1}=\dfrac{n(n+1)}{2}$.

显然对于 $n=1$ 也成立,所以 $\{a_n\}$ 的通项公式为 $a_n=\dfrac{n(n+1)}{2}$.

(2) 因为 $\dfrac{1}{a_n}=\dfrac{2}{n(n+1)}=2\left(\dfrac{1}{n}-\dfrac{1}{n+1}\right)$, 所以 $\dfrac{1}{a_1}+\dfrac{1}{a_2}+\cdots+\dfrac{1}{a_n}=$

$2\left[\left(1-\dfrac{1}{2}\right)+\left(\dfrac{1}{2}-\dfrac{1}{3}\right)+\cdots+\left(\dfrac{1}{n}-\dfrac{1}{n+1}\right)\right]=2\left(1-\dfrac{1}{n+1}\right)<2$.

【追溯1】(2012年大纲卷文科) 已知数列 $\{a_n\}$ 中, $a_1=1$, 前 n 项和为 S_n, $S_n=$

$\dfrac{n+2}{3}a_n$.

(1)求 a_2, a_3;

(2)求 $\{a_n\}$ 的通项公式.

【追溯2】(2018年全国卷 I 第17题)已知数列 $\{a_n\}$ 满足 $a_1=1$, $na_{n+1}=2(n+1)a_n$,

设 $b_n=\dfrac{a_n}{n}$.

(1)求 b_1, b_2, b_3;

(2)判断数列 $\{b_n\}$ 是否为等比数列,并说明理由;

(3)求 $\{a_n\}$ 的通项公式.

【追溯3】(2008年全国卷 I 文科第19题)在数列 $\{a_n\}$ 中, $a_1=1$, $a_{n+1}=2a_n+2^n$.

(1)设 $b_n=\dfrac{a_n}{2^{n-1}}$, 证明:数列 $\{b_n\}$ 是等差数列;

(2)求数列 $\{a_n\}$ 的前 n 项和 S_n.

三、通过因式分解处理 a_n 与 a_{n+1} 的关系

【例1-57】(2016年全国卷Ⅲ文科第17题)已知各项都为正数的数列 $\{a_n\}$ 满足 $a_1=$

1，$a_n^2-(2a_{n+1}-1)a_n-2a_{n+1}=0$.

(1)求 a_2，a_3；

(2)求 $\{a_n\}$ 的通项公式.

【答案】(1)$\dfrac{1}{2}$，$\dfrac{1}{4}$；(2)$a_n=\dfrac{1}{2^{n-1}}$.

【追溯】(2015 年新课标卷 I)S_n 为数列 $\{a_n\}$ 的前 n 项和. 已知 $a_n\geqslant 0$，$a_n^2+2a_n=4S_n+3$.

(1)求 $\{a_n\}$ 的通项公式；

(2)设 $b_n=\dfrac{1}{a_na_{n+1}}$，求数列 $\{b_n\}$ 的前 n 项和.

【解析】(1)由 $a_n^2+2a_n=4S_n+3$，可知 $a_{n+1}^2+2a_{n+1}=4S_{n+1}+3$.

所以 $a_{n+1}^2-a_n^2+2(a_{n+1}-a)=4a_{n+1}$，即 $2(a_{n+1}+a_n)=a_{n+1}^2-a_n^2=(a_{n+1}+a_n)(a_{n+1}-a_n)$.

由于 $a_n>0$，可得 $a_{n+1}-a_n=2$. 又 $a_1^2+2a_1=4a_1+3$，解得 $a_1=-1$(舍去)，$a_1=3$.

所以 $\{a_n\}$ 是首项为 3，公差为 2 的等差数列，通项公式为 $a_n=2n+1$.

(2)由 $a_n=2n+1$，$b_n=\dfrac{1}{a_na_{+1}}=\dfrac{1}{(2n+1)(2n+3)}=\dfrac{1}{2}\left(\dfrac{1}{2n+1}-\dfrac{1}{2n+3}\right)$，数列 $\{b_n\}$ 的

前 n 项和 $S_n=\dfrac{1}{2}\left[\left(\dfrac{1}{3}-\dfrac{1}{5}\right)+\left(\dfrac{1}{5}-\dfrac{1}{7}\right)+\cdots+\left(\dfrac{1}{2n+1}-\dfrac{1}{2n+3}\right)\right]=\dfrac{n}{3(2n+3)}$.

四、给出两个数列的关系求通项公式

【例 1－58】(2019 年全国卷 II 第 19 题)已知数列 $\{a_n\}$ 和 $\{b_n\}$ 满足 $a_1=1$，$b_1=0$，$4a_{n+1}=3a_n-b_n+4$，$4b_{n+1}=3b_n-a_n-4$.

(1)证明：$\{a_n+b_n\}$ 是等比数列，$\{a_n-b_n\}$ 是等差数列；

(2)求 $\{a_n\}$ 和 $\{b_n\}$ 的通项公式.

【解析】(1)由题设得 $4(a_{n+1}+b_{n+1})=2(a_n+b_n)$，即 $a_{n+1}+b_{n+1}=\dfrac{1}{2}(a_n+b_n)$. 又因

为 $a_1+b_1=1$，所以 $\{a_n+b_n\}$ 是首项为 1，公比为 $\dfrac{1}{2}$ 的等比数列. 由题设得 $4(a_{n+1}-b_{n+1})=4(a_n-b_n)+8$，即 $a_{n+1}-b_{n+1}=a_n-b_n+2$. 又因为 $a_1 \quad b_1-1$，所以 $\{a_n \quad b_n\}$ 是首项为 1，公差为 2 的等差数列.

(2)由(1)知，$a_n+b_n=\dfrac{1}{2^{n-1}}$，$a_n-b_n=2n-1$，所以 $a_n=\dfrac{1}{2}\left[(a_n+b_n)+(a_n-b_n)\right]=\dfrac{1}{2^n}+n-\dfrac{1}{2}$，$b_n=\dfrac{1}{2}\left[(a_n+b_n)-(a_n-b_n)\right]=\dfrac{1}{2^n}-n+\dfrac{1}{2}$.

【追溯 1】(2016 年全国卷 I 文科第 17 题)已知 $\{a_n\}$ 是公差为 3 的等差数列，数列 $\{b_n\}$ 满足 $b_1=1$，$b_2=\dfrac{1}{3}$，$a_nb_{n+1}+b_{n+1}=nb_n$.

(1)求 $\{a_n\}$ 的通项公式；

(2)求$\{b_n\}$的前n项和.

【点评】第(1)问给出了一个复杂的含有a_n，b_n的递推关系式，并不要求从代数变形的角度去求解，而是回到方程的思想求基本量. 第(2)问是考查学生对等比数列的认知以及求和公式的运用.

【追溯2】(2017年全国卷Ⅱ文科第17题)已知等差数列$\{a_n\}$的前n项和为S_n，等比数列$\{b_n\}$的前n项和为T_n，$a_1=-1$，$b_1=1$，$a_2+b_2=2$.

(1)若$a_3+b_3=5$，求$\{b_n\}$的通项公式；

(2)若$T_3=21$，求S_3.

【点评】用方程的思想求基本量，注意不要误把等比数列当成等差数列进行计算. 第(2)问当等比数列求和项数较少时，可以直接写出所有项，从而避免讨论当$q=1$时二次方程有双解的情况.

1.3.2.5　注重考查研究数列的基本方法

一、不完全归纳法

【例1-59】(2020年新高考卷Ⅰ、Ⅱ第14题)将数列$\{2n-1\}$与$\{3n-2\}$的公共项从小到大排列得到数列$\{a_n\}$，则$\{a_n\}$的前n项和为_____.

【点评】研究数列的根本方法是列出来，观察、归纳、猜想，也可以直接用自然语言来表述，以便更好地理解. 因为数列$\{2n-1\}$是以1为首项，2为公差的等差数列，数列$\{3n-2\}$是以1首项，3为公差的等差数列，所以$\{a_n\}$是以1为首项，6为公差的等差数列.

【例1-60】(2020年新高考卷Ⅰ第18题)已知公比大于1的等比数列$\{a_n\}$满足$a_2+a_4=20$，$a_3=8$.

(1)求$\{a_n\}$的通项公式；

(2)记b_m为$\{a_n\}$在区间$(0，m]$（$m\in\mathbf{N}^*$）中的项的个数，求数列$\{b_m\}$的前100项和S_{100}.

【点评】(1)利用方程的思想求基本量.

(2)通过分析数列$\{b_m\}$的规律，求得数列$\{b_m\}$的前100项和S_{100}.

【解析】(2)由于$2^1=2$，$2^2=4$，$2^3=8$，$2^4=16$，$2^5=32$，$2^6=64$，$2^7=128$，所以b_1对应的区间为$(0，1]$，则$b_1=0$；

b_2，b_3对应的区间分别为$(0，2]$，$(0，3]$，则$b_2=b_3=1$，即有2个1；

b_4，b_5，b_6，b_7对应的区间分别为$(0，4]$，$(0，5]$，$(0，6]$，$(0，7]$，则$b_4=b_5=b_6=b_7=2$，即有2^2个2；

b_8，b_9，…，b_{15}对应的区间分别为$(0，8]$，$(0，9]$，…，$(0，15]$，则$b_8=b_9=\cdots=b_{15}=3$，即有2^3个3；

b_{16}，b_{17}，$\cdots$，b_{31} 对应的区间分别为 $(0，16]$，$(0，17]$，$\cdots$，$(0，31]$，则 $b_{16}=$ $b_{17}=\cdots=b_{31}=4$，即有 2^4 个 4；

b_{32}，b_{33}，$\cdots$，b_{63} 对应的区间分别为 $(0，32]$，$(0，33]$，$\cdots$，$(0，63]$，则 $b_{32}=$ $b_{33}=\cdots=b_{63}=5$，即有 2^5 个 5；

b_{64}，b_{65}，$\cdots$，b_{100} 对应的区间分别为 $(0，64]$，$(0，65]$，$\cdots$，$(0，100]$，则 $b_{64}=$ $b_{65}=\cdots=b_{100}=6$，即有 37 个 6.

所以 $S_{100}=1\times2+2\times2^2+3\times2^3+4\times2^4+5\times2^5+6\times37=480$.

【追溯】(2016 年全国卷 II 第 17 题)S_n 为等差数列 $\{a_n\}$ 的前 n 项和，且 $a_1=1$，$S_7=$ 28. 记 $b_n=[\lg a_n]$，其中 $[x]$ 表示不超过 x 的最大整数，如 $[0.9]=0$，$[\lg99]=1$.

(1)求 b_1，b_{11}，b_{101}；

(2)求数列 $\{b_n\}$ 的前 1000 项和.

【解析】(1)用方程的思想求基本量，得 $a_n=n$，从而 $b_1=[\log_2 1]=0$，$b_{11}=$ $[\log_2 11]=1$，$b_{101}=[\log_2 101]=2$.

【点评】从形式上来看，本题新颖且有一定的综合性，但高斯函数和对数运算都是最基本的. 第(1)问提示我们列出数列项，观察、归纳、猜想，得到当 $1\leqslant n\leqslant 9$ 时，$b_n=0$；当 $10\leqslant n\leqslant 99$ 时，$b_n=1$；当 $100\leqslant n\leqslant 999$ 时，$b_n=2$；$b_{1000}=3$，由此迅速解决了第(2)问，再次看到抓住研究数列的根本方法这个"宗"，达到"以不变应万变".

【例 1-61】(2016 年全国卷 I 第 15 题)设等比数列 $\{a_n\}$ 满足 $a_1+a_3=10$，$a_2+a_4=$ 5，则 $a_1 a_2\cdots a_n$ 的最大值为 _____.

【解析】由题知 $a_1(1+q^2)=10$，$a_1 q(1+q^2)=5$，两式相除得 $q=\dfrac{1}{2}$，$a_1=8$，从而 $a_n=2^{4-n}$.

方法 1：(函数观点)$a_1 a_2\cdots a_n=2^{3+2+\cdots+(4-n)}=2^{\frac{(7-n)n}{2}}$，$y=\dfrac{(7-x)x}{2}$ 的对称轴为 $x=$ $\dfrac{3+4}{2}=3.5$，则当 $n=3$ 或 $n=4$ 时，积取得最大值，为 $2^6=64$.

方法 2：(研究数列的根本方法：列出来，观察、归纳、猜想)由 $a_n=2^{4-n}$ 知 $a_1=8$，$a_2=4$，$a_3=2$，$a_4=1$，$a_5=\dfrac{1}{2}$，所以前 3 项或前 4 项积最大.

方法 3：(研究数列单调性的特殊方法)令 $T_n=a_1 a_2\cdots a_n$，则 $T_n>0$ 且 $\dfrac{T_n}{T_{n-1}}=a_n=$ $\left(\dfrac{1}{2}\right)^{n-4}$，当 $n\leqslant 3$ 时，$\dfrac{T_n}{T_{n-1}}>1$，$\{T_n\}$ 是单调递增数列；当 $n\geqslant 5$ 时，$\dfrac{T_n}{T_{n-1}}<1$，$\{T_n\}$ 是单调递减数列，则当 $n=3$ 或 $n=4$ 时，$(T_n)_{\max}=64$.

【追溯】(2008 年海南、宁夏卷)已知数列 $\{a_n\}$ 是一个等差数列，且 $a_2=1$，$a_5=-5$.

(1) 求 $\{a_n\}$ 的通项公式；

(2)求 $\{a_n\}$ 的前 n 项和 S_n 的最大值.

【点评】求等差数列前 n 项和 S_n 的最大值，既可以从函数的观点求最大值，也可以从通项来考虑，看从哪一项开始为负. 例 $1-61$ 进行了改编和创新，把等差数列改为等比数列，把求和改为求积，其思路没有变. "万变不离其宗，以不变应万变"，那么，所谓的"宗"是什么？所谓的"不变"又是什么？它们是看问题的基本观点和处理问题的根本方法. 方法 3 中 $\{T_n\}$ 是一个数列，与函数一样，可以通过研究单调性求最值，但研究单调性的方法又与函数有所不同，可以通过 $T_n - T_{n-1}$ 与 0 比较大小来实现，在 $T_n > 0$ 的条件下，也可以通过 $\dfrac{T_n}{T_{n-1}}$ 与 1 比较大小来实现.

二、数学归纳法

【例 $1-62$】(2020 年全国卷 Ⅲ 第 17 题)设数列 $\{a_n\}$ 满足 $a_1 = 3$，$a_{n+1} = 3a_n - 4n$.

(1)计算 a_2，a_3，猜想 $\{a_n\}$ 的通项公式并加以证明；

(2)求数列 $\{2^n a_n\}$ 的前 n 项和 S_n.

【解析】(1)猜想 $a_n = 2n + 1$.

方法 1：用数学归纳法进行证明.

方法 2：构造等差或等比数列，$a_{n+1} - (2n+3) = 3[a_n - (2n+1)]$，所以 $a_n - (2n+1) = 3^{n-1}(a_1 - 3) = 0$，即 $a_n = 2n + 1$.

【点评】"大胆猜想，小心求证"是科学研究的黄金法则. 如果在平常的教学中因为高考多次没有涉及数学归纳法而直接不讲，则学生的逻辑推理能力不足，肯定有很多学生直接把结论当条件用. 例如，因为 $a_n = 2n + 1$，所以左边 $= a_{n+1} = 2n + 3$，右边 $= 3a_n - 4n = 3(2n+1) - 4n = 2n + 3$，左边 = 右边，得证. 这也是对逻辑推理这个核心素养很好的考查. 运用错位相减法，很多时候不用把等差数列写出来，运算更简单.

三、列出来，观察、归纳

【例 $1-63$】(2016 年全国卷 Ⅲ 第 12 题)定义"规范 01 数列"$\{a_n\}$ 如下：$\{a_n\}$ 共有 $2m$ 项，其中 m 项为 0，m 项为 1，且对任意 $k \leqslant 2m$，a_1，a_2，$\cdots$，a_k 中 0 的个数不少于 1 的个数. 若 $m = 4$，则不同的"规范 01 数列"共有(　　).

A.18 个　　　　　B.16 个　　　　　C.14 个　　　　　D.12 个

【解析】方法 1：由题意，必有 $a_1 = 0$，$a_8 = 1$，则具体的排法列表如下：

0	0	0	0	1	1	1	1
			1	0	1	1	
				1	0	1	
					1	0	
		1	0	0	1	1	
				1	0	1	
					1	0	
			1	0	0	1	
					1	0	
	1	0	0	0	1	1	
				1	0	1	
					1	0	
			1	0	0	1	
					1	0	

方法 2：有的同学着重研究问题的一般方式：从特殊到一般，考虑当 $m=1$ 时，得到答案 1；当 $m=2$ 时，得到答案 2；当 $m=3$ 时，得到答案 5. 从而得到数列 1，2，5，即 2^1-1，2^2-2，2^3-3. 于是猜想当 $m=4$ 时，得到答案 $2^4-4=12$. 这样的思路非常好，大胆猜想，但还需要小心求证.

方法 3：为了更好地计数，把数列分为两部分，前 4 项和后 4 项（题目的提示）.

由题意，必有 $a_1=0$，$a_8=1$，则中间 3 个 0 和 3 个 1.

若 a_2，a_3，a_4 全为 0，则 a_5，a_6，a_7 全为 1，得到 1 个"规范 01 数列"；

若 a_2，a_3，a_4 恰有 2 个 0，则 a_5，a_6，a_7 仅有 1 个 0，任意排列，得到 $3\times3=9$ 个"规范 01 数列"；

若 a_2，a_3，a_4 恰有 1 个 0，则 a_5，a_6，a_7 有 2 个 0，故 $a_4=1$，$a_5=0$，剩下任意排列都可以，得到 $2\times2=4$ 个"规范 01 数列".

综上，共有 14 个.

【考查目标】考查考生对分类加法原理的理解、掌握程度和应用能力以及学习新知识的能力.

【试题评价】试题通过引入"规范 01 数列"的定义，设计一个利用分类计数原理求解的问题，设计巧妙、新颖. 考生只有具备一定的学习新知识的能力，才能对"规范 01 数列"有准确的理解，从而达到考查考生学习新知识能力的目的. 本题的求解需要分为较多的类别，试题具有一定的复杂性，较好地考查了考生解决较为复杂问题的能力，体现了学习的本质是能力的提高，对以提高能力和培养创新精神为目标的数学教学具有很好的引导作用.

【点评】本题通过给出"规范 01 数列"这一新概念，既考查学生对新知识的认知能力，也考查考生在遇到陌生、复杂问题时所具有的分析问题、解决问题的能力. 试题以组合数学中的"卡塔兰数"这一著名数列为背景，设计巧妙，避开解题套路与现成的公式，深入考查学生的逻辑推理能力和创新能力，对不同层次的考生特别是高水平的考生进行了区分. 因为涉及的项数并不多，所以方法 1 通过表格一一列举，可以发现一些规律，使得列举也很容易处理；方法 3 将中间 6 项平均分为两组，先分类再分步，运用逻辑分析，使得计数变得容易，从解法的优化性可以区分不同层次的学生.

1.3.2.6 从实际问题抽象出数列模型

【例 1−64】（2022 年新高考卷 II 第 3 题）中国的古建筑不仅是挡风遮雨的住处，更是美学和哲学的体现. 如图是某古建筑物的剖面图，DD_1，CC_1，BB_1，AA_1 是举，OD_1，DC_1，CB_1，BA_1 是相等的步，相邻桁的举步之比分别为 $\dfrac{DD_1}{OD_1}=0.5$，$\dfrac{CC_1}{DC_1}=k_1$，$\dfrac{BB_1}{CB_1}=k_2$，$\dfrac{AA_1}{BA_1}=k_3$，若 k_1，k_2，k_3 是公差为 0.1 的等差数列，且直线 OA 的斜率为 0.725，则 $k_3=$（   ）.

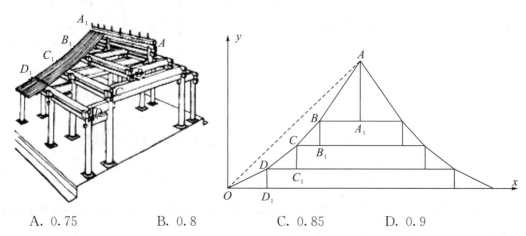

A. 0.75   B. 0.8   C. 0.85   D. 0.9

【解析】设 $OD_1=DC_1=CB_1=BA_1=1$，则 $CC_1=k_1$，$BB_1=k_2$，$AA_1=k_3$，依题意，有 $k_3-0.2=k_1$，$k_3-0.1=k_2$，且 $\dfrac{DD_1+CC_1+BB_1+AA_1}{OD_1+DC_1+CB_1+BA_1}=0.725$，所以 $\dfrac{0.5+3k_3-0.3}{4}=0.725$，故 $k_3=0.9$，故选 D.

【追溯】（2017 年全国卷 II 第 3 题）我国古代数学名著《算法统宗》中有如下问题："远望巍巍塔七层，红光点点倍加增，共灯三百八十一，请问尖头几盏灯？"意思是：一座 7 层塔共挂了 381 盏灯，且相邻两层中的下一层灯数是上一层灯数的 2 倍，则塔的顶层共有灯（   ）.

A.1 盏   B.3 盏   C.5 盏   D.9 盏

【解析】$S_7 = \dfrac{a_1(1-2^7)}{1-2} = 381 \Rightarrow a_1 = 3$.

【点评】注重从实际问题情境中识别数列模型，并利用相关知识求解．这道题中渗透了数学文化．

【例 1-65】(2020 年全国卷 II 文科第 3 题)如下图，将钢琴上的 12 个键依次记为 a_1，a_2，$\cdots$，a_{12}，设 $1 \leqslant i < j < k \leqslant 12$．若 $k-j=3$ 且 $j-i=4$，则称 a_i，a_j，a_k 为原位大三和弦；若 $k-j=4$ 且 $j-i=3$，则称 a_i，a_j，a_k 为原位小三和弦．用这 12 个键可以构成的原位大三和弦与原位小三和弦的个数之和为(　　)．

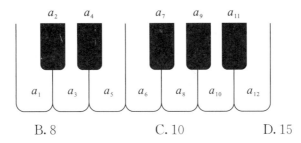

A．5　　　　　　　B．8　　　　　　　C．10　　　　　　　D．15

【例 1-66】(2020 年全国卷 II 理科第 4 题)北京天坛的圜丘坛（如下图）为古代祭天的场所，分上、中、下三层，上层中心有一块圆形石板（称为天心石），环绕天心石砌 9 块扇面形石板构成第一环，向外每环依次增加 9 块，下一层的第一环比上一层的最后一环多 9 块，向外每环依次也增加 9 块，已知每层环数相同，且下层比中层多 729 块，则三层共有扇面形石板(不含天心石)(　　)．

A．3699 块　　　　　B．3474 块　　　　　C．3402 块　　　　　D．3339 块

【点评】从实际问题情境中抽象出数列模型，利用数列知识求解．

【例 1-67】(2019 年全国卷 I 第 21 题)为了治疗某种疾病，研制了甲、乙两种新药，希望知道哪种新药更有效，为此进行动物试验．试验方案如下：每一轮选取两只白鼠对药效进行对比试验．对于两只白鼠，随机选一只施以甲药，另一只施以乙药．一轮的治疗结果得出后，再安排下一轮试验．当其中一种药治愈的白鼠比另一种药治愈的白鼠多 4 只时，就停止试验，并认为治愈只数多的药更有效．为了方便描述问题，约定：对于每轮试验，若施以甲药的白鼠治愈且施以乙药的白鼠未治愈，则甲药得 1 分，乙药得 −1 分；若施以乙药的白鼠治愈且施以甲药的白鼠未治愈，则乙药得 1 分，甲药得 −1 分；若都治愈或都未治愈，则两种药均得 0 分．甲、乙两种药的治愈率分别记为 α 和 β，一轮试验中甲药的得分记为 X．

(1)求 X 的分布列；

(2)若甲药、乙药在试验开始时都赋予 4 分，$p_i(i=0,1,\cdots,8)$ 表示"甲药的累计得分为 i 时，最终认为甲药比乙药更有效"的概率，则 $p_0=0$，$p_8=1$，$p_i=ap_{i-1}+bp_i+cp_{i+1}(i=1,2,\cdots,7)$，其中 $a=P(X=-1)$，$b=P(X=0)$，$c=P(X=1)$．假设 $\alpha=0.5$，$\beta=0.8$．

①证明：$\{p_{i+1}-p_i\}$ $(i=0,1,2,\cdots,7)$ 为等比数列；

②求 p_4，并根据 p_4 的值解释这种试验方案的合理性．

【解析】(1)X 的所有可能取值为 $-1,0,1$.

$P(X=-1)=(1-\alpha)\beta$，$P(X=0)=\alpha\beta+(1-\alpha)(1-\beta)$，$P(X=1)=\alpha(1-\beta)$，所以 X 的分布列为

X	-1	0	1
P	$(1-\alpha)\beta$	$\alpha\beta+(1-\alpha)(1-\beta)$	$\alpha(1-\beta)$

(2)①由(1)得 $a=0.4$，$b=0.5$，$c=0.1$．因此 $p_i=0.4p_{i-1}+0.5p_i+0.1p_{i+1}$，故 $0.1(p_{i+1}-p_i)=0.4(p_i-p_{i-1})$，即 $p_{i+1}-p_i=4(p_i-p_{i-1})$．因为 $p_1-p_0=p_1\neq0$，所以 $\{p_{i+1}-p_i\}(i=0,1,2,\cdots,7)$ 是公比为 4，首项为 p_1 的等比数列．

②由①可得 $p_8=p_8-p_7+p_7-p_6+\cdots+p_1-p_0+p_0=(p_8-p_7)+(p_7-p_6)+\cdots+(p_1-p_0)=\dfrac{4^8-1}{3}p_1$．由于 $p_8=1$，故 $p_1=\dfrac{3}{4^8-1}$，所以 $p_4=(p_4-p_3)+(p_3-p_2)+(p_2-p_1)+(p_1-p_0)=\dfrac{4^4-1}{3}p_1=\dfrac{1}{257}$．

p_4 表示最终认为甲药更有效的概率．由计算结果可以看出，在甲药治愈率为 0.5，乙药治愈率为 0.8 时，认为甲药更有效的概率为 $p_4=\dfrac{1}{257}\approx0.0039$，此时得出错误结论的概率非常小，说明这种试验方案合理．

【点评】看似复杂，实则简单．在实际问题情境中，数列知识与概率相结合在清华大学和北京大学的自主招生考试或竞赛题中都有所见，此题可以视为 2011 年清华大学七校联考自主招生考试中第 15 题的改编．

【变式 1−4】(2011 年清华大学七校联考自主招生第 15 题)将一枚质量均匀的硬币连续抛掷 n 次，以 p_n 表示未出现连续 3 次正面的概率．

(1)求 p_1，p_2，p_3，p_4；

(2)探究数列 $\{p_n\}$ 的递推公式，并给出证明；

(3)讨论数列 $\{p_n\}$ 的单调性及其极限，并阐述该极限的概率意义．

【变式 1−5】（2012 年全国高中数学联赛第 8 题）某情报站有 A，B，C，D 四种互不相同的密码，每周使用其中的一种密码，且每周都是从上周未使用的三种密码中等可能地随机选用一种. 设第 1 周使用 A 种密码，那么第 7 周也使用 A 种密码的概率是_____ .（用最简分数表示）

【解析】用 P_k 表示第 k 周使用 A 种密码的概率，则第 k 周未使用 A 种密码的概率为 $1-P_k$. 于是 $P_{k+1}=\dfrac{1}{3}(1-P_k)$，$k\in \mathbf{N}^*$，即 $P_{k+1}-\dfrac{1}{4}=-\dfrac{1}{3}\left(P_k-\dfrac{1}{4}\right)$. 由 $P_1=1$，可知 $\left\{P_k-\dfrac{1}{4}\right\}$ 是首项为 $\dfrac{3}{4}$，公比为 $-\dfrac{1}{3}$ 的等比数列. 所以 $P_k-\dfrac{1}{4}=\dfrac{3}{4}\left(-\dfrac{1}{3}\right)^{k-1}$，即 $P_k=\dfrac{3}{4}\left(-\dfrac{1}{3}\right)^{k-1}+\dfrac{1}{4}$，$P_7=\dfrac{61}{243}$.

1.3.2.7　数列考查的开放性

一、条件和结论都开放

【例 1−68】（2021 年全国甲卷第 18 题）已知数列 $\{a_n\}$ 的各项均为正数，记 S_n 为 $\{a_n\}$ 的前 n 项和，从下面①②③中选取两个作为条件，证明另外一个成立.

①数列 $\{a_n\}$ 是等差数列；②数列 $\{\sqrt{S_n}\}$ 是等差数列；③$a_2=3a_1$.

注：若选择不同的组合分别解答，则按第一个解答计分.

【分析】从函数的观点看，若 $\{a_n\}$ 是等差数列 $\Leftrightarrow a_n-a_{n-1}=d\,(n\geqslant 2)\Leftrightarrow a_n=dn+a_1-d$ 是关于 n 的一次函数 $\Leftrightarrow S_n=\dfrac{d}{2}n^2+\left(a_1-\dfrac{d}{2}\right)n$ 是关于 n 的二次函数（常数项为 0）.

①成立，②不一定成立. 研究数学，重要的不是否定一个命题，而是怎么修改使其成为真命题. 若 $a_1-\dfrac{d}{2}=0$，则 $\sqrt{S_n}=\sqrt{\dfrac{d}{2}}n$ 是等差数列，所以得到①③$\Rightarrow$②.

反之，若 $\sqrt{S_n}=\sqrt{\dfrac{d}{2}n^2+\left(a_1-\dfrac{d}{2}\right)n}=pn+q$，则 $q=0$，从而有 $a_1-\dfrac{d}{2}=0$. 这就是①②$\Rightarrow$③.

那反过来成立吗？即②成立，①成立吗？由 $\sqrt{S_n}=pn+q$，得 $S_n=p^2n^2+2pqn+q^2$，当 $q=0$ 时，①成立，即 $\sqrt{S_n}=pn$，所以 $S_n=pn^2$，此时 $a_2=3a_1$.

我们又得到②③$\Rightarrow$①.

【点评】本题基于信息获取、信息转化、知识整合、研究探索、批判性和创新思维考查学生的理性思维、数学应用、数学探索等学科素养和创新能力，检测学生的数学知识或方法的善用能力发展水平，落实创新性考查要求. 结构不良试题所具有的条件、数据部分缺失或冗余，目标界定不明确，多种解决方法、途径，多种评价解决方法的标准，涉及的概念、规则或原理不确定等特征，使其在检测学生的数学知识或方法的善用能力发展水平（尤其是解法优劣评估）方面，在落实高考数学创新性考查要求方面，起到了重要的作用.

二、结论开放

【例 1-69】【2014 年全国卷 I 第 17 题】 已知数列 $\{a_n\}$ 的前 n 项和为 S_n，$a_1=1$，$a_n \neq 0$，$a_n a_{n+1} = \lambda S_n - 1$，其中 λ 为常数.

(1)证明：$a_{n+2} - a_n = \lambda$；

(2)是否存在 λ，使得 $\{a_n\}$ 为等差数列？并说明理由.

【解析】(1)由题设 $a_n a_{n+1} = \lambda S_n - 1$，则有 $a_{n+1} a_{n+2} = \lambda S_{n+1} - 1$，两式相减得 $a_{n+1}(a_{n+2} - a_n) = \lambda a_{n+1}$，因为 $a_n \neq 0$，所以 $a_{n+2} - a_n = \lambda$.

(2)由题设 $a_1 = 1$，$a_1 a_2 = \lambda S_1 - 1$，可得 $a_2 = \lambda_1 - 1$，由(1)知 $a_3 = \lambda + 1$.

假设 $\{a_n\}$ 为等差数列，则 a_1，a_2，a_3 成等差数列（从特殊开始考虑），所以 $a_1 + a_3 = 2a_2$，解得 $\lambda = 4$.

下面证明当 $\lambda = 4$ 时，$\{a_n\}$ 为等差数列（再证明一般情况成立）.

由 $a_{n+2} - a_n = 4$，可知数列奇数项构成的数列 $\{a_{2m-1}\}$ 是首项为 1，公差为 4 的等差数列，$a_{2m-1} = 4m - 3$，令 $n = 2m - 1$，则 $m = \dfrac{n+1}{2}$，所以 $a_n = 2n - 1 (n = 2m - 1)$；数列偶数项构成的数列 $\{a_{2m}\}$ 是首项为 3，公差为 4 的等差数列，$a_{2m} = 4m - 1$，令 $n = 2m$，则 $m = \dfrac{n}{2}$，所以 $a_n = 2n - 1 (n = 2m)$.

所以 $a_n = 2n - 1 (n \in \mathbf{N}^*)$，$a_{n+1} - a_n = 2$.

因此，存在 $\lambda = 4$，使得 $\{a_n\}$ 为等差数列.

【点评】研究数列的根本方法是列出来，观察、归纳、猜想，整个研究过程就是从特殊到一般. 若整个数列为等差数列，则前 3 项为等差数列，建立方程即可求解出 λ，再证明一般情况也成立. 数学中经常会用不同的符号语言、图像语言、文字语言去表达，比如 $a_{n+2} - a_n = \lambda$ 告诉我们隔一项成等差数列，亦即奇数项和偶数项分别成等差数列，若整个数列是等差数列，则 $a_{n+2} - a_n = \lambda$ 告诉我们公差的两倍为 λ.

1.3.2.8 数列考查的创新性

一、围绕求和的方法展开

【例 1-70】(2020 年新高考卷 II 第 18 题)已知公比大于 1 的等比数列 $\{a_n\}$ 满足 $a_2 + a_4 = 20$，$a_3 = 8$.

(1)求 $\{a_n\}$ 的通项公式；

(2)求 $a_1 a_2 - a_2 a_3 + \cdots + (-1)^{n-1} a_n a_{n+1}$.

【例 1-71】(2020 年全国卷 II 第 6 题)数列 $\{a_n\}$ 中，$a_1 = 2$，$a_{m+n} = a_m a_n$，若 $a_{k+1} + a_{k+2} + \cdots + a_{k+10} = 2^{15} - 2^5$，则 $k = ($ $)$.

A. 2   B. 3   C. 4   D. 5

【点评】需要思考三个问题：是等差数列还是等比数列？能否转化为等差数列或等比数列？是我们常见的求和模型吗？是等差数列还是等比数列，需要看相邻两项的差或比是否为同一个常数，由此容易得到等比数列．很自然就会令 $m=1$，可得 $a_{n+1}=a_n a_1=2a_n$，所以 $\frac{a_{n+1}}{a_n}=2$，得到的 $\{a_n\}$ 是以 2 为首项，2 为公比的等比数列．所以 $a_{k+1}+a_{k+2}+\cdots+a_{k+10}=\frac{a_{k+1}\cdot(1-2^{10})}{1-2}=\frac{2^{k+1}\cdot(1-2^{10})}{1-2}=2^{k+1}(2^{10}-1)=2^5(2^{10}-1)$，$2^{k+1}=2^5$，则 $k+1=5$，解得 $k=4$．

二、围绕递推关系式给出的方式求变

【例 1－72】（2021 年全国乙卷第 19 题）记 S_n 为数列 $\{a_n\}$ 的前 n 项和，b_n 为数列 $\{S_n\}$ 的前 n 项积，已知 $\frac{2}{S_n}+\frac{1}{b_n}=2$．

(1) 证明：数列 $\{b_n\}$ 是等差数列；

(2) 求数列 $\{a_n\}$ 的通项公式．

【分析】(1) 此题是求 b_n，考虑把 S_n 用 b_n 表示出来，即 $S_n=\frac{b_n}{b_{n-1}}$．所以 $\frac{2b_{n-1}}{b_n}+\frac{1}{b_n}=2$，即 $b_n-b_{n-1}=\frac{1}{2}(n\geq2)$．

(2) $b_n=\frac{n+2}{2}$，再次利用 $\frac{2}{S_n}+\frac{1}{b_n}=2$，得 $S_n=\frac{n+2}{n+1}$．退位相减，检验首项可得

$$a_n=\begin{cases}\frac{3}{2},&n=1,\\-\frac{1}{n(n+1)},&n\geq2.\end{cases}$$

三、围绕递推关系式特点和求和方法创新

【例 1－73】（2021 年新高考卷 I 第 17 题）已知数列 $\{a_n\}$ 满足 $a_1=1$，$a_{n+1}=\begin{cases}a_n+1,&n\text{ 为奇数},\\a_n+2,&n\text{ 为偶数},\end{cases}$

(1) 记 $b_n=a_{2n}$，写出 b_1，b_2，并求数列 $\{b_n\}$ 的通项公式；

(2) 求 $\{a_n\}$ 的前 20 项和．

【分析】(1) 列出几项，分奇偶项观察，再把两个公式整合在一起．

(2) 分组求和或并项求和．

【例 1－74】（2020 年全国卷 I 文科第 16 题）数列 $\{a_n\}$ 满足 $a_{n+2}+(-1)^n a_n=3n-1$，前 16 项和为 540，则 $a_1=$ _____．

【解析】①当 n 为偶数时，$a_{n+2}+a_n=3n-1$，则 $(a_2+a_4)+(a_6+a_8)+(a_{10}+a_{12})+(a_{14}+a_{16})=5+17+29+41=92$．

②当 $n=2k-1$，$k=1$，2，$\cdots$，8 时，$a_{2k+1}-a_{2k-1}=6k-4$，所以 $a_{2k+1}=(a_{2k+1}-a_{2k-1})+(a_{2k-1}-a_{2k-3})+\cdots+(a_3-a_1)+a_1=6(1+2+\cdots+k)-4k=3k^2-k$，即 $a_{2k+1}=3k^2-k+a_1$. 从而 $a_1+a_3+\cdots+a_{15}=3(1^2+2^2+\cdots+7^2)-(1+2+\cdots+7)+8a_1=3\times\dfrac{7\times(7+1)\times(2\times7+1)}{6}-28+8a_1=540-92$，即 $a_1=7$.

【点评】此题改编于 2012 年新课标理科第 16 题.

【追溯 1】(2012 年新课标理科第 16 题)数列 $\{a_n\}$ 满足 $a_{n+1}+(-1)^n a_n=2n-1$，则 $\{a_n\}$ 的前 60 项和为_____.

【解析】方法 1（分别求奇数项和偶数项）：

$a_2-a_1=1$①，$a_3+a_2=3$②，

$a_4-a_3=5$③，$a_5+a_4=7$④，

$a_6-a_5=9$⑤，$a_7+a_6=11$⑥，

$a_8-a_7=13$⑦，$a_9+a_8=15$⑧，

$a_{10}-a_9=17$⑨，$a_{11}+a_{10}=19$⑩，

$a_{12}-a_{11}=21$⑪，$a_{13}+a_{12}=23$⑫.

②－①：$a_1+a_3=2$；⑥－⑤：$a_5+a_7=2$；⑩－⑨：$a_9+a_{11}=2$；$\cdots$猜想：相邻的奇数项和为 2，从而前 60 项中，30 个奇数项分为 15 组，和为 30.

②＋③：$a_2+a_4=8$；⑥＋⑦：$a_6+a_8=24$；⑩＋⑪：$a_{10}+a_{12}=40$；$\cdots$猜想：相邻的偶数项和构成一个等差数列，首项为 8，公差为 16，从而前 60 项中，30 个偶数项分为 15 组，和为 $15\times8+\dfrac{15\times14}{2}\times16=1800$.

所以 $\{a_n\}$ 的前 60 项和为 1830.

【反思 1】研究数列的根本方法：列出来，观察、归纳、猜想. $(-1)^n$ 让人联想到并项求和，所以尝试把这些式子相加减. 为了更好地观察，选择把加和减的式子写成了两列，可以横着、竖着、斜着观察.

方法 2（注意奇数项和偶数项之间的关系）：

由第一列，得到 $a_2=a_1+1$，$a_4=a_3+5$，$\cdots$全部加起来，得到的偶数项的和分为两部分：一部分是奇数项的和；另一部分是首项为 1，公差为 4，项数为 30 的等差数列的和.

【反思 2】奇数项的和是容易观察出来的，找到奇数项的和与偶数项的和的关系，问题很容易就解决了.

方法 3：$(-1)^n$ 让人想到并项求和，可以写几个式子，尝试合并.

由 $a_{2k+1}+a_{2k}=4k-1$，$a_{2k}-a_{2k-1}=4k-3$，两式相减得 $a_{2k+1}+a_{2k-1}=2$，则相邻的奇数项的和为 2，从而前 60 项中，30 个奇数项分为 15 组，和为 30.

由 $a_{2k+1}+a_{2k}=4k-1$，$a_{2k+2}-a_{2k+1}=4k+1$，两式相加得 $a_{2k}+a_{2k+2}=8k$，则相邻的偶数项的和构成一个等差数列，首项为 8，公差为 16，后面的计算同方法 1.

【反思 3】方法 1 和方法 3 本质上一样，方法 1 从特殊的项开始观察和思考.

【追溯 2】设数列 $\{a_n\}$ 的前 n 项和为 S_n，已知 $a_2=2$，$a_{n+2}+(-1)^{n-1}a_n=1$，则 $S_{40}=$ _____.

【例 1-75】(2017 年全国卷 I 第 12 题)几位大学生响应国家的创业号召，开发了一款应用软件. 为激发大家学习数学的兴趣，他们推出了"解数学题获取软件激活码"的活动. 这款软件的激活码为下面数学问题的答案：已知数列 1，1，2，1，2，4，1，2，4，8，1，2，4，8，…其中第一项是 2^0，接下来的两项是 2^0，2^1，再接下来的三项是 2^0，2^1，2^2，依此类推. 求满足如下条件的最小整数 N：$N>100$ 且该数列的前 N 项和为 2 的整数幂. 那么该款软件的激活码是(　　).

A. 440 　　　　　　 B. 330 　　　　　　 C. 220 　　　　　　 D. 110

【分析】方法 1：(换个角度看数列，从通项的特点来找求和的方法)题目给了提示：可以把第一项 2^0 视为一项，把接下来的两项 2^0，2^1 视为一项，把接下来的三项 2^0，2^1，2^2 视为一项，则新数列的通项公式 $a_n=2^0+2^1+2^2+\cdots+2^{n-1}=2^n-1$，所以采用分组求和.

方法 2：(对数列作调整，变为求和的常见模型)2^0 出现了 n 次，2^1 出现了 $n-1$ 次，$\cdots$，2^n 出现了 1 次，则 $S_n=n\times2^0+(n-1)\times2^1+\cdots+2\times2^{n-1}+2^n$，再利用错位相减法求和.

【点评】在实际问题情境中，从不同的角度去看数列，灵活选择求和的方式.

四、以新定义的方式考查数列

【例 1-76】(2021 年新高考卷 II 第 12 题)设正整数 $n=a_0\cdot2^0+a_1\cdot2^1+\cdots+a_{k-1}\cdot2^{k-1}+a_k\cdot2^k$，其中 $a_i\in\{0,1\}$，记 $\omega(n)=a_0+a_1+\cdots+a_k$，则(　　).

A. $\omega(2n)=\omega(n)$ 　　　　　　　　 B. $\omega(2n+3)=\omega(n)+1$

C. $\omega(8n+5)=\omega(4n+3)$ 　　　　　 D. $\omega(2^n-1)=n$

【点评】以新定义的方式考查十进制化为二进制后的"系数"，A、B、C 项考查对新定义的理解，而 D 项需要考生把 2^n-1 写成 $\{a_k\cdot2^k\}(a_i\in\{0,1\})$ 的和.

【例 1-77】(2020 年全国卷 II 第 12 题)0-1 周期序列在通信技术中有着重要应用. 若序列 $a_1a_2\cdots a_n\cdots$ 满足 $a_i\in\{0,1\}(i=1,2,\cdots)$，且存在正整数 m，使得 $a_{i+m}=a_i(i=1,2,\cdots)$ 成立，则称其为 0-1 周期序列，并称满足 $a_{i+m}=a_i(i=1,2,\cdots)$ 的最小正整数 m 为这个序列的周期. 对于周期为 m 的 0-1 序列 $a_1a_2\cdots a_n\cdots$，$C(k)=\dfrac{1}{m}\displaystyle\sum_{i=1}^{m}a_ia_{i+k}$ $(k=1,2,\cdots,m-1)$ 是描述其性质的重要指标，下列周期为 5 的 0-1 序列中，满足 $C(k)\leqslant\dfrac{1}{5}(k=1,2,3,4)$ 的序列是(　　).

A. 11010… 　　　　　 B. 11011… 　　　　　 C. 10001… 　　　　　 D. 11001…

【解析】方法 1：理解定义，逐一检验.

方法 2：跳过形式化推理，直接感知问题答案和本质，求和越小越容易满足条件，故 0 越多越好．直接选 C．

【例 1－78】(2020 年新高考卷 Ⅰ、Ⅱ第 12 题)信息熵是信息论中的一个重要概念．设随机变量 X 所有可能的取值为 1，2，…，n，且 $P(X=i)=p_i>0(i=1，2，…，n)$，$\sum_{i=1}^{n} p_i=1$，定义 X 的信息熵 $H(X)=-\sum_{i=1}^{n} p_i \log_2 p_i$．下列说法中正确的是(　　)．

A. 若 $n=1$，则 $H(X)=0$

B. 若 $n=2$，则 $H(X)$ 随着 p_1 的增大而增大

C. 若 $p_i=\dfrac{1}{n}(i=1，2，…，n)$，则 $H(X)$ 随着 n 的增大而增大

D. 若 $n=2m$，随机变量 Y 所有可能的取值为 1，2，…，m，且 $P(Y=j)=p_j+p_{2m+1-j}(j=1，2，…，m)$，则 $H(X) \leqslant H(Y)$

【解析】对于 A 项，若 $n=1$，则 $i=1$，$p_1=1$，所以 $H(X)=-(1 \times \log_2 1)=0$，故 A 正确．

对于 B 项，由 p_1，p_2 的地位对称性知，函数 $H(X)=-(p_1 \cdot \log_2 p_1 + p_2 \cdot \log_2 p_2)$，其取值也具有对称性，所以不是单调函数，故 B 错误．

对于 C 项，若 $p_i=\dfrac{1}{n}$ $(i=1，2，…，n)$，则 $H(X)=-\left(\dfrac{1}{n} \cdot \log_2 \dfrac{1}{n}\right) \times n=-\log_2 \dfrac{1}{n}=\log_2 n$，则 $H(X)$ 随着 n 的增大而增大，故 C 正确．

对于 D 项，方法 1 (特值＋排除法)：令 $n=2m=2$，$P(Y=1)=p_1+p_2=1$，由 A 项知，$H(Y)=0$，而由 B 项知，$H(X)=p_1 \cdot \log_2 \dfrac{1}{p_1}+p_2 \cdot \log_2 \dfrac{1}{p_2}>0$，故 D 错误．

方法 2：$H(X)=-\sum_{i=1}^{2m} p_i \cdot \log_2 p_i=\sum_{i=1}^{2m} p_i \cdot \log_2 \dfrac{1}{p_i}=p_1 \cdot \log_2 \dfrac{1}{p_1}+p_2 \cdot \log_2 \dfrac{1}{p_2}+ \cdots +p_{2m-1} \cdot \log_2 \dfrac{1}{p_{2m-1}}+p_{2m} \cdot \log_2 \dfrac{1}{p_{2m}}$．

$H(Y)=(p_1+p_{2m}) \cdot \log_2 \dfrac{1}{p_1+p_{2m}}+(p_2+p_{2m-1}) \cdot \log_2 \dfrac{1}{p_2+p_{2m-1}}+ \cdots +(p_m+p_{m+1}) \cdot \log_2 \dfrac{1}{p_m+p_{m+1}}=p_1 \cdot \log_2 \dfrac{1}{p_1+p_{2m}}+p_2 \cdot \log_2 \dfrac{1}{p_2+p_{2m-1}}+ \cdots +p_{2m-1} \cdot \log_2 \dfrac{1}{p_2+p_{2m-1}}+p_{2m} \cdot \log_2 \dfrac{1}{p_1+p_{2m}}$．

由于 $p_i>0(i=1，2，…，2m)$，所以 $\dfrac{1}{p_i}>\dfrac{1}{p_i+p_{2m+1-i}}$，$\log_2 \dfrac{1}{p_i}>\log_2 \dfrac{1}{p_i+p_{2m+1-i}}$，$p_i \cdot \log_2 \dfrac{1}{p_i}>p_i \cdot \log_2 \dfrac{1}{p_i+p_{2m+1-i}}$，所以 $H(X)>H(Y)$，D 错误．

故选 A、C．

【例 1－79】(2022 年全国乙卷理科第 4 题) 嫦娥二号卫星在完成探月任务后，继续进

行深空探测，成为我国第一颗环绕太阳飞行的人造行星．为研究嫦娥二号绕日周期与地球绕日周期的比值，用到数列 $\{b_n\}$：$b_1 = 1 + \dfrac{1}{\alpha_1}$，$b_2 = 1 + \dfrac{1}{\alpha_1 + \dfrac{1}{\alpha_2}}$，$b_3 = 1 + \dfrac{1}{\alpha_1 + \dfrac{1}{\alpha_2 + \dfrac{1}{\alpha_3}}}$，

…，依此类推，其中 $\alpha_k \in \mathbf{N}^*(k=1,2,\cdots)$，则（　　）．

A. $b_1 < b_5$　　　　　　B. $b_3 < b_8$　　　　　　C. $b_6 < b_2$　　　　　　D. $b_4 < b_7$

【解析】方法 1：特值法．令 $\alpha_k = 1(k=1,2,\cdots)$，得 $b_1 = \dfrac{3}{2}$，$b_2 = \dfrac{5}{3}$，$b_3 = \dfrac{8}{5}$，

$b_4 = \dfrac{13}{8}$，$b_5 = \dfrac{21}{13}$，$b_6 = \dfrac{34}{21}$，$b_7 = \dfrac{55}{34}$，$b_8 = \dfrac{89}{55}$，排除 A、B、C，故选 D．

方法 2：因为 $\alpha_k \in \mathbf{N}^*(k=1,2,\cdots)$，所以 $\alpha_1 < \alpha_1 + \dfrac{1}{\alpha_2}$，$\dfrac{1}{\alpha_1} > \dfrac{1}{\alpha_1 + \dfrac{1}{\alpha_2}}$，得到 $b_1 > b_2$．

同理，$\alpha_1 + \dfrac{1}{\alpha_2} > \alpha_1 + \dfrac{1}{\alpha_2 + \dfrac{1}{\alpha_3}}$，可得 $b_2 < b_3$，$b_1 > b_3$．

又因为 $\dfrac{1}{\alpha_2} > \dfrac{1}{\alpha_2 + \dfrac{1}{\alpha_3 + \dfrac{1}{\alpha_4}}}$，$\alpha_1 + \dfrac{1}{\alpha_2 + \dfrac{1}{\alpha_3}} < \alpha_1 + \dfrac{1}{\alpha_2 + \dfrac{1}{\alpha_3 + \dfrac{1}{\alpha_4}}}$，故 $b_2 < b_4$，$b_3 > b_4$．

以此类推，可得 $b_1 > b_3 > b_5 > b_7 > \cdots$，$b_7 > b_8$，故 A 错误．

$b_1 > b_7 > b_8$，故 B 错误．

$\dfrac{1}{\alpha_2} > \dfrac{1}{\alpha_2 + \dfrac{1}{\alpha_3 + \cdots + \dfrac{1}{\alpha_6}}}$，得 $b_2 < b_6$，故 C 错误．

$\alpha_1 + \dfrac{1}{\alpha_2 + \dfrac{1}{\alpha_3 + \dfrac{1}{\alpha_4}}} > \alpha_1 + \dfrac{1}{\alpha_2 + \cdots + \dfrac{1}{\alpha_6 + \dfrac{1}{\alpha_7}}}$，得 $b_4 < b_7$，故 D 正确．

五、反证法的应用

【例 1-80】(2022 年北京卷第 15 题)已知数列 $\{a_n\}$ 的各项均为正数，其前 n 项和 S_n 满足 $a_n \cdot S_n = 9(n=1,2,\cdots)$．给出下列四个结论：①$\{a_n\}$ 的第 2 项小于 3；②$\{a_n\}$ 为等比数列；③$\{a_n\}$ 为递减数列；④$\{a_n\}$ 中存在小于 $\dfrac{1}{100}$ 的项．

其中所有正确结论的序号是_____．

【解析】由题意可知 $\forall n \in \mathbf{N}^*$，$a_n > 0$．

当 $n=1$ 时，$a_1^2 = 9$，可得 $a_1 = 3$．

当 $n \geqslant 2$ 时，由 $S_n = \dfrac{9}{a_n}$，可得 $S_{n-1} = \dfrac{9}{a_{n-1}}$，两式作差可得 $a_n = \dfrac{9}{a_n} - \dfrac{9}{a_{n-1}}$，所以 $\dfrac{9}{a_{n-1}} =$

$\dfrac{9}{a_n}-a_n$，则 $\dfrac{9}{a_2}-a_2=3$，整理可得 $a_2^2+3a_2-9=0$.

因为 $a_2>0$，解得 $a_2=\dfrac{3\sqrt{5}-3}{2}<3$，①对.

假设数列 $\{a_n\}$ 为等比数列，设其公比为 q，则 $a_2^2=a_1a_3$，即 $\left(\dfrac{9}{S_2}\right)^2=\dfrac{81}{S_1S_3}$，所以 $S_2^2=S_1S_3$，可得 $a_1^2(1+q)^2=a_1^2(1+q+q^2)$，解得 $q=0$，不合乎题意，故数列 $\{a_n\}$ 不是等比数列，②错.

当 $n\geqslant 2$ 时，$a_n=\dfrac{9}{a_n}-\dfrac{9}{a_{n-1}}=\dfrac{9(a_{n-1}-a_n)}{a_na_{n-1}}>0$，可得 $a_n<a_{n-1}$，所以数列 $\{a_n\}$ 为递减数列，③对.

假设对任意的 $n\in \mathbf{N}^*$，$a_n\geqslant \dfrac{1}{100}$，则 $S_{100000}\geqslant 100000\times \dfrac{1}{100}=1000$，所以 $a_{100000}=\dfrac{9}{S_{100000}}\leqslant \dfrac{9}{1000}<\dfrac{1}{100}$，与假设矛盾，假设不成立，④对.

故答案为①③④.

第 2 章　对数列的微观认识

数列是一种特殊的函数，有着丰富的内涵，对数列的掌握应当从微观着手．本章从数列的概念、表示及研究方法，等差数列，等比数列，通项公式，数列求和五个方面来认识数列．

2.1　数列的概念、表示及研究方法

2.1.1　数列的概念、简单表示

2.1.1.1　通项公式 $a_n = f(n)$

通项公式就像函数中的对应关系一样，处于核心地位. 因为数列本身的特点，所以研究通项公式的根本方法是列出来，观察、归纳、猜想. 观察能力是一切能力的起点，要注意从不同的角度去观察.

【例 2-1】根据数列前几项求通项公式.

(1) $-\dfrac{1}{2}$，$\dfrac{3}{4}$，$-\dfrac{5}{8}$，$\dfrac{7}{16}$，…

(2) $-\dfrac{1}{2}$，$\dfrac{3}{4}$，$-\dfrac{7}{8}$，$\dfrac{15}{16}$，…

(3) 1，$\sqrt{2}$，（　），2，$\sqrt{5}$，（　），$\sqrt{7}$

(4) 1，$\dfrac{2}{3}$，$\dfrac{1}{2}$，$\dfrac{2}{5}$，$\dfrac{1}{3}$，…

(5) 9，99，999，9999，…

(6) 7，77，777，7777，77777，…

(7) 1，-1，1，-1，…

(8) 2，0，2，0，2，0，…

【变式 2-1】设函数 $f(x) = \dfrac{x}{x+2}(x>0)$，观察：

$$f_1(x) = f(x) = \dfrac{x}{x+2},$$

$$f_2(x) = f(f_1(x)) = \dfrac{x}{3x+4},$$

$$f_3(x) = f(f_2(x)) = \dfrac{x}{7x+8},$$

$$f_4(x) = f(f_3(x)) = \dfrac{x}{15x+16}, \cdots$$

根据以上事实，由归纳推理可得：当 $n \in \mathbf{N}^*$ 且 $n \geqslant 2$ 时，$f_n(x) = f(f_{n-1}(x)) = $ _____.

【例 2-2】观察图（1）至图（5）中小黑点的摆放规律，并按照这样的规律继续摆放. 记第 n 个图中小黑点的个数为 y.

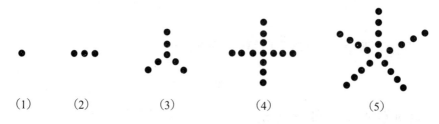

（1）　　　（2）　　　（3）　　　（4）　　　（5）

当 $n=100$ 时，$y=$ _____.

【例 2-3】下列图形中，第 n 个图形的黑色三角形的个数为 _____.

【变式 2-2】数列 1，2，4，7，11，…的通项公式为 _____.

2.1.1.2 递推关系式

数列的递推关系式和通项公式都是数列的表示方式，因为数列的定义域为正整数集或正整数的子集，所以相邻两项的关系即递推关系对于数列来说意义非常重大. 对于很多复杂问题，一般是先找递推关系，再由递推关系找出通项公式. 应该让学生更多地经历第一个过程，即观察、归纳、猜想的过程.

一、由递推关系求数列中的项和猜想通项公式

【例 2-4】已知 $a_n=2a_{n-1}+1(n\geq2$，$n\in\mathbf{N}^*)$ 且 $a_1=1$，求数列的前 5 项，并猜想 a_n.

【变式 2-3】已知 $a_n=\dfrac{2a_{n-1}}{a_{n-1}+2}$ 及 $a_1=1$，求数列的前 5 项，并猜想 a_n.

【变式 2-4】（2015 年北京卷理科）已知数列 $\{a_n\}$ 满足：$a_1\in\mathbf{N}^*$，$a_1\leq36$，且 $a_{n+1}=\begin{cases}2a_n,&a_n\leq18,\\2a_n-36,&a_n>18\end{cases}(n=1,2,\cdots)$，记集合 $M=\{a_n\mid n\in\mathbf{N}^*\}$. 若 $a_1=6$，写出集合 M 的所有元素.

【变式 2-5】（2014 年新课标 Ⅱ 文科）数列 $\{a_n\}$ 满足 $a_{n+1}=\dfrac{1}{1-a_n}$，$a_8=2$，则 $a_1=$ _____.

【变式 2-6】已知数列 $\{a_n\}$ 中，$a_1=1$，$a_2=2$，且 $a_n=a_{n-1}+a_{n-2}(n>2)$.

(1)求数列的前 5 项；

(2)利用上面的数列 $\{a_n\}$，通过公式 $b_n = \dfrac{a_{n+1}}{a_n}$ 构造数列 $\{b_n\}$，试求数列 $\{b_n\}$ 的前 5 项.

二、在问题情境中构建递推关系式

在很多实际问题情境中，直接找出通项公式的难度是比较大的，一般可以先通过相邻两项的关系得到递推关系，再由递推关系找通项公式．对于第二个过程，已形成了一系列的"题型＋方法"．应该让学生更多地经历第一个过程，尽可能地让第二个过程变得简单．

【例 2－5】数列 1，2，4，7，11，…的递推关系式为_____．

【变式 2－7】数列 1，1，2，3，5，8，…的递推关系式为_____．

【例 2－6】(2014 年安徽卷)如下图，在等腰直角三角形 ABC 中，斜边 $BC = \sqrt{2}$，过点 A 作 BC 的垂线，垂足为点 A_1；过点 A_1 作 AC 的垂线，垂足为点 A_2；过点 A_2 作 A_1C 的垂线，垂足为点 A_3；…依此类推，设 $BA = a_1$，$AA_1 = a_2$，$A_1A_2 = a_3$，…，$A_5A_6 = a_7$，则 $a_7 = $_____．

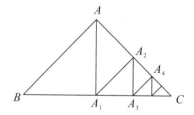

【变式 2－8】选菜问题：学校餐厅每天供应 500 名学生用餐，每星期一有 A，B 两种菜可以选择，调查资料表明，凡是在这周星期一选 A 种菜的，下周一会有 20% 改选 B 种菜，而选 B 种菜的，下周一会有 30% 改选 A 种菜．用 a_n，b_n 分别表示在第 n 个星期选 A 和选 B 的人数，求 a_n 与 a_{n-1} 的关系．

2.1.2　研究数列的基本方法和函数观点

2.1.2.1　研究数列的基本方法

研究数列的基本方法是列出来，观察、归纳、猜想，验证，并找出数列相邻两项的关系，即递推关系．

【例 2－7】3^{2003} 的末位数字是_____．

【拓展 2－1】(2012 年湖北卷文科)传说古希腊毕达哥拉斯学派的数学家经常在沙滩上画点或用小石子表示数．他们研究过如下图所示的三角形数：

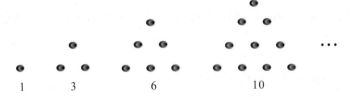

将三角形数 1，3，6，10 记为数列 $\{a_n\}$，将可被 5 整除的三角形数按从小到大的顺序组成一个新数列 $\{b_n\}$，可以推测：

(1) b_{2012} 是数列 $\{a_n\}$ 中的第 _____ 项；

(2) $b_{2k-1} =$ _____ .（用 k 表示）

【拓展 2－2】(2011 年四川卷)记 $[x]$ 为不超过实数 x 的最大整数，例如，$[2]=2$，$[1.5]=1$，$[-0.3]=-1$.

设 a 为正整数，数列 $\{x_n\}$ 满足 $x_1=a$，$x_{n+1}=\left[\dfrac{x_n+\left(\dfrac{a}{x_n}\right)}{2}\right]$ $(n\in\mathbf{N}^*)$，现有下列命题：

①当 $a=5$ 时，数列 $\{x_n\}$ 的前 3 项依次为 5，3，2；

②对数列 $\{x_n\}$ 都存在正整数 k，当 $n\geqslant k$ 时，总有 $x_n=x_k$；

③当 $n\geqslant1$ 时，$x_n>\sqrt{a}-1$；

④对某个正整数 k，若 $x_{k+1}\geqslant x_k$，则 $x_k=[\sqrt{a}]$.

其中的真命题有 _____ .（写出所有真命题的编号）

2.1.2.2 从函数的观点看数列与从数列本身去思考

从函数的观点看数列，就是从特殊到一般，这为研究数列指明了方向. 比如，函数要研究三要素、单调性、周期性、最值，数列也是，通项公式与函数的对应关系一样，处于各自的核心地位，但这不足以把数列研究透彻，必须考虑数列本身的特殊性.

一、单调性和最值

【例 2－8】(1)数列 $\{-2n^2+29n+3\}$ 的最大项为 _____ .

(2)若 $\{n^2-2\lambda n\}$ 为单调递增数列，则 λ 的取值范围为 _____ .

【变式 2－9】求数列 $\left\{\dfrac{2n-5}{2n-7}\right\}$ 的最大项和最小项.

【变式 2－10】若 $\{3^n-\lambda\cdot2^n\}$ 为单调递增数列，求 λ 的取值范围.

【变式 2－11】已知 $a_n=\dfrac{9^n(n+1)}{10^n}$ $(n\in\mathbf{N}^*)$，则数列 $\{a_n\}$ 中有没有最大项？如果有，求出最大项；如果没有，请说明理由.

【拓展 2－3】(2011 年浙江卷) 若数列 $\left\{n(n+4)\left(\dfrac{2}{3}\right)^n\right\}$ 中的最大项是第 k 项，则 $k=$

_____ .

二、周期性

【例 2-9】若 $a_{n+1}=\dfrac{a_n-1}{a_n+1}$，$a_1=2$，则 a_{1998} 的值是_____.

【变式 2-12】已知 $a_{n+1}=1-\dfrac{1}{a_n}$，$a_1=2$，则 a_{1998} 的值是_____.

【变式 2-13】（2012 年上海卷文科）已知 $f(x)=\dfrac{1}{1+x}$，各项均为正数的数列 $\{a_n\}$ 满足 $a_1=1$，$a_{n+2}=f(a_n)$，若 $a_{2010}=a_{2012}$，则 $a_{20}+a_{11}$ 的值是_____.

【拓展 2-4】在数列 $\{a_n\}$ 中，a_1，a_2 是给定的非零整数，$a_{n+2}=\left|a_{n+1}-a_n\right|$，若 $a_1=2$，$a_2=-1$，则 a_{2008} 的值是_____.

三、几何意义

数列的通项公式是一个特殊的函数，那很自然就要考察其图像，比如，$a_n=2n+1$ 的图像是一次函数上面横坐标为正整数的点.

【例 2-10】（2013 年北京卷）某棵果树前 n 年的总产量 S_n 与 n 之间的关系如下图所示，从目前记录的结果看，前 m 年的年平均产量最高，m 的值为_____.

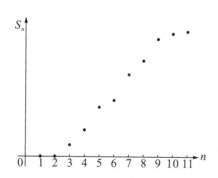

2.2　等差数列

2.2.1　等差数列通项公式的推导、应用及函数观点

2.2.1.1　公式的推导所蕴含的思想方法（叠加法）

【例 2-11】已知 $a_n-a_{n-1}=\ln\dfrac{n+1}{n}$，$n\in\mathbf{N}^*$，$n\geqslant 2$，$a_1=1$，求 $\{a_n\}$ 的通项公式.

2.2.1.2 等差数列公式的应用

若等差数列 $\{a_n\}$ 的首项是 a_1，公差是 d，则其通项公式为 $a_n = a_1 + (n-1)d$.

通项公式的推广：$a_n = a_m + (n-m)d(n, m \in \mathbf{N}^*)$.

如果 $A = \dfrac{a+b}{2}$，那么 A 叫作 a 与 b 的等差中项.

【例 2-12】已知等差数列 5，2，−1，⋯

(1)求这个数列的第 20 项；

(2)−112 是不是数列中的项？如果是，是第几项？

(3)这个数列从第几项开始小于 −20？

(4)这个数列在 −40 与 −20 之间有多少项？

【变式 2-14】等差数列 $\{a_n\}$ 中，$a_3 = 5$，$a_9 = 17$，求 a_{38}.

【变式 2-15】在 a，b 之间插入 n 个数，使它们与 a，b 成等差数列，则公差为 _____.

【例 2-13】(1)已知三个数成等差数列，它们的和为 9，积为 −21，求这三个数；

(2)已知四个数成等差数列，它们的和为 28，中间两项的积为 40，求这四个数.

【变式 2-16】(1)(2013 年重庆卷文科)若 2，a，b，c，9 成等差数列，则 $c - a =$ _____；

(2)(2015 年陕西卷)中位数为 1010 的一组数构成等差数列，其末项为 2015，则该数列的首项为 _____.

【变式 2-17】已知 $\triangle ABC$ 的一个内角为 120°，并且三边构成了以 4 为公差的等差数列，求 $S_{\triangle ABC}$.

2.2.1.3 从函数的观点看数列

【例 2-14】已知数列 $\{a_n\}$ 的通项公式是 $a_n = pn + q$，其中 p，q 是常数，那么 $\{a_n\}$ 一定是等差数列吗？反过来成立吗？

【分析】等差数列的通项公式是定义域为正整数集或正整数子集的一次函数，其图像是直线上横坐标为正整数的点.

(1) 在直角坐标系中，画出通项公式 $a_n = 3n - 5$ 的数列的图像. 这个图象有什么特点？

(2) 在同一个直角坐标系中，画出函数 $y = 3x - 5$ 的图像. 你发现了什么？据此说一说等差数列 $a_n = pn + q$ 的图像与一次函数 $y = px + q$ 的图像之间有什么关系.

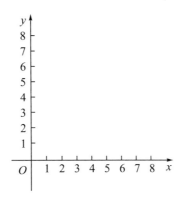

【变式 2－18】已知数列 $\{a_n\}$，对任意 $n \in \mathbf{N}^*$，点 $P_n(n，a_n)$ 都在直线 $y = 2x + 1$ 上，则数列 $\{a_n\}$ 为（　　）.

A. 公差为 2 的等差数列　　　　　　B. 公差为 1 的等差数列

C. 公差为 －2 的等差数列　　　　　D. 公差为 －1 的等差数列

【变式 2－19】(2013 年辽宁卷) 下面是关于公差 $d > 0$ 的等差数列 $\{a_n\}$ 的四个命题：

p_1：数列 $\{a_n\}$ 是递增数列；　p_2：数列 $\{na_n\}$ 是递增数列；

p_3：数列 $\left\{\dfrac{a_n}{n}\right\}$ 是递增数列；　p_4：数列 $\{a_n + 3nd\}$ 是递增数列.

其中的真命题为（　　）.

A. p_1，p_2　　　　B. p_3，p_4　　　　C. p_2，p_3　　　　D. p_1，p_4

【变式 2－20】若 $\{a_n\}$ 是等差数列，则 $\{b_n\}$ 一定为等差数列的是（　　）.

A. $b_n = -a_n$　　　　　　　　　　B. $b_n = a_n^2$

C. $b_n = \sqrt{a_n}$　　　　　　　　　D. $b_n = \dfrac{1}{a_n}$

【变式 2－21】非零实数 a，b，c 不全相等，且成等差数列，$\dfrac{1}{a}$，$\dfrac{1}{b}$，$\dfrac{1}{c}$ 能够成等差数列吗？

【变式 2－22】(2014 年辽宁卷) 设等差数列 $\{a_n\}$ 的公差为 d，若数列 $\{2^{a_1 a_n}\}$ 为递减数列，则（　　）.

A. $d < 0$　　　　B. $d > 0$　　　　C. $a_1 d < 0$　　　　D. $a_1 d > 0$

【变式 2－23】设无穷等差数列的首项为 a，公差为 d，则它含有负数项且只有有限个负数项的条件是（　　）.

A. $a > 0$，$d > 0$　　　　　　　　B. $a > 0$，$d < 0$

C. $a < 0$，$d > 0$　　　　　　　　D. $a < 0$，$d < 0$

2.2.2 判断和证明等差数列的方法

2.2.2.1 严格按照定义

$\{a_n\}$ 是等差数列 $\Leftrightarrow a_n - a_{n-1} = d\,(n \geq 2) \Leftrightarrow a_{n+1} - a_n = d\,(n \in \mathbf{N}^*)$.

【例 2-15】已知数列 $\{a_n\}$ 满足 $a_1 = 2$, $a_n = \dfrac{a_{n-1}}{3a_{n-1}+1}\,(n \geq 2)$, 令 $b_n = \dfrac{1}{a_n}$.

(1)求证: 数列 $\{b_n\}$ 是等差数列;

(2)求数列 $\{a_n\}$ 的通项公式.

【变式 2-24】已知数列 $\{a_n\}$ 满足 $a_1 = 4$, $a_n = 4 - \dfrac{4}{a_{n-1}}\,(n \geq 2)$, 令 $b_n = \dfrac{1}{a_n - 2}$.

(1)求证: 数列 $\{b_n\}$ 是等差数列;

(2)求数列 $\{a_n\}$ 的通项公式.

【变式 2-25】(2016 年天津卷)已知 $\{a_n\}$ 是各项均为正数的等差数列, 公差为 d, 对任意的 $n \in \mathbf{N}^*$, 有 $b_n^2 = a_n a_{n+1}$, 设 $c_n = b_{n+1}^2 - b_n^2$, $n \in \mathbf{N}^*$, 求证: $\{c_n\}$ 是等差数列.

【变式 2-26】(2014 年安徽卷)数列 $\{a_n\}$ 满足 $a_1 = 1$, $na_{n+1} = (n+1)a_n + n(n+1)$, $n \in \mathbf{N}^*$.

(1)证明: 数列 $\left\{\dfrac{a_n}{n}\right\}$ 是等差数列;

(2)求数列 $\{a_n\}$ 的通项公式.

【拓展 2-5】(2016 年浙江卷)如下图, 点列 $\{A_n\}$, $\{B_n\}$ 分别在某锐角的两边上, 且 $|A_n A_{n+1}| = |A_{n+1} A_{n+2}|$, $A_n \neq A_{n+2}$, $n \in \mathbf{N}^*$, $|B_n B_{n+1}| = |B_{n+1} B_{n+2}|$, $B_n \neq B_{n+2}$, $n \in \mathbf{N}^*$, $P \neq Q$ 表示点 P 与点 Q 不重合. 若 $d_n = |A_n B_n|$, S_n 为 $\triangle A_n B_n B_{n+1}$ 的面积, 则( ).

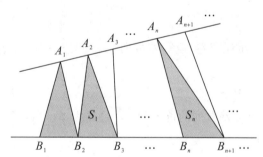

A. $\{S_n\}$ 是等差数列   B. $\{S_n^2\}$ 是等差数列

C. $\{d_n\}$ 是等差数列   D. $\{d_n^2\}$ 是等差数列

2.2.2.2 $\{a_n\}$ 是等差数列 $\Leftrightarrow b_{n+2} + b_n = 2b_{n+1}$, $n \in \mathbf{N}^*$

【例 2-16】若 $\{b_n\}$ 满足 $b_{n+2} - 2b_{n+1} + b_n = 0$, $n \in \mathbf{N}^*$, 且 $b_3 = 11$, $b_7 = 23$, 求 b_5.

【拓展 2−6】已知等差数列 $\{a_n\}$，公差 $d \neq 0$，$a_n \neq 0\,(n \in \mathbf{N}^*)$，关于 x 的方程 $a_k x^2 + 2a_{k+1} x + a_{k+2} = 0\,(k \in \mathbf{N}^*)$.

(1)证明：当 k 取不同整数时，方程有公共根；

(2)若方程不同的根依次为 x_1，x_2，x_3，$\cdots$，x_n，$\cdots$，求证：数列 $\left\{\dfrac{1}{x_n+1}\right\}$ 是等差数列.

【拓展 2−7】（2021 年全国甲卷理科）已知数列 $\{a_n\}$ 的各项均为正数，记 S_n 为 $\{a_n\}$ 的前 n 项和，从下面①②③中选取两个作为条件，证明另外一个成立.

①数列 $\{a_n\}$ 是等差数列；②数列 $\{\sqrt{S_n}\}$ 是等差数列；③ $a_2 = 3a_1$.

注：若选择不同的组合分别解答，则按第一个解答计分.

2.2.3　等差数列的性质及应用

2.2.3.1　等差数列的性质

(1) $m + n = k + l \Rightarrow a_m + a_n = a_k + a_l$. 特别地，$m + n = 2k \Rightarrow a_m + a_n = 2a_k$.

(2) 任意切割，一个完整的部分都是等差数列：a_m，a_{m+1}，a_{m+2}，a_{m+3}，$\cdots$

(3) 间隔相同的项构成的数列仍然是等差数列：a_m，a_{m+k}，a_{m+2k}，a_{m+3k}，$\cdots$ 是公差为 kd 的等差数列.

(4) $\{a_n\}$，$\{b_n\}$ 分别是公差为 d_1，d_2 的等差数列 $\Rightarrow \{pa_n \pm qb_n\}$ 是公差为 $pd_1 \pm qd_2$ 的等差数列.

2.2.3.2　等差数列的应用

当题目中出现的项很多时，可以通过下标的关系去找项与项的关系.

【例 2−17】在等差数列 $\{a_n\}$ 中，$a_5 = 3$，$a_{10} = 13$，求 a_{15}.

【变式 2−27】已知在等差数列 $\{a_n\}$ 中，$a_3 + a_7 = 12$.

(1)求 a_5，$a_2 + a_8$；

(2)若 $a_6 = 7$，求 $\{a_n\}$ 的通项公式；

(3)求 $a_2 + a_4 + a_6 + a_8$.

【例 2−18】（2013 年上海卷文科）在等差数列 $\{a_n\}$ 中，若 $a_1 + a_2 + a_3 + a_4 = 30$，则 $a_2 + a_3 = \underline{\qquad}$.

【变式 2−28】（2015 年广东卷理科）在等差数列 $\{a_n\}$ 中，若 $a_3 + a_4 + a_5 + a_6 + a_7 = 25$，则 $a_2 + a_8 = \underline{\qquad}$.

【变式 2−29】已知在等差数列 $\{a_n\}$ 中，$a_2 + 2a_8 + a_{14} = 120$，求 $2a_9 - a_{10} = \underline{\qquad\qquad}$.

【变式 2－30】已知数阵 $\begin{bmatrix} a_{11} & a_{12} & a_{13} \\ a_{21} & a_{22} & a_{23} \\ a_{31} & a_{32} & a_{33} \end{bmatrix}$ 中，每行的 3 个数依次成等差数列，每列的

3 个数也依次成等差数列，若 $a_{22}=8$，则这 9 个数的和为（   ）.

    A. 16   B. 32   C.36   D.72

【变式 2－31】在等差数列 $\{a_n\}$ 中，$a_1+a_4+a_7=15$，$a_2a_4a_6=45$，求 a_n.

【例 2－19】已知 $\{a_n\}$，$\{b_n\}$ 为等差数列，且 $a_3+b_3=7$，$a_5+b_5=21$，则 a_7+b_7 为

_____.

2.2.3.3　在实际问题情境中构建等差数列模型

【例 2－20】某市出租车的计价标准为 1.2 元/km，起步价为 10 元，即最初的 4 km（不含 4 km）计费 10 元. 如果某人乘坐该市的出租车去往 14 km 处的目的地，且一路畅通，等候时间为 0，需要支付多少车费？

【变式 2－32】（2012 年湖北卷）《九章算术》中的 "竹九节" 问题：现有一根 9 节的竹子，自上而下各节的容积成等差数列，上面 4 节的容积共 3 升，下面 3 节的容积共 4 升，则第 5 节的容积为_____升.

【变式 2－33】（2020 年全国卷 Ⅱ 文科第 3 题）如下图，将钢琴上的 12 个键依次记为 a_1，a_2，…，a_{12}，设 $1 \leqslant i < j < k \leqslant 12$. 若 $k-j=3$ 且 $j-i=4$，则称 a_i，a_j，a_k 为原位大三和弦；若 $k-j=4$ 且 $j-i=3$，则称 a_i，a_j，a_k 为原位小三和弦. 用这 12 个键可以构成的原位大三和弦与原位小三和弦的个数之和为（   ）.

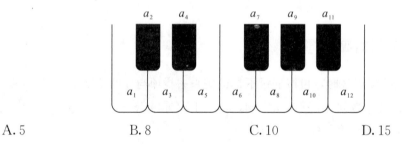

    A. 5   B.8   C. 10   D. 15

2.2.3.4　强化数列研究的基本方法

【拓展 2－8】（2011 年上海卷文科）已知数列 $\{a_n\}$ 和 $\{b_n\}$ 的通项公式分别为 $a_n=3n+6$，$b_n=2n+7(n \in \mathbf{N}^*)$，将集合 $\{x \mid x=a_n,\ n \in \mathbf{N}^*\} \cup \{x \mid x=b_n,\ n \in \mathbf{N}^*\}$ 中的元素从小到大依次排列，构成数列 c_1，c_2，c_3，…，c_n，….

（1）求三个最小的数，使它们既是数列 $\{a_n\}$ 中的项，又是数列 $\{b_n\}$ 中的项；

（2）c_1，c_2，c_3，…，c_{40} 中有多少项不是数列 $\{b_n\}$ 中的项？说明理由.

【拓展 2－9】（2012 年四川卷理科）设函数 $f(x)=2x-\cos x$，$\{a_n\}$ 是公差为 $\dfrac{\pi}{8}$ 的等差

数列，$f(a_1)+f(a_2)+\cdots+f(a_5)=5\pi$，则 $\left[f(a_3)\right]^2-a_1a_5=($　　$)$.

A. 0　　　　　　　B. $\dfrac{1}{16}\pi^2$　　　　　　C. $\dfrac{1}{8}\pi^2$　　　　　　D. $\dfrac{13}{16}\pi^2$

2.2.4　等差数列前 n 项和

2.2.4.1　等差数列前 n 项和公式

已知等差数列 $\{a_n\}$ 的首项 a_1 和末项 a_n，则 $S_n=\dfrac{n(a_1+a_n)}{2}$.

等差数列 $\{a_n\}$ 的首项是 a_1，公差是 d，则其前 n 项和公式为 $S_n=na_1+\dfrac{n(n-1)}{2}d$.

2.2.4.2　求和公式的应用

一、求和公式的直接应用

【例 2-21】求 $2+5+8+\cdots+(3n-1)$ 的值.

【变式 2-34】求 $2+5+8+\cdots+(3n+2)$ 的值.

二、用方程的思想求基本量

【例 2-22】根据下列条件，求相应等差数列 $\{a_n\}$ 的有关未知数.

(1) $a_1=20$，$a_n=54$，$S_n=999$，求 d，n；

(2) $d=\dfrac{1}{3}$，$n=37$，$S_n=629$，求 a_1，a_n；

(3) $a_1=\dfrac{5}{6}$，$d=-\dfrac{1}{6}$，$S_n=-5$，求 a_n，n；

(4) $d=2$，$n=15$，$a_n=-10$，求 a_1，S_n.

【变式 2-35】(2016 年全国卷 Ⅰ) 已知等差数列 $\{a_n\}$ 的前 9 项和为 27，$a_{10}=8$，则 $a_{100}=($　　$)$.

A. 100　　　　　　B. 99　　　　　　C. 98　　　　　　D. 97

【变式 2-36】(2015 年新课标 Ⅰ 文科) 已知 $\{a_n\}$ 是公差为 1 的等差数列，S_n 为 $\{a_n\}$ 的前 n 项和，若 $S_8=4S_4$，则 $a_{10}=($　　$)$.

A. $\dfrac{17}{2}$　　　　　　B. $\dfrac{19}{2}$　　　　　　C. 10　　　　　　D. 12

【变式 2-37】(2019 年全国卷 Ⅰ 理科) 记 S_n 为等差数列 $\{a_n\}$ 的前 n 项和. 已知 $S_4=0$，$a_5=5$，则(　　).

A. $a_n=2n-5$　　　　　　　　　　B. $a_n=3n-10$

C. $S_n = 2n^2 - 8n$ D. $S_n = \frac{1}{2}n^2 - 2n$

【变式 2-38】(2018 年全国卷 I 理科)设 S_n 为等差数列 $\{a_n\}$ 的前 n 项和,若 $3S_3 = S_2 + S_4$,$a_1 = 2$,则 $a_5 = ($).

A. -12 B. -10 C. 10   D. 12

【变式 2-39】(2017 年新课标 I 理科)记 S_n 为等差数列 $\{a_n\}$ 的前 n 项和. 若 $a_4 + a_5 = 24$,$S_6 = 48$,则 $\{a_n\}$ 的公差为($\quad$).

A. 1   B. 2   C. 4   D. 8

【变式 2-40】等差数列 $\{a_n\}$ 的首项为 1,公差不为 0. 若 a_2,a_3,a_6 成等比数列,则 $\{a_n\}$ 的前 6 项和为($\quad$).

A. -24 B. -3 C. 3   D. 8

【变式 2-41】(2020 年全国卷 II 文科)记 S_n 为等差数列 $\{a_n\}$ 的前 n 项和. 若 $a_1 = -2$,$a_2 + a_6 = 2$,则 $S_{10} = $_____.

【变式 2-42】(2019 年全国卷 III 文科)记 S_n 为等差数列 $\{a_n\}$ 的前 n 项和,若 $a_3 = 5$,$a_7 = 13$,则 $S_{10} = $_____.

【变式 2-43】(2019 年全国卷 III 理科)记 S_n 为等差数列 $\{a_n\}$ 的前 n 项和,$a_1 \neq 0$,$a_2 = 3a_1$,则 $\frac{S_{10}}{S_5} = $_____.

【例 2-23】(2011 年辽宁卷文科)S_n 为等差数列 $\{a_n\}$ 的前 n 项和,$S_2 = S_6$,$a_4 = 1$,则 $a_5 = $_____.

【变式 2-44】(2011 年江西卷文科)设 $\{a_n\}$ 为等差数列,公差 $d = -2$,S_n 为其前 n 项和,若 $S_{10} = S_{11}$,则 $a_1 = ($).

A. 18   B. 20   C. 22   D. 24

【变式 2-45】设等差数列 $\{a_n\}$ 的前 n 项和为 S_n,$S_{m-1} = -2$,$S_m = 0$,$S_{m+1} = 3$,则 $m = ($).

A. 3   B. 4   C. 5   D. 6

【例 2-24】(2011 年福建卷文科)在等差数列 $\{a_n\}$ 中,已知 $a_1 = 1$,$a_3 = -3$.

(1)求数列 $\{a_n\}$ 的通项公式;

(2)若数列 $\{a_n\}$ 的前 k 项和 $S_k = -35$,求 k 的值.

【变式 2-46】(2014 年浙江卷文科)已知等差数列 $\{a_n\}$ 的公差 $d > 0$. 设 $\{a_n\}$ 的前 n 项和为 S_n,$a_1 = 1$,$S_2 \cdot S_3 = 36$.

(1)求 d 及 S_n;

(2)求 m,$k(m, k \in \mathbf{N}^*)$ 的值,使得 $a_m + a_{m+1} + a_{m+2} + \cdots + a_{m+k} = 65$.

三、求和方法的灵活选择和应用

【例 2-25】在等差数列 $\{a_n\}$ 中,

(1)已知 $a_n = 11 - 3n$，求 S_n；

(2)已知 $a_4 + a_{17} = 20$，求 S_{20}．

【变式 2-47】已知 $a_1 + a_2 + a_3 = -24$，$a_{18} + a_{19} + a_{20} = 78$，则 $S_{20} = $ _____．

【拓展 2-10】设 S_n 是等差数列 $\{a_n\}$ 的前 n 项和，若 $\overrightarrow{OB} = a_1 \overrightarrow{OA} + a_{200} \overrightarrow{OC}$，且 A，B，C 三点共线(所在直线不过原点)，则 S_{200} 等于(　　)．

　　A. 100　　　　　　B. 101　　　　　　C. 200　　　　　　D. 201

2.2.4.3　推导过程中所蕴含的思想方法

【例 2-26】已知 $y = f\left(x + \dfrac{1}{2}\right)$ 为奇函数，求 $f\left(\dfrac{1}{2015}\right) + f\left(\dfrac{2}{2015}\right) + \cdots + f\left(\dfrac{2014}{2015}\right)$ 的值．

【拓展 2-11】(2012 年四川卷文科)设函数 $f(x) = (x-3)^3 + x - 1$，$\{a_n\}$ 是公差不为 0 的等差数列，$f(a_1) + f(a_2) + \cdots + f(a_7) = 14$，则 $a_1 + a_2 + \cdots + a_7 = $(　　)．

　　A. 0　　　　　　B. 7　　　　　　C. 14　　　　　　D. 21

2.2.5　等差数列前 n 项和的性质与最值

2.2.5.1　等差数列前 n 项和的性质

(1) $S_{2n-1} = (2n-1)a_n$．

【解析】$S_{2n-1} = \dfrac{(a_1 + a_{2n-1})(2n-1)}{2} = \dfrac{2a_n \times (2n-1)}{2} = (2n-1)a_n$．

(2)片段和成等差数列：S_n，$S_{2n} - S_n$，$S_{3n} - S_{2n}$ 成等差数列．

【解析】$S_n = a_1 + a_2 + \cdots + a_n$，$S_{2n} - S_n = a_{n+1} + a_{n+2} + \cdots + a_{2n}$，$S_{3n} - S_{2n} = a_{2n+1} + a_{2n+2} + \cdots + a_{3n}$，$(S_{2n} - S_n) - S_n = a_{n+1} + a_{n+2} + \cdots + a_{2n} - (a_1 + a_2 + \cdots + a_n) = (a_{n+1} - a_1) + (a_{n+2} - a_2) + \cdots + (a_{2n} - a_n) = nd + nd + \cdots + nd = n^2 d$．

(3)等差数列 $\{a_n\}$ 的前 n 项和为 S_n 满足 $\left\{\dfrac{S_n}{n}\right\}$ 是公差为 $\dfrac{d}{2}$ 的等差数列．

【解析】$\dfrac{S_n}{n} = \dfrac{\dfrac{d}{2}n^2 + \left(a_1 - \dfrac{d}{2}\right)n}{n} = \dfrac{d}{2}n + \left(a_1 - \dfrac{d}{2}\right)$ 为一次函数，所以 $\left\{\dfrac{S_n}{n}\right\}$ 是公差为 $\dfrac{d}{2}$ 的等差数列．

(4)等差数列 $\{a_n\}$，$\{b_n\}$ 的前 n 项和分别为 S_n，T_n，则 $\dfrac{S_{2n-1}}{T_{2n-1}} = \dfrac{a_n}{b_n}$．

【解析】$\dfrac{S_{2n-1}}{T_{2n-1}} = \dfrac{(2n-1)a_n}{(2n-1)b_n} = \dfrac{a_n}{b_n}$．

【例 2-27】设 S_n 是等差数列 $\{a_n\}$ 的前 n 项和，已知 $a_{11}=-1$，则 S_{21} 为_____．

【变式 2-48】（2015 年新课标 II 文科）设 S_n 是等差数列 $\{a_n\}$ 的前 n 项和，若 $a_1+a_3+a_5=3$，则 $S_5=(\quad)$．

A. 5   B. 7   C. 9   D. 11

【变式 2-49】设 S_n 是等差数列 $\{a_n\}$ 的前 n 项和，已知 $a_{m+1}+a_{m-1}-a_m^2=0(m\geqslant2)$，$S_{2m-1}=38$，则 m 为_____．

【变式 2-50】等差数列 $\{a_n\}$ 的前 n 项和为 S_n，若 $\dfrac{a_5}{a_3}=\dfrac{5}{9}$，则 $\dfrac{S_9}{S_5}$ 为_____．

【例 2-28】等差数列 $\{a_n\}$ 中，$a_1+a_2+\cdots+a_{10}=15$，$a_{11}+a_{12}+\cdots+a_{20}=20$，求 $a_{21}+a_{22}+\cdots+a_{30}$．

【变式 2-51】等差数列 $\{a_n\}$ 的公差为 -2，如果 $a_1+a_4+a_7+\cdots+a_{97}=50$，则 $a_3+a_6+a_9+\cdots+a_{99}$ 为_____．

【变式 2-52】等差数列 $\{a_n\}$ 的公差为 $\dfrac{1}{2}$，且 $S_{100}=145$，求 $a_1+a_3+a_5+\cdots+a_{99}$．

【变式 2-53】等差数列 $\{a_n\}$ 的前 m 项和为 30，前 $2m$ 项和为 100，则前 $3m$ 项和为_____．

【拓展 2-12】等差数列 $\{a_n\}$ 的前 n 项和为 S_n，若 $\dfrac{S_3}{S_6}=\dfrac{1}{3}$，则 $\dfrac{S_6}{S_{12}}=$_____．

【例 2-29】已知等差数列 $\{a_n\}$ 的前 n 项和为 S_n，若 $a_1=-2009$，$\dfrac{S_{2007}}{2007}-\dfrac{S_{2005}}{2005}=2$，求 S_{2009}．

【拓展 2-13】已知等差数列 $\{a_n\}$ 的前 n 项和为 S_n，若 $S_{10}=100$，$S_{100}=10$，则 S_{110} 为_____．

【拓展 2-14】$S_{10}=310$，$S_{20}=1220$，则 S_n 为_____．

【例 2-30】等差数列 $\{a_n\}$，$\{b_n\}$ 的前 n 项和分别为 S_n，T_n，若 $\dfrac{S_n}{T_n}=\dfrac{2n}{3n+1}$，求 $\dfrac{a_8}{b_8}$，$\dfrac{a_n}{b_n}$．

2.2.5.2 等差数列前 n 项和 S_n 的最值

函数观点：

在等差数列 $\{a_n\}$ 中，$S_n=\dfrac{d}{2}n^2+\left(a_1-\dfrac{d}{2}\right)n$，若 $a_1>0$，$d<0$，则 S_n 存在最大值；若 $a_1<0$，$d>0$，则 S_n 存在最小值．

考查通项：

(1)若 $a_1>a_2>\cdots>a_k>0>a_{k+1}>\cdots$，则前 k 项和最大．

(2)若 $b_1<b_2<\cdots<b_k<0<b_{k+1}<\cdots$，则前 k 项和最小．

【例 2-31】在等差数列 $\{a_n\}$ 中，已知 $a_1=20$，$S_{10}=S_{15}$，当 $n=$_____时，S_n 取

得最大值.

【变式 2-54】(1)已知等差数列 $\{a_n\}$ 的通项公式 $a_n = 24 - 3n$，前多少项和最大？

(2)已知等差数列 $\{b_n\}$ 的通项公式 $b_n = 2n - 17$，前多少项和最小？

【变式 2-55】(2018 年全国卷 II 理科)记 S_n 为等差数列 $\{a_n\}$ 的前 n 项和，已知 $a_1 = -7$，$S_3 = -15$.

(1)求 $\{a_n\}$ 的通项公式；

(2)求 S_n，并求 S_n 的最小值.

【例 2-32】(2014 年北京卷)若等差数列 $\{a_n\}$ 满足 $a_7 + a_8 + a_9 > 0$，$a_7 + a_{10} < 0$，则当 $n = $ _____ 时，$\{a_n\}$ 的前 n 项和最大.

【变式 2-56】(1992 年全国卷)等差数列 $\{a_n\}$ 中，已知 $a_3 = 12$，$S_{12} > 0$，$S_{13} < 0$，则当 $n = $ _____ 时，$\{a_n\}$ 的前 n 项和最大.

【变式 2-57】(2014 年江西卷文科) 在等差数列 $\{a_n\}$ 中，$a_1 = 7$，公差为 d，前 n 项和为 S_n，当且仅当 $n = 8$ 时，S_n 取得最大值，则 d 的取值范围为 _____.

【例 2-33】(2004 年重庆卷)若等差数列 $\{a_n\}$ 满足 $a_1 > 0$，$a_{2003} + a_{2004} > 0$，$a_{2003} \cdot a_{2004} < 0$，求使 $S_n > 0$ 的最大自然数 n 为(　　).

A. 4005　　　　　B. 4006　　　　　C. 4007　　　　　D. 4008

【变式 2-58】已知 $a_{10} < 0$，$a_{11} > 0$，且 $a_{11} > |a_{10}|$，求使 $S_n < 0$ 的最小自然数 n 为(　　).

A. 17　　　　　B. 18　　　　　C. 19　　　　　D. 20

【变式 2-59】已知等差数列 $\{a_n\}$ 中，$a_1 > 0$，且 $5a_8 = 13a_{13}$，则当 $n = $ _____ 时，$\{a_n\}$ 的前 n 项和最大.

【变式 2-60】S_n 是公差为 $d\,(d \neq 0)$ 的无穷等差数列 $\{a_n\}$ 的前 n 项和，则下列命题中错误的是(　　).

A. 若 $d < 0$，则数列 $\{S_n\}$ 有最大项

B. 若数列 $\{S_n\}$ 有最大项，则 $d < 0$

C. 若数列 $\{S_n\}$ 是递增数列，则对任意的 $n \in \mathbf{N}^*$，均有 $S_n > 0$

D. 若对任意的 $n \in \mathbf{N}^*$，均有 $S_n > 0$，则数列 $\{S_n\}$ 是递增数列

2.2.6　由 S_n 与 a_n 的关系求 a_n 及在实际问题中的应用

2.2.6.1　由 S_n 与 a_n 的关系求 a_n

【例 2-34】已知数列 $\{a_n\}$ 的前 n 项和 $S_n = \dfrac{1}{2}n^2 + \dfrac{1}{2}n$，求这个数列的通项公式. 这个数列是等差数列吗？如果是，它的首项和公差分别是多少？

【变式 2−61】已知数列 $\{a_n\}$ 的前 n 项和 $S_n = \dfrac{1}{2}n^2 + \dfrac{1}{2}n + 1$，求这个数列的通项公式.

【例 2−35】已知 $S_n = \dfrac{1}{4}(a_n+1)^2$，$n \in \mathbf{N}^*$，且 $a_n > 0$，判断 $\{a_n\}$ 是否为等差数列，并求 a_n.

【变式 2−62】已知数列 $\{a_n\}$ 的各项均为正数，S_n 表示数列 $\{a_n\}$ 的前 n 项和，且 $2S_n = a_n^2 + a_n$. 试求数列 $\{a_n\}$ 的通项公式.

【变式 2−63】（2015 年新课标 Ⅰ）S_n 表示数列 $\{a_n\}$ 的前 n 项和，已知 $a_n > 0$ 且 $a_n^2 + 2a_n = 4S_n + 3$. 试求数列 $\{a_n\}$ 的通项公式.

【例 2−36】（2015 年广东卷理科）数列 $\{a_n\}$ 满足 $a_1 + 2a_2 + 3a_3 + \cdots + na_n = 4 - \dfrac{n+2}{2^{n-1}}$，$n \in \mathbf{N}^*$. 求 a_n.

【变式 2−64】已知数列 $\{a_n\}$ 满足 $a_1 + \dfrac{a_2}{3} + \dfrac{a_3}{5} + \cdots + \dfrac{a_n}{2n-1} = 2^n - 1$，求 a_n.

【拓展 2−15】（2010 年安徽卷改编）设数列 a_1，a_2，$\cdots$，a_n，$\cdots$ 中的每一项都不为 0，若 $\dfrac{1}{a_1 a_2} + \dfrac{1}{a_2 a_3} + \cdots + \dfrac{1}{a_n a_{n+1}} = \dfrac{n}{a_1 a_{n+1}}$，证明：$\{a_n\}$ 为等差数列.

2.2.6.2　在实际问题中的应用

【例 2−37】某企业为节能减排，用 9 万元购进一台新设备用于生产，第一年需运营费用 2 万元，从第二年起，每年运营费用均比上一年增加 2 万元，该设备每年生产的收入均为 11 万元. 设该设备使用了 $n(n \in \mathbf{N}^*)$ 年后，盈利总额达到最大值（盈利额等于收入减去成本），则 n 等于（　　）.

A. 4　　　　　　　B. 5　　　　　　　C. 6　　　　　　　D. 7

2.2.6.3　核心思想（从特殊到一般，列出来，观察、归纳、猜想）

【例 2−38】（2008 年北京卷文科）已知数列 $\{a_n\}$ 满足 $a_1 = 1$，$a_{n+1} = (n^2 + n - \lambda)a_n$，$n \in \mathbf{N}^*$，其中 λ 是常数.

(1)当 $a_2 = -1$ 时，求 λ 及 a_3 的值；

(2)是否存在实数 λ，使 $\{a_n\}$ 成等差数列？若存在，求出 λ 及 $\{a_n\}$ 的通项公式.

【变式 2−65】（2014 年全国卷 Ⅰ）已知数列 $\{a_n\}$ 的前 n 项和为 S_n，$a_1 = 1$，$a_n \neq 0$，$a_n a_{n+1} = \lambda S_n - 1$，其中 λ 为常数.

(1)证明：$a_{n+2} - a_n = \lambda$；

(2)是否存在 λ，使得 $\{a_n\}$ 为等差数列？并说明理由.

2.3 等比数列

2.3.1 等比数列通项的推导及应用

2.3.1.1 通项公式推导过程中所蕴含的思想方法(叠乘法)

【例 2-39】已知 $\{a_n\}$ 满足：$\dfrac{a_n}{a_{n-1}}=\dfrac{n+1}{n}$，$a_1=1$，求 $\{a_n\}$ 的通项公式.

2.3.1.2 等比数列公式的应用

设等比数列 $\{a_n\}$ 的首项为 a_1，公比为 q，则它的通项公式为 $a_n=a_1 \cdot q^{n-1}$.

通项公式的推广：$a_n=a_m \cdot q^{n-m}(n,\ m\in \mathbf{N}^*)$.

若 $G^2=a \cdot b(ab\neq0)$，则 G 叫作 a 与 b 的等比中项.

【例 2-40】在等比数列 $\{a_n\}$ 中，

(1) $a_4=27$，$q=-3$，求 a_7；

(2) $a_2=18$，$a_4=8$，求 a_8；

(3) $a_5-a_1=15$，$a_4-a_2=6$，求 a_3.

【变式 2-66】一个等比数列 $\{a_n\}$ 的第 3 项和第 4 项分别是 12 和 18，求它的第 1 项和第 2 项.

【变式 2-67】(2015 年广东卷文科)若三个正数 a，b，c 成等比数列，其中 $a=5+2\sqrt{6}$，$c=5-2\sqrt{6}$，则 $b=$ _____.

【变式 2-68】(2015 年北京卷文科)已知等差数列 $\{a_n\}$ 满足 $a_1+a_2=10$，$a_4-a_3=2$.

(1)求 $\{a_n\}$ 的通项公式；

(2)设等比数列 $\{b_n\}$ 满足 $b_2=a_3$，$b_3=a_7$，问：b_6 与数列 $\{a_n\}$ 的第几项相等？

【拓展 2-16】(2016 年博雅计划)已知 $k>0$，且 $k\neq1$，则等比数列 $a+\log_2 k$，$a+\log_4 k$，$a+\log_8 k$ 的公比是 _____.

【例 2-41】有四个数，其中前三个数成等差数列，后三个数成等比数列，并且第一个数与第四个数的和是 16，第二个数与第三个数的和是 12，求这四个数.

【变式 2-69】三个正数成等差数列，它们的和等于 15，如果它们分别加上 1，3，9，就成了等比数列，求这三个数.

【变式 2-70】(2015 年福建卷理科)若 a，b 是函数 $f(x)=x^2-px+q(p>0,\ q>0)$ 的两个不同的零点，且 a，b，-2 这三个数可适当排序后成等差数列，也可适当排序后成等比数列，则 $p+q$ 的值等于(   ).

A. 6   B. 7   C. 8   D. 9

2.3.2 等差、等比数列之间的转化和证明等比数列

2.3.2.1 等差、等比数列之间的转化

$\{a_n\}$ 为等比数列 $\Leftrightarrow$ $\{\lg|a_n|\}$ 为等差数列；

$\{a_n\}$ 为等差数列 $\Leftrightarrow$ $\{2^{a_n}\}$ 为等比数列.

【例 2-42】(2011 年新课标文科)在等比数列 $\{a_n\}$ 中，已知 $a_1=\dfrac{1}{3}$，公比 $q=\dfrac{1}{3}$. 设 $b_n=\log_3 a_1+\log_3 a_2+\cdots+\log_3 a_n$，求数列 $\{b_n\}$ 的通项公式.

【变式 2-71】(2012 年浙江卷文科)已知数列 $\{a_n\}$ 的前 n 项和为 S_n，且 $S_n=2n^2+n$，数列 $\{b_n\}$ 满足 $a_n=4\log_2 b_n+3$. 求 a_n，b_n.

【变式 2-72】设 $\{a_n\}$ 是各项均为正数的等比数列，$b_n=\log_2 a_n$，若 $b_1+b_2+b_3=3$，$b_1b_2b_3=-3$，求 a_n.

【变式 2-73】(2019 年全国卷 Ⅱ 文科)已知 $\{a_n\}$ 是各项均为正数的等比数列，$a_1=2$，$a_3=2a_2+16$.

(1)求 $\{a_n\}$ 的通项公式；

(2)设 $b_n=\log_2 a_n$，求数列 $\{b_n\}$ 的前 n 项和.

2.3.2.2 判断和证明等比数列

$\{a_n\}$ 是等比数列 $\Leftrightarrow \dfrac{a_n}{a_{n-1}}=q\,(n\geqslant 2)$ 且 $a_1\neq 0 \Leftrightarrow a_n^2=a_{n-1}a_{n+1}\,(n\geqslant 2)$ 且 $a_1\neq 0$.

【例 2-43】(2012 年陕西卷文科)已知等比数列 $\{a_n\}$ 的公比 $q=-\dfrac{1}{2}$，证明：对任意 $k\in\mathbf{N}^*$，a_k，a_{k+2}，a_{k+1} 成等差数列.

【拓展 2-17】(2010 年天津卷)在数列 $\{a_n\}$ 中，$a_1=0$，且对任意 $k\in\mathbf{N}^*$，a_{2k-1}，a_{2k}，a_{2k+1} 成等差数列，其公差为 d_k. 若 $d_k=2k$，证明：a_{2k}，a_{2k+1}，a_{2k+2} 成等比数列.

【例 2-44】已知数列 $\{a_n\}$ 满足 $a_1=1$，$a_{n+1}=2a_n+1$.

(1)求证：数列 $\{a_n+1\}$ 是等比数列；

(2)求 a_n.

【变式 2-74】在数列 $\{a_n\}$ 中，$a_1=2$，$a_2=3$，且 $\{a_n a_{n+1}\}\,(n\in\mathbf{N}^*)$ 是以 3 为公比的等比数列，记 $b_n=a_{2n-1}+a_{2n}\,(n\in\mathbf{N}^*)$.

(1)求 a_3，a_4，a_5，a_6；

(2)求证：$\{b_n\}$ 是等比数列，并求 $\{b_n\}$ 的通项公式.

【例 2－45】 在数列 $\{a_n\}$ 中，$a_1=2$，$a_2=\lambda$，且 $\{a_n a_{n+1}\}(n\in \mathbf{N}^*)$ 是以 3 为公比的等比数列，是否存在实数 λ，使得 $\{a_n\}$ 成等比数列？

【变式 2－75】 (2013 年陕西卷)设 $\{a_n\}$ 是公比为 q 的等比数列，且 $q\neq 1$，证明：数列 $\{a_n+1\}$ 不是等比数列.

2.3.3　等比数列的性质及应用

2.3.3.1　类比等差数列，研究等比数列的性质

	等差数列	等比数列
定义	$a_{n+1}-a_n=d\,(n\in \mathbf{N}^*)$ $a_n-a_{n-1}=d\,(n\geqslant 2)$ $2a_n=a_{n-1}+a_{n+1}\,(n\geqslant 2)$ $a_n=a_{n-1}+d\,(n\geqslant 2)$	$\dfrac{a_{n+1}}{a_n}=q\,(n\in \mathbf{N}^*)$ $\dfrac{a_n}{a_{n-1}}=q\,(n\geqslant 2)$ $a_n^2=a_{n-1}a_{n+1}\,(n\geqslant 2)$ $a_n=a_{n-1}q\,(n\geqslant 2)$
通项公式	$a_n=a_1+(n-1)d$ $a_n=a_m+(n-m)d$	$a_n=a_1 q^{n-1}$ $a_n=a_m q^{n-m}$
中项	$2A=a+b$	$A^2=ab$
性质 1	$m+n=k+l\Rightarrow a_n+a_m=a_k+a_l$ $m+n=2k\Rightarrow a_n+a_m=2a_k$	$m+n=k+l\Rightarrow a_n a_m=a_k a_l$ $m+n=2k\Rightarrow a_n a_m=a_k^2$
性质 2	间隔相同的项构成的数列仍然是等差数列	间隔相同的项构成的数列仍然是等比数列
性质 3	任意切割，一个完整的部分都是等差数列	任意切割，一个完整的部分都是等比数列
性质 4	片段和成等差数列 S_n，$S_{2n}-S_n$，$S_{3n}-S_{2n}$ 成等差数列	片段和成等比数列(若 $S_n\neq 0$) S_n，$S_{2n}-S_n$，$S_{3n}-S_{2n}$ 成等比数列
性质 5	$\{a_n\}$，$\{b_n\}$ 为等差数列 $\Rightarrow$ $\{pa_n\pm qb_n\}$ 为等差数列	$\{a_n\}$，$\{b_n\}$ 为等比数列 $\Rightarrow \{a_n b_n\}$，$\left\{\dfrac{a_n}{b_n}\right\}$，$\{a_n^r\}$，$\{|a_n|\}$ 为等比数列
函数的观点 1	$a_n=a_1+(n-1)d$ 是一次函数	$a_n=a_1 q^{n-1}$ 是指数型函数
函数的观点 2	$S_n=\dfrac{d}{2}n^2+\left(a_1-\dfrac{d}{2}\right)n$ 是常数项为 0 的二次函数	

【例 2－46】 在等比数列 $\{a_n\}$ 中，

(1)$a_5=5$，$a_{10}=25$，求 a_{15}；

(2)$a_3 a_9=25$，求 a_6，$a_2 a_{10}$，$a_4 a_5 a_6 a_7 a_8$.

【变式 2－76】 (2012 年安徽卷文科)公比为 2 的等比数列 $\{a_n\}$ 的各项都是正数，且

$a_3a_{11}=16$，则 $a_5=$ _____.

【变式 2-77】若等比数列 $\{a_n\}$ 满足 $a_2a_4=\dfrac{1}{2}$，则 $a_1a_3^2a_5=$ _____.

【变式 2-78】已知 $a_3a_5a_7a_9a_{11}=243$，则 $\dfrac{a_9^2}{a_{11}}$ 为 _____.

【变式 2-79】(2015 年新课标 II 文科)已知等比数列 $\{a_n\}$ 满足 $a_1=\dfrac{1}{4}$，$a_3a_5=4(a_4-1)$，则 $a_2=$ (   ).

A. 2   B. 1   C. $\dfrac{1}{2}$ D. $\dfrac{1}{8}$

【例 2-47】已知 $a_n>0$，$a_4a_7+a_5a_6=20$，则 $\lg a_1+\lg a_2+\cdots+\lg a_{10}$ 为 _____.

【变式 2-80】若等比数列 $\{a_n\}$ 的各项均为正数，且 $a_{10}a_{11}+a_9a_{12}=2e^5$，则 $\ln a_1+\ln a_2+\cdots+\ln a_{20}=$ _____.

【变式 2-81】(2014 年大纲卷第 10 题)等比数列 $\{a_n\}$ 中，$a_4=2$，$a_5=5$，则数列 $\{\lg a_n\}$ 的前 8 项和等于(   ).

A. 6   B. 5   C. 4   D. 3

【例 2-48】已知 $a_n>0$，a_2，a_{78} 是方程 $x^2-10x+16=0$ 的两根，则 $a_{30}a_{40}a_{50}$ 为 _____.

【变式 2-82】若 a，b，c 成等比数列，则 $y=ax^2+bx+c$ 的图像与 x 轴交点的个数是 _____.

【变式 2-83】已知 $q>1$，a_4，a_5 是方程 $4x^2-8x+3=0$ 的两根，则 a_6+a_7 为 _____.

【例 2-49】已知 $a_n>0$，$a_1a_2a_3=5$，$a_7a_8a_9=10$，则 $a_4a_5a_6$ 为 _____.

【变式 2-84】在等比数列 $\{a_n\}$ 中，已知 $a_n>0$，$a_2a_4+2a_3a_5+a_4a_6=25$，则 a_3+a_5 为 _____.

【变式 2-85】在等比数列 $\{a_n\}$ 中，已知 $a_1+a_2+a_3=7$，$a_1a_2a_3=8$，则 a_n 为 _____.

【变式 2-86】(2012 年新课标)已知 $\{a_n\}$ 为等比数列，$a_4+a_7=2$，$a_5a_6=-8$，则 $a_1+a_{10}=$ _____.

【变式 2-87】(2012 年辽宁卷)已知等比数列 $\{a_n\}$ 为单调递增数列，且 $a_5^2=a_{10}$，$2(a_n+a_{n+2})=5a_{n+1}$，则数列的通项公式 $a_n=$ _____.

【例 2-50】已知 $\{a_n\}$，$\{b_n\}$ 为等比数列，且 $a_3b_3=7$，$a_5b_5=21$，求 a_7b_7.

【变式 2-88】(2011 年辽宁卷)若等比数列 $\{a_n\}$ 满足 $a_na_{n+1}=16^n$，则公比为 _____.

【例 2-51】若 $\{a_n\}$ 是等比数列且各项为正数，则 $\{b_n\}$ 一定为等比数列的是(   ).

A. $b_n=-a_n$ B. $b_n=a_n^2$ C. $b_n=\sqrt{a_n}$ D. $b_n=\dfrac{1}{a_n}$

【变式 2－89】(2012 年湖北卷理科)定义在 $(-\infty, 0)\cup(0, +\infty)$ 上的函数 $f(x)$，如果对于任意给定的等比数列 $\{a_n\}$，$\{f(a_n)\}$ 仍是等比数列，则称 $f(x)$ 为"保等比数列函数". 现有定义在 $(-\infty, 0)\cup(0, +\infty)$ 上的如下函数：① $f(x)=x^2$；② $f(x)=2^x$；③ $f(x)=\sqrt{|x|}$；④ $f(x)=\ln|x|$. 则其中是"保等比数列函数"的 $f(x)$ 的序号为(　　).

A. ①②　　　　　　B. ③④　　　　　　C. ①③　　　　　　D. ②④

【例 2－52】(2013 年福建卷)已知等比数列 $\{a_n\}$ 的公比为 q，记 $b_n=a_{m(n-1)+1}+a_{m(n-1)+2}+\cdots+a_{m(n-1)+m}$，$c_n=a_{m(n-1)+1}\cdot a_{m(n-1)+2}\cdot\cdots\cdot a_{m(n-1)+m}$($m, n\in\mathbf{N}^*$)，则下列结论中一定正确的是(　　).

A. 数列 $\{b_n\}$ 为等差数列，公差为 q^m　　　B. 数列 $\{b_n\}$ 为等比数列，公比为 q^{2m}

C. 数列 $\{c_n\}$ 为等比数列，公比为 q^{m^2}　　　D. 数列 $\{c_n\}$ 为等比数列，公比为 q^{m^m}

【变式 2－90】(2011 年上海卷)设 $\{a_n\}$ 是各项为正数的无穷数列，A_i 是边长为 a_i，a_{i+1} 的矩形的面积($i=1, 2, \cdots$)，则 $\{A_n\}$ 为等比数列的等价条件是(　　).

A. $\{a_n\}$ 是等比数列

B. $a_1, a_3, \cdots, a_{2n-1}, \cdots$ 或 $a_2, a_4, \cdots, a_{2n}, \cdots$ 是等比数列

C. $a_1, a_3, \cdots, a_{2n-1}, \cdots$ 和 $a_2, a_4, \cdots, a_{2n}, \cdots$ 均是等比数列

D. $a_1, a_3, \cdots, a_{2n-1}, \cdots$ 和 $a_2, a_4, \cdots, a_{2n}, \cdots$ 均是等比数列，且公比相同

2.3.3.2　从函数的观点看数列

$a_n=a_1q^{n-1}=\dfrac{a_1}{q}\cdot q^n$，则 $a_n=\dfrac{a_1}{q}\cdot q^n$ 是定义域为正整数集或正整数子集的指数型函数. 从函数的观点看数列，是从一般到特殊，为我们指出了研究的方向，如单调性、最值等.

【例 2－53】(2014 年北京卷)设 $\{a_n\}$ 是公比为 q 的等比数列，若命题 P：$q>1$，命题 Q：$\{a_n\}$ 为单调递增数列，则(　　).

A. $P\Rightarrow Q$　　　　　B. $Q\Rightarrow P$　　　　　C. $P\Leftrightarrow Q$　　　　　D. 以上都不正确

【变式 2－91】(2016 年全国卷 I)设等比数列 $\{a_n\}$ 满足 $a_1+a_3=10$，$a_2+a_4=5$，则 $a_1a_2\cdots a_n$ 的最大值为_____.

2.3.3.3　在实际问题情境中构建等比数列模型

按照一定比例增长和减少，从函数观点看是指数型函数模型，也可以看作等比数列模型.

【例 2－54】某地为了保持水土资源，实行退耕还林，如果 2000 年退耕还林 8 万公顷，以后每年比上年增加 10%，那么 2005 年需退耕还林多少公顷？(结果保留到个位)

【变式 2－92】某城市今年空气质量为"良"的天数为 100 天，争取两年后空气质量

为"良"的天数为 144 天，这个城市空气质量为"良"的天数的年平均增长率为多少？

【例 2-55】从盛满 a 升($a>1$)纯酒精的容器里倒出 1 升，然后填满水，再倒出 1 升又用水填满，如此继续下去．问第 n 次操作后溶液的浓度是多少？若 $a=2$，至少倒几次才能使酒精浓度低于 10%？

【变式 2-93】每次用相同体积的清水洗一件衣物，且每次能洗去污垢的 $\frac{3}{4}$，若清洗 n 次后存留的污垢在 1% 以下，则 n 的最小值为_____．

【变式 2-94】某种商品投产后，计划两年后使成本降低 36%，那么平均每年应降低成本(　　)．

A. 18%　　　　　　B. 20%　　　　　　C. 24%　　　　　　D. 30%

2.3.4　等比数列求和

等比数列 $\{a_n\}$ 的公比为 $q(q\neq0)$，其前 n 项和为 S_n．

当 $q=1$ 时，$S_n=na_1$；

当 $q\neq1$ 时，$S_n=\dfrac{a_1(1-q^n)}{1-q}=\dfrac{a_1-a_nq}{1-q}$．

2.3.4.1　公式的直接应用

【例 2-56】求下列等比数列前 8 项的和．

(1) $\dfrac{1}{2}$，$\dfrac{1}{4}$，$\dfrac{1}{8}$，…；

(2) $a_1=27$，$a_9=\dfrac{1}{243}$，$q<0$．

【变式 2-95】根据下列条件，求相应的等比数列 $\{a_n\}$ 的前 n 项和．

(1) $a_1=3$，$q=2$，$n=6$；

(2) $a_1=-2$，$q=-\dfrac{1}{3}$，$a_n=\dfrac{1}{90}$．

【变式 2-96】(1)(2011 年北京卷文科)在等比数列 $\{a_n\}$ 中，若 $a_1=\dfrac{1}{2}$，$a_4=4$，则公比 $q=$_____，$a_1+a_2+\cdots+a_n=$_____；

(2)(2012 年陕西卷文科)已知等比数列 $\{a_n\}$ 的公比 $q=-\dfrac{1}{2}$，若 $a_3=\dfrac{1}{4}$，则数列 $\{a_n\}$ 的前 n 项和为_____．

【变式 2-97】求 $1+\dfrac{1}{3}+\left(\dfrac{1}{3}\right)^2+\cdots+\left(\dfrac{1}{3}\right)^n$．

【变式 2-98】求 x，x^2，x^3，x^4，…这个数列的前 100 项和．

2.3.4.2　用方程的思想求基本量

求和公式 $S_n=\begin{cases}\dfrac{a_1-a_nq}{1-q},\ q\neq1,\\ na_1,\ q=1\end{cases}$ 与通项公式 $a_n=a_1q^{n-1}$ 总共出现了五个未知数，有两个方程，则知三求二.

【例 2-57】（2013 年北京卷文科）若等比数列 $\{a_n\}$ 满足 $a_2+a_4=20$，$a_3+a_5=40$，则公比 $q=$ _____，前 n 项和 $S_n=$ _____.

【变式 2-99】（2011 年大纲卷文科）设等比数列 $\{a_n\}$ 的前 n 项和为 S_n，已知 $a_2=6$，$6a_1+a_3=30$，求前 n 项和 S_n.

【变式 2-100】（2012 年江西卷文科）设等比数列 $\{a_n\}$ 的前 n 项和为 S_n，公比不为 1，若 $a_1=1$，且对任意的 $n\in\mathbf{N}^*$，都有 $a_{n+2}+a_{n+1}-2a_n=0$，则 $S_5=$ _____.

【例 2-58】（2014 年新课标 II 文科）等差数列 $\{a_n\}$ 的公差是 2，若 a_2，a_4，a_8 成等比数列，则 $\{a_n\}$ 的前 n 项和 $S_n=$（　　）.

A. $n(n+1)$　　　　B. $n(n-1)$　　　　C. $\dfrac{n(n+1)}{2}$　　　D. $\dfrac{n(n-1)}{2}$

【变式 2-101】（2013 年四川卷理科）在等差数列 $\{a_n\}$ 中，$a_1+a_3=8$，且 a_4 为 a_2 和 a_9 的等比中项，求数列 $\{a_n\}$ 的首项、公差及前 n 项和.

【变式 2-102】（2013 年重庆卷文科）设数列 $\{a_n\}$ 满足：$a_1=1$，$a_{n+1}=3a_n$，$n\in\mathbf{N}^*$.

(1)求 $\{a_n\}$ 的通项公式及前 n 项和 S_n；

(2)已知 $\{b_n\}$ 是等差数列，T_n 为前 n 项和，且 $b_1=a_2$，$b_3=a_1+a_2+a_3$，求 T_{20}.

【变式 2-103】（2019 年全国卷 III 文科）已知各项均为正数的等比数列 $\{a_n\}$ 的前 4 项和为 15，且 $a_5=3a_3+4a_1$，则 $a_3=$（　　）.

A.16　　　　B.8　　　　C.4　　　　D.2

【变式 2-104】（2020 年全国卷 II 文科）记 S_n 为等比数列 $\{a_n\}$ 的前 n 项和. 若 $a_5-a_3=12$，$a_6-a_4=24$，则 $\dfrac{S_n}{a_n}=$（　　）.

A. 2^n-1　　　B. $2-2^{1-n}$　　　C. $2-2^{n-1}$　　　D. $2^{1-n}-1$

【变式 2-105】（2019 年全国卷 I 理科）记 S_n 为等比数列 $\{a_n\}$ 的前 n 项和. 若 $a_1=\dfrac{1}{3}$，$a_4^2=a_6$，则 $S_5=$ _____.

【变式 2-106】（2015 年浙江卷）已知 $\{a_n\}$ 是等差数列，公差 d 不为零，前 n 项和是 S_n，若 a_3，a_4，a_8 成等比数列，则（　　）.

A. $a_1d>0$，$dS_n>0$　　　　　　B. $a_1d<0$，$dS_n<0$

C. $a_1d>0$，$dS_n<0$　　　　　　D. $a_1d<0$，$dS_n>0$

2.3.4.3 求和公式的灵活选择

【例 2-59】在等比数列 $\{a_n\}$ 中，已知 $S_3=3$，$a_3=1$，求 a_1 及公比 q.

【变式 2-107】（2012 年新课标 II 文科）等比数列 $\{a_n\}$ 的前 n 项和为 S_n，若 $S_3+3S_2=0$，则公比 $q=$＿＿＿＿＿＿.

【变式 2-108】（2015 年湖南卷理科）设 S_n 为等比数列 $\{a_n\}$ 的前 n 项和，若 $a_1=1$，且 $3S_1$，$2S_2$，S_3 成等差数列，则 $a_n=$＿＿＿＿＿＿.

【变式 2-109】（2013 年新课标）在等比数列 $\{a_n\}$ 中，已知 $S_3=a_2+10a_1$，$a_5=9$，则 a_1 为＿＿＿＿＿＿.

【变式 2-110】（2015 年重庆卷文科）已知等差数列 $\{a_n\}$ 满足 $a_3=2$，前 3 项和 $S_3=\dfrac{9}{2}$.

(1)求 $\{a_n\}$ 的通项公式；

(2)设等比数列 $\{b_n\}$ 满足 $b_1=a_1$，$b_4=a_{15}$，求 $\{b_n\}$ 的前 n 项和 T_n.

【变式 2-111】（2014 年天津卷文科）设 $\{a_n\}$ 是首项为 a_1，公差为 -1 的等差数列，S_n 为其前 n 项和，若 S_1，S_2，S_4 成等比数列，则 $a_1=$（　　）.

A. 2　　　　　　B. -2　　　　　　C. $\dfrac{1}{2}$　　　　　　D. $-\dfrac{1}{2}$

【变式 2-112】（2019 年全国卷 I 文科）记 S_n 为等比数列 $\{a_n\}$ 的前 n 项和. 若 $a_1=1$，$S_3=\dfrac{3}{4}$，则 $S_4=$＿＿＿＿＿＿.

【例 2-60】（2012 年陕西卷文科）已知等比数列 $\{a_n\}$ 的公比 $q=-\dfrac{1}{2}$.

(1)若 $a_3=\dfrac{1}{4}$，求数列 $\{a_n\}$ 的前 n 项和；

(2)证明：对任意 $k\in \mathbf{N}^*$，a_k，a_{k+2}，a_{k+1} 成等差数列.

【变式 2-113】（2012 年陕西卷）设 $\{a_n\}$ 是公比不为 1 的等比数列，其前 n 项和为 S_n，且 a_5，a_3，a_4 成等差数列.

(1)求数列 $\{a_n\}$ 的公比；

(2)证明：对任意 $k\in \mathbf{N}^*$，S_{k+2}，S_k，S_{k+1} 成等差数列.

【变式 2-114】（2011 年湖北卷文科）成等差数列的三个正数的和等于 15，并且这三个数分别加上 2，5，13 后成为等比数列 $\{b_n\}$ 中的 b_3，b_4，b_5.

(1)求数列 $\{b_n\}$ 的通项公式；

(2)数列 $\{b_n\}$ 的前 n 项和为 S_n，求证：数列 $\left\{S_n+\dfrac{5}{4}\right\}$ 是等比数列.

【变式 2-115】已知 $\{a_n\}$ 是等比数列，S_9 是 S_3，S_6 的等差中项.

(1)求证：a_2，a_8，a_5 成等差数列；

（2）求证：a_k，a_{k+6}，a_{k+3} 成等差数列.

【变式 2-116】已知 $\{a_n\}$ 是以 a 为首项，q 为公比的等比数列，S_n 为它的前 n 项和.

（1）当 S_1，S_3，S_4 成等差数列时，求 q 的值；

（2）当 S_m，S_n，S_l 成等差数列时，求证：对任意自然数 k，a_{m+k}，a_{n+k}，a_{l+k} 也成等差数列.

2.3.4.4　实际问题中的应用

【例 2-61】（2012 年湖南卷文科）某企业在第 1 年初购买一台价值为 120 万元的设备 M，M 的价值在使用过程中逐年减少；从第 2 年到第 6 年，每年初 M 的价值比上年初减少 10 万元；从第 7 年开始，每年初 M 的价值为上年初的 75%.

（1）求第 n 年初 M 的价值 a_n 的表达式；

（2）设 $A_n = \dfrac{a_1 + a_2 + \cdots + a_n}{n}$，若 A_n 大于 80 万元，则 M 继续使用，否则需在第 n 年初对 M 更新，证明：需在第 9 年初对 M 更新.

2.3.5　等比数列前 n 项和的性质

2.3.5.1　片段和成等比：S_m，$S_{2m} - S_m$，$S_{3m} - S_{2m}$ 成等比

【例 2-62】在等比数列 $\{a_n\}$ 中，$q = 2$，$S_{99} = 56$，求 $a_3 + a_6 + a_9 + \cdots + a_{99}$ 的值.

【变式 2-117】（2015 年新课标 Ⅱ）等比数列 $\{a_n\}$ 满足 $a_1 = 3$，$a_1 + a_3 + a_5 = 21$，则 $a_3 + a_5 + a_7 = ($　　$)$.

A. 21　　　　　　B. 42　　　　　　C. 63　　　　　　D. 84

【变式 2-118】（2021 年全国甲卷文科）记 S_n 为等比数列 $\{a_n\}$ 的前 n 项和. 若 $S_2 = 4$，$S_4 = 6$，则 $S_6 = ($　　$)$.

A. 7　　　　　　B. 8　　　　　　C. 9　　　　　　D. 10

【变式 2-119】（2020 年全国卷 Ⅰ文科）设 $\{a_n\}$ 是等比数列，且 $a_1 + a_2 + a_3 = 1$，$a_2 + a_3 + a_4 = 2$，则 $a_6 + a_7 + a_8 = ($　　$)$.

A. 12　　　　　　B. 24　　　　　　C. 30　　　　　　D. 32

【例 2-63】已知 $\{a_n\}$ 是首项为 1 的等比数列，若 $9S_3 = S_6$，求 $\left\{\dfrac{1}{a_n}\right\}$ 的前 n 项和.

【变式 2-120】在等比数列 $\{a_n\}$ 中，$a_2 = 2$，$a_5 = \dfrac{1}{4}$，则 $\{a_n a_{n+1}\}$ 的前 n 项和为 _____

_____.

【变式 2-121】（2011 年北京卷）在等比数列 $\{a_n\}$ 中，若 $a_1 = \dfrac{1}{2}$，$a_4 = -4$，则公比

$q =$ _____ ，$T_n =$ _____ .

【变式 2－122】 (2011 年浙江卷文科)已知公差不为 0 的等差数列 $\{a_n\}$ 的首项为 $a(a \in \mathbf{R})$，且 $\dfrac{1}{a_1}$，$\dfrac{1}{a_2}$，$\dfrac{1}{a_4}$ 成等比数列.

(1)求数列 $\{a_n\}$ 的通项公式；

(2)对 $n \in \mathbf{N}^*$，试比较 $\dfrac{1}{a_2} + \dfrac{1}{a_2{}^2} + \cdots + \dfrac{1}{a_2{}^n}$ 与 $\dfrac{1}{a_1}$ 的大小.

【例 2－64】 (2014 年大纲卷文科)设等比数列 $\{a_n\}$ 的前 n 项和为 S_n，若 $S_2 = 3$，$S_4 = 15$，则 $S_6 = ($ $)$.

A. 31　　　　　　B. 32　　　　　　C. 63　　　　　　D. 64

2.3.5.2　等差数列和等比数列之间的转化

【例 2－65】 (2011 年新课标文科)在等比数列 $\{a_n\}$ 中，已知 $a_1 = \dfrac{1}{3}$，公比 $q = \dfrac{1}{3}$. 设 $b_n = \log_3 a_1 + \log_3 a_2 + \cdots + \log_3 a_n$，则数列 $\{b_n\}$ 的通项公式为 _____ .

【变式 2－123】 (2014 年福建卷文科)在等比数列 $\{a_n\}$ 中，$a_2 = 3$，$a_5 = 81$.

(1)求 a_n；

(2)设 $b_n = \log_3 a_n$，求数列 $\{b_n\}$ 的前 n 项和 S_n.

【变式 2－124】 在数列 $\{a_n\}$ 中，$a_1 = 1$，$a_n = a_{n-1} + \dfrac{1}{2}$ $(n \geqslant 2)$，则数列 $\{2^{a_n}\}$ 的前 n 项和 S_n 为 _____ .

【变式 2－125】 (2012 年四川卷文科)已知数列 $\{a_n\}$ 的前 n 项和为 S_n，常数 $\lambda > 0$，且 $\lambda a_1 a_n = S_1 + S_n$ 对一切正整数 n 都成立.

(1)求数列 $\{a_n\}$ 的通项公式；

(2)设 $a_1 > 0$，$\lambda = 100$，当 n 为何值时，数列 $\left\{ \lg \dfrac{1}{a_n} \right\}$ 的前 n 项和最大？

【例 2－66】 (2012 年山东卷文科)已知等差数列 $\{a_n\}$ 的前 5 项和为 105，且 $a_{20} = 2a_5$.

(1)求数列 $\{a_n\}$ 的通项公式；

(2)对任意 $m \in \mathbf{N}^*$，将数列 $\{a_n\}$ 中不大于 7^{2m} 的项的个数记为 b_m. 求数列 $\{b_m\}$ 的前 m 项和 S_m.

2.4　通项公式

2.4.1　求数列通项公式之一——观察归纳法

观察归纳法是指列出来，观察、归纳、猜想. 这是研究数列的基本方法.

【例 2－67】设函数 $f(x)=\dfrac{x}{x+2}(x>0)$，观察：

$$f_1(x)=f(x)=\dfrac{x}{x+2},\ f_2(x)=f(f_1(x))=\dfrac{x}{3x+4},$$

$$f_3(x)=f(f_2(x))=\dfrac{x}{7x+8},\ f_4(x)=f(f_3(x))=\dfrac{x}{15x+16},\ \cdots$$

根据以上事实，由归纳推理可得：当 $n\in\mathbf{N}^*$ 且 $n\geqslant 2$ 时，$f_n(x)=f(f_{n-1}(x))=$ _____

_____.

【例 2－68】下图中的线段规则排列，试猜想第 8 个图形中的线段条数为 _____.

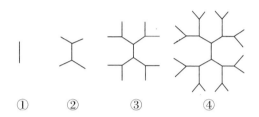

①　　　②　　　③　　　④

【变式 2－126】(2016 年上海卷)无穷数列 $\{a_n\}$ 由 k 个不同的数组成，S_n 为 $\{a_n\}$ 的前 n 项和. 若对任意 $n\in\mathbf{N}^*$，$S_n\in\{2，3\}$，则 k 的最大值为 _____.

【拓展 2－18】(2016 年全国卷Ⅲ第 17 题)定义"规范 01 数列" $\{a_n\}$ 如下：$\{a_n\}$ 共有 $2m$ 项，其中 m 项为 0，m 项为 1，且对任意 $k\leqslant 2m$，a_1，a_2，$\cdots$，a_k 中 0 的个数不少于 1 的个数. 若 $m=4$，则不同的"规范 01 数列"共有(　　).

A. 18 个　　　　　　B. 16 个　　　　　　C. 14 个　　　　　　D. 12 个

【拓展 2－19】观察下列等式：

$$\sum_{i=1}^{n}i=\frac{1}{2}n^2+\frac{1}{2}n,$$

$$\sum_{i=1}^{n}i^2=\frac{1}{3}n^3+\frac{1}{2}n^2+\frac{1}{6}n,$$

$$\sum_{i=1}^{n}i^3=\frac{1}{4}n^4+\frac{1}{2}n^3+\frac{1}{4}n^2,$$

$$\sum_{i=1}^{n}i^4=\frac{1}{5}n^5+\frac{1}{2}n^4+\frac{1}{3}n^3-\frac{1}{30}n,$$

$$\sum_{i=1}^{n}i^5=\frac{1}{6}n^6+\frac{1}{2}n^5+\frac{5}{12}n^4-\frac{1}{12}n^2,$$

$$\sum_{i=1}^{n}i^6=\frac{1}{7}n^7+\frac{1}{2}n^6+\frac{1}{2}n^5-\frac{1}{6}n^3+\frac{1}{42}n,$$

$$\vdots$$

$$\sum_{i=1}^{n}i^k=a_{k+1}n^{k+1}+a_kn^k+a_{k-1}n^{k-1}+a_{k-2}n^{k-2}+\cdots+a_1n+a_0.$$

可以推测，当 $k\geqslant 2(k\in\mathbf{N}^*)$ 时，$a_{k+1}=\dfrac{1}{k+1}$，$a_k=\dfrac{1}{2}$，$a_{k-1}=$ _____，$a_{k-2}=$ ____

——.

【拓展 2-20】(2003 年全国卷)设 $\{a_n\}$ 是集合 $\{2^s+2^t \mid 0 \leqslant s < t$ 且 s，$t \in \mathbf{Z}\}$ 中所有的数从小到大排列成的数列，即 $a_1=3$，$a_2=5$，$a_3=6$，$a_4=9$，$a_5=10$，$a_6=12$，…

将数列 $\{a_n\}$ 各项按照上小下大、左小右大的原则写成如下的三角形数表：

$$3$$
$$5 \quad 6$$
$$9 \quad 10 \quad 12$$
$$— \quad — \quad — \quad —$$
$$\cdots\cdots$$

(1) 写出这个三角形数表的第四行、第五行的各数；

(2) 求 a_{100}.

2.4.2　求数列通项公式之二——由 S_n 求 a_n

在 S_n 与 a_n 的关系中，可以退位相减消掉 S_n，也可以消掉 a_n，全国卷对这个知识点的考查非常完善.

2.4.2.1　$S_n=An^2+Bn+C$，$S_n=Aq^n-B$：退位相减，检验首项

【例 2-69】已知数列 $\{a_n\}$ 的前 n 项和 $S_n=2n^2-n$，求 a_n.

【变式 2-127】已知数列 $\{a_n\}$ 的前 n 项和 $S_n=2n^2-n+1$，求 a_n.

【点评】$S_n=An^2+Bn+C \begin{cases} C=0 \Rightarrow \text{等差数列}, \\ C \neq 0 \Rightarrow \text{从第二项起成等差数列}. \end{cases}$

【变式 2-128】(2012 年江西卷)已知数列 $\{a_n\}$ 的前 n 项和 $S_n=-\dfrac{1}{2}n^2+kn(k \in \mathbf{N}^*)$，且 S_n 的最大值为 8. 确定常数 k，求 a_n.

【例 2-70】已知数列 $\{a_n\}$ 的前 n 项和 $S_n=2^{n+1}-2(n \in \mathbf{N}^*)$，求数列 $\{a_n\}$ 的通项公式.

【变式 2-129】(2015 年山东卷理科)设数列 $\{a_n\}$ 的前 n 项和为 S_n，已知 $2S_n=3^n+3$. 求数列 $\{a_n\}$ 的通项公式.

【点评】$S_n=Aq^n-B \begin{cases} A=B \Rightarrow \text{等比数列}, \\ A \neq B \Rightarrow \text{从第二项起成等比数列}. \end{cases}$

【变式 2-130】已知等比数列 $\{a_n\}$ 的前 n 项和 $S_n=k \cdot 3^n+1$，则 $k=$ _____.

【变式 2-131】(2016 年山东卷)已知数列 $\{a_n\}$ 的前 n 项和 $S_n=3n^2+8n$，$\{b_n\}$ 是等差数列，且 $a_n=b_n+b_{n+1}$. 求数列 $\{b_n\}$ 的通项公式.

【变式 2-132】(2012 年江西卷文科)已知数列 $\{a_n\}$ 的前 n 项和 $S_n=kc^n-k$(其中 c，k 为常数)，且 $a_2=4$，$a_6=8a_3$，求 $\{a_n\}$ 的通项公式.

【例 2－71】(2015 年广东卷)数列 $\{a_n\}$ 满足 $a_1+2a_2+\cdots+na_n=4-\dfrac{n+2}{2^{n-1}}$，$n\in\mathbf{N}^*$，求数列 $\{a_n\}$ 的通项公式.

【变式 2－133】(2015 年浙江卷文科)已知数列 $\{b_n\}$ 满足：$b_1=1$，$b_1+\dfrac{1}{2}b_2+\dfrac{1}{3}b_3+\cdots+\dfrac{1}{n}b_n=b_{n+1}-1\,(n\in\mathbf{N}^*)$．求 b_n．

【拓展 2－21】(2015 年广东卷文科)设数列 $\{a_n\}$ 的前 n 项和为 S_n，$n\in\mathbf{N}^*$．已知 $a_1=1$，$a_2=\dfrac{3}{2}$，$a_3=\dfrac{5}{4}$，且当 $n\geqslant2$ 时，$4S_{n+2}+5S_n=8S_{n+1}+S_{n-1}$．证明：$\left\{a_{n+1}-\dfrac{1}{2}a_n\right\}$ 为等比数列.

2.4.2.2 $S_n=Aa_n+B$，$S_n=Aa_{n+1}-B$：退位相减，找关系

【例 2－72】(2016 年新课标Ⅲ)已知数列 $\{a_n\}$ 的前 n 项和 $S_n=1+\lambda a_n$，其中 $\lambda\neq0$.
(1)证明 $\{a_n\}$ 是等比数列，并求其通项公式；

(2)若 $S_5=\dfrac{31}{32}$，求 λ.

【变式 2－134】数列 $\{a_n\}$ 的前 n 项为 S_n，若 $a_1=1$，$a_{n+1}=3S_n\,(n\geqslant1)$，则 $a_6=$ _____．

【点评】$S_n=Aa_n+B\Rightarrow$ 等比数列；$S_n=Aa_{n+1}-B\begin{cases}A=B\Rightarrow\text{等比数列,}\\A\neq B\Rightarrow\text{从第二项起成等比数列.}\end{cases}$

【变式 2－135】(2013 年新课标Ⅰ)若数列 $\{a_n\}$ 的前 n 项和为 $S_n=\dfrac{2}{3}a_n+\dfrac{1}{3}$，则数列 $\{a_n\}$ 的通项公式为_____．

【变式 2－136】(2011 年新课标文科)已知等比数列 $\{a_n\}$ 中，$a_1=\dfrac{1}{3}$，公比 $q=\dfrac{1}{3}$．S_n 为 $\{a_n\}$ 的前 n 项和，证明：$S_n=\dfrac{1-a_n}{2}$．

【变式 2－137】(2013 年新课标Ⅰ文科)设首项为 1，公比为 $\dfrac{3}{2}$ 的等比数列 $\{a_n\}$ 的前 n 项和为 S_n，则( ).
A. $S_n=2a_n-1$　　　　　　　　　　B. $S_n=3a_n-2$
C. $S_n=4-3a_n$　　　　　　　　　　D. $S_n=3-2a_n$

【变式 2－138】(2012 年重庆卷)设数列 $\{a_n\}$ 的前 n 项和 S_n 满足 $S_{n+1}=a_2S_n+a_1$，其中 $a_2\neq0$．求证：$\{a_n\}$ 是首项为 1 的等比数列.

【变式 2－139】(2016 年四川卷)已知数列 $\{a_n\}$ 的首项为 1，S_n 为数列 $\{a_n\}$ 的前 n 项和，$S_{n+1}=qS_n+1$，$q>0$，$n\in\mathbf{N}^*$．若 $2a_2$，a_3，a_2+2 成等差数列，求数列 $\{a_n\}$ 的通项公式.

【变式 2－140】(2012 年大纲卷文科)在数列 $\{a_n\}$ 中，$a_1 = 1$，前 n 项和为 S_n，$S_n = \dfrac{n+2}{3} a_n$.

(1)求 a_2，a_3；

(2)求 $\{a_n\}$ 的通项公式.

【变式 2－141】(2021 年全国乙卷理科)记 S_n 为数列 $\{a_n\}$ 的前 n 项和，b_n 为数列 $\{S_n\}$ 的前 n 项积，已知 $\dfrac{2}{S_n} + \dfrac{1}{b_n} = 2$.

(1)证明：数列 $\{b_n\}$ 是等差数列；

(2)求 $\{a_n\}$ 的通项公式.

2.4.2.3 由 S_n，a_{n+1} 的关系求 S_n：a_{n+1} 改写为 $S_{n+1} - S_n$

【例 2－73】(2011 年大纲卷文科)已知数列 $\{a_n\}$ 的前 n 项和为 S_n，$a_1 = 1$，$S_n = a_{n+1}$ $(n \geqslant 1)$，则 $S_n = $ _____.

【变式 2－142】(2012 年全国卷文科)已知数列 $\{a_n\}$ 的前 n 项和为 S_n，$a_1 = 1$，$S_n = 2a_{n+1}$ $(n \geqslant 1)$，则 $S_n = ($ $)$.

A. 2^{n-1} 　　　　 B. $\left(\dfrac{3}{2}\right)^{n-1}$ 　　　　 C. $\left(\dfrac{2}{3}\right)^{n-1}$ 　　　　 D. $\dfrac{1}{2^{n-1}}$

【变式 2－143】(2015 年新课标Ⅱ理科)设 S_n 是数列 $\{a_n\}$ 的前 n 项和，且 $a_1 = -1$，$a_{n+1} = S_n S_{n+1}$，则 $S_n = $ _____.

【变式 2－144】(2016 年浙江卷)设数列 $\{a_n\}$ 的前 n 项和为 S_n，若 $S_2 = 4$，$a_{n+1} = 2S_n + 1$，$n \in \mathbf{N}^*$，则 $a_1 = $ _____，$S_5 = $ _____.

【变式 2－145】(2004 年全国卷)数列 $\{a_n\}$ 的前 n 项和记为 S_n，已知 $a_1 = 1$，$a_{n+1} = \dfrac{n+2}{n} S_n$ $(n = 1, 2, 3, \cdots)$.

证明：(1)数列 $\left\{\dfrac{S_n}{n}\right\}$ 是等比数列；

(2)$S_{n+1} = 4a_n$.

【变式 2－146】(2018 年全国卷Ⅰ)记 S_n 为数列 $\{a_n\}$ 的前 n 项和，若 $S_n = 2a_n + 1$，则 $S_6 = $ _____.

2.4.3 求数列通项公式之三——由递推关系求通项公式

数列作为特殊的函数，其特殊性反映在图像上是一些离散的点，我们可以通过点与点之间的关系来找对应关系，即通过数列的递推关系来找数列的通项公式. 因此，对于数列来说，递推关系有着特别的意义. 人教 A 版教材必修 5 第 31 页告诉我们，递推公式也是数列的一种表示方法；例 3 和教材第 34 页 B 组第 3 题就是通过递推关系式去找数列的一些项；在教材第 59 页，阅读与思考——九连环向我们展示了由数列的递推关系去求数列的通项公式.

递推关系式的不同特点意味着选择不同的方法，下面呈现一些常见的思路，拓展部分仅适用于参加自主招生考试和竞赛的学生.

2.4.3.1 $\begin{cases} a_n = a_{n-1} + d \Rightarrow \textbf{累加法} \\ a_n = a_{n-1}q \Rightarrow \textbf{累乘法} \end{cases}$, $\begin{cases} a_n = a_{n-1} + f(n) \Rightarrow \textbf{累加法} \\ a_n = a_{n-1} \times f(n) \Rightarrow \textbf{累乘法} \end{cases}$

【例 2-74】 在下列条件下求 a_n：

(1) $a_n - a_{n-1} = \ln \dfrac{n+1}{n}$，$n \geqslant 2$，$a_1 = 1$；

(2) $\dfrac{a_n}{a_{n-1}} = \dfrac{n+1}{n}$，$n \geqslant 2$，$a_1 = 1$.

【变式 2-147】（2015 年江苏卷）数列 $\{a_n\}$ 满足 $a_1 = 1$，且 $a_{n+1} - a_n = n + 1(n \in \mathbf{N}^*)$，求 a_n.

【变式 2-148】（2011 年四川卷）数列 $\{a_n\}$ 的首项为 3，$\{b_n\}$ 为等差数列且 $b_n = a_{n+1} - a_n(n \in \mathbf{N}^*)$. 若 $b_3 = -2$，$b_{10} = 12$，则 $a_8 = ($).

A. 0   B. 3   C. 8   D. 11

【变式 2-149】（2014 年大纲卷文科）数列 $\{a_n\}$ 满足 $a_1 = 1$，$a_2 = 2$，$a_{n+2} = 2a_{n+1} - a_n + 2$.

(1) 设 $b_n = a_{n+1} - a_n$，证明 $\{b_n\}$ 是等差数列；

(2) 求数列 $\{a_n\}$ 的通项公式.

2.4.3.2 $a_n = pa_{n-1} + q(p \neq 1) \Rightarrow a_n + \lambda = p(a_{n-1} + \lambda)$

【例 2-75】 (1) 数列 $\{a_n\}$ 满足 $a_n = 2a_{n-1} + 1(n \geqslant 2)$，$a_1 = 1$，求证：$\{a_n + 1\}$ 是等比数列，并求 a_n；

(2) 数列 $\{a_n\}$ 满足 $a_n - 3a_{n-1} = 3^n(n \geqslant 2)$，$a_1 = 3$，求证：$\left\{\dfrac{a_n}{3^n}\right\}$ 是等差数列，并求 a_n；

(3) 数列 $\{a_n\}$ 满足 $a_n - 3a_{n-1} = 2^{n-1}(n \geqslant 2)$，$a_1 = 1$，求证：$\{a_n + 2^n\}$ 是等比数列，并求 a_n；

(4) 在数列 $\{a_n\}$ 中，已知 $a_1 = -1$，$a_{n+1} = 2a_n - n + 1$，$n \in \mathbf{N}^*$，求证：$\{a_n - n\}$ 是等比数列，并求 a_n.

【变式 2-150】 已知数列 $\{a_n\}$ 满足 $a_n = \dfrac{1}{2}a_{n-1} + \left(\dfrac{1}{2}\right)^n(n \geqslant 2)$，$a_1 = 1$，求证：$\{2^n a_n\}$ 是等差数列，并求 a_n.

【变式 2-151】 已知数列 $\{a_n\}$ 满足 $a_{n+1} = 2a_n + 3 \times 5^n(n \geqslant 2)$，$a_1 = 6$，求证：$\{a_n - 5^n\}$ 是等比数列，并求 a_n.

【例 2-76】已知数列 $\{a_n\}$ 满足 $na_{n+1}=(n+1)a_n+n(n+1)$，$n\in\mathbf{N}^*$，$a_1=1$，求证：$\left\{\dfrac{a_n}{n}\right\}$ 是等差数列，并求 a_n.

【变式 2-152】(2018 年全国卷 I 文科)已知数列 $\{a_n\}$ 满足 $a_1=1$，$na_{n+1}=2(n+1)a_n$，设 $b_n=\dfrac{a_n}{n}$.

(1)求 b_1，b_2，b_3；

(2)判断数列 $\{b_n\}$ 是否为等比数列，并说明理由；

(3)求 $\{a_n\}$ 的通项公式.

【拓展 2-22】已知数列 $\{a_n\}$ 满足 $a_{n+1}=a_n^2+2a_n$，$n\in\mathbf{N}^*$，$a_1=1$，设 $b_n=\lg(a_n+1)$，求证：$\{b_n\}$ 是等比数列，并求 b_n.

2.4.3.3 $a_{n+1}=\dfrac{Ca_n}{Aa_n+B}\Rightarrow$取倒数，转化为等差数列或等比数列

【例 2-77】数列 $\{a_n\}$ 满足 $a_{n+1}=\dfrac{2a_n}{2+a_n}(n\in\mathbf{N}^*)$，$a_1=1$，求证：$\left\{\dfrac{1}{a_n}\right\}$ 是等差数列，并求 a_n.

【拓展 2-23】(2011 年广东卷)设 $b>0$，数列 $\{a_n\}$ 满足 $a_1=b$，$a_n=\dfrac{nba_{n-1}}{a_{n-1}+2n-2}(n\geqslant2)$，求 a_n.

2.4.3.4 利用特征根方程构造等差、等比数列

【拓展 2-24】(2012 年全国卷)若 $2\leqslant x_k<x_{k+1}<3$，$x_1=1$ 且 $x_{k+1}=\dfrac{4x_k+3}{x_k+2}$，求 x_k.

【拓展 2-25】已知数列 $\{a_n\}$ 满足 $a_1=5$，$a_{n+1}=\dfrac{3a_n-1}{-a_n+3}$，求 a_n.

2.4.3.5 $a_{n+2}=pa_{n+1}+qa_n\Rightarrow a_{n+2}-sa_{n+1}=t(a_{n+1}-sa_n)$

【例 2-78】已知数列 $\{a_n\}$ 满足 $a_1=1$，$a_2=2$，$a_n=2a_{n-1}+3a_{n-2}(n\geqslant3)$.

(1)求证：$\{a_n+a_{n+1}\}$ 为等比数列；

(2)求证：$\left\{a_n-\dfrac{1}{4}\times3^n\right\}$ 是等比数列，并求 a_n.

【拓展 2-26】(2008 年广东卷)设 p，q 为实数，α，β 是方程 $x^2-px+q=0$ 的两个实根，数列 $\{x_n\}$ 满足 $x_1=p$，$x_2=p^2-q$，$x_n=px_{n-1}-qx_{n-2}(n=3,4,\cdots)$.

(1)证明：$\alpha+\beta=p$，$\alpha\beta=q$；

(2)求数列 $\{x_n\}$ 的通项公式.

2.4.3.6 两个数列结合

【例 2-79】(2019 年全国卷 II 理科)已知数列 $\{a_n\}$ 和 $\{b_n\}$ 满足 $a_1=1$，$b_1=0$，

$4a_{n+1}=3a_n-b_n+4$ ， $4b_{n+1}=3b_n-a_n-4$.

(1)证明：$\{a_n+b_n\}$ 是等比数列，$\{a_n-b_n\}$ 是等差数列；

(2)求 $\{a_n\}$ 和 $\{b_n\}$ 的通项公式.

2.5　数列求和

2.5.1　公式法求和

"求和"三问：一问，这是一个什么数列？二问，是等差数列还是等比数列？三问，能否转化为等差数列和等比数列？

【例 2−80】(2015 年安徽卷文科)在数列 $\{a_n\}$ 中，$a_1=1$，$a_n=a_{n-1}+\dfrac{1}{2}(n\geqslant 2)$，则数列 $\{a_n\}$ 的前 9 项和等于_____.

【变式 2−153】(2013 年大纲卷文科)数列 $\{a_n\}$ 满足 $3a_{n+1}+a_n=0$，$a_2=-\dfrac{4}{3}$，则 $\{a_n\}$ 的前 10 项和等于 (　　　).

A. $-6(1-3^{-10})$

B. $\dfrac{1}{9}(1-3^{-10})$

C. $3(1-3^{-10})$

D. $3(1+3^{-10})$

【例 2−81】(2013 年新课标 II 文科)已知等差数列 $\{a_n\}$ 的公差不为零，$a_1=25$，且 a_1，a_{11}，a_{13} 成等比数列.

(1)求 $\{a_n\}$ 的通项公式；

(2)求 $a_1+a_4+a_7+\cdots+a_{3n-2}$.

【变式 2−154】设数列 $\{a_n\}$ 是首项为 1，公比为 -2 的等比数列，则 $|a_1|+|a_2|+\cdots+|a_n|=$_____.

【变式 2−155】已知 $\{a_n\}$ 是等比数列，$a_2=2$，$a_5=\dfrac{1}{4}$，则 $a_1a_2+a_2a_3+\cdots+a_na_{n+1}=$_____.

【变式 2−156】已知 $\{a_n\}$ 的前 n 项和 $S_n=2^n-1$，则 $a_1^2+a_2^2+\cdots+a_n^2=$_____.

【变式 2−157】设 $ab\neq 0$，则 $a^n+a^{n-1}b+a^{n-2}b^2+\cdots+ab^{n-1}+b^n=$_____.

【变式 2−158】(2020 年全国卷 II 理科)在数列 $\{a_n\}$ 中，$a_1=2$，$a_{m+n}=a_ma_n$，若 $a_{k+1}+a_{k+2}+\cdots+a_{k+10}=2^{15}-2^5$，则 $k=$(　　　).

A. 2　　　　　　　B. 3　　　　　　　C. 4　　　　　　　D. 5

【例 2−82】全体正整数排成一个三角形数阵：

$$1$$
$$2 \quad 3$$
$$4 \quad 5 \quad 6$$
$$7 \quad 8 \quad 9 \quad 10$$
$$11 \quad 12 \quad 13 \quad 14 \quad 15$$
$$\cdots\cdots$$

按照以上排列的规律，第 n 行($n \geqslant 3$)从左向右的第 3 个数为_____.

2.5.2　分组求和

2.5.2.1　$c_n = a_n + b_n$（等差通项加等比通项）⇒分组求和

【例 $2-83$】(2011 年重庆卷)设 $\{a_n\}$ 是公比为正数的等比数列，$a_1 = 2$，$a_3 = a_2 + 4$.

(1)求 $\{a_n\}$ 的通项公式；

(2)设 $\{b_n\}$ 是首项为 1，公差为 2 的等差数列，求数列 $\{a_n + b_n\}$ 的前 n 项和 S_n.

【变式 $2-159$】(2015 年福建卷文科)等差数列 $\{a_n\}$ 中，$a_2 = 4$，$a_4 + a_7 = 15$.

(1)求数列 $\{a_n\}$ 的通项公式；

(2)设 $b_n = 2^{a_n - 2} + n$，求 $b_1 + b_2 + \cdots + b_n$ 的值.

【变式 $2-160$】(2014 年北京卷文科)已知 $\{a_n\}$ 是等差数列，满足 $a_1 = 3$，$a_4 = 12$，数列 $\{b_n\}$ 满足 $b_1 = 4$，$b_4 = 20$，且 $\{b_n - a_n\}$ 是等比数列.

(1)求数列 $\{a_n\}$ 和 $\{b_n\}$ 的通项公式；

(2)求数列 $\{b_n\}$ 的前 n 项和.

【变式 $2-161$】已知数列 $\{a_n\}$ 满足：$a_1 = 1$，$a_{n+1} = 2a_n + 1$.

(1)求证数列 $\{a_n + 1\}$ 是等比数列，并求数列 $\{a_n\}$ 的通项公式；

(2)若 $b_n = a_n a_{n+1}$，求数列 $\{b_n\}$ 的前 n 项和 S_n.

【变式 $2-162$】求 $S_n = 1 + \left(1 + \dfrac{1}{2}\right) + \left(1 + \dfrac{1}{2} + \dfrac{1}{4}\right) + \cdots + \left(1 + \dfrac{1}{2} + \dfrac{1}{4} + \cdots + \dfrac{1}{2^{n-1}}\right)$.

【拓展 $2-27$】$S_n = 3 + 33 + 333 + \cdots + \underbrace{333\cdots3}_{n\text{个}} = $ _____.

【拓展 $2-28$】(2003 年复旦)$1 + 3 + 6 + \cdots + \dfrac{n(n+1)}{2} = $ _____.

【拓展 $2-29$】(2012 年河北竞赛)设数列 $\{a_n\}$ 的前 n 项和为 S_n，且满足 $S_2 = 3$，$2S_n = n + na_n$ $(n \in \mathbf{N}^*)$.

(1)求数列 $\{a_n\}$ 的通项公式；

(2)求数列 $c_n = \begin{cases} a_{n+1}, & n \text{ 为奇数}, \\ 3 \times 2^{a_{n-1}} + 1, & n \text{ 为偶数} \end{cases}$ 的前 $2n$ 项和 T_{2n}.

【拓展 2－30】（2012 年吉林竞赛改编）设数列 $\{a_n\}$ 的前 n 项和为 S_n，令 $T_n = \dfrac{S_1 + S_2 + \cdots + S_n}{n}$，称 T_n 为数列 a_1，a_2，$\cdots$，a_n 的"均数". 已知数列 a_1，a_2，$\cdots$，a_{502} 的"均数"为 2012，那么数列 2，a_1，a_2，$\cdots$，a_{502} 的"均数"是 _____.

2.5.2.2　奇数项或偶数项分别成等比数列

【例 2－84】（2015 年湖南卷文科）设数列 $\{a_n\}$ 的前 n 项和为 S_n，已知 $a_1 = 1$，$a_2 = 2$，且 $a_{n+2} = 3S_n - S_{n+1} + 3$，$n \in \mathbf{N}^*$.

(1)证明：$a_{n+2} = 3a_n$；

(2)求 S_n.

【变式 2－163】（2021 年新高考卷 I 数学）已知数列 $\{a_n\}$ 满足 $a_1 = 1$，$a_{n+1} = \begin{cases} a_n + 1，n \text{ 为奇数}, \\ a_n + 2，n \text{ 为偶数}. \end{cases}$

(1)记 $b_n = a_{2n}$，写出 b_1，b_2，并求数列 $\{b_n\}$ 的通项公式；

(2)求 $\{a_n\}$ 的前 20 项和.

2.5.2.3　$b_n = [f(n)]$，意味着 b_n 是分段函数：一段一段地求

【例 2－85】（2016 年全国卷 II）S_n 为等差数列 $\{a_n\}$ 的前 n 项和，且 $a_1 = 1$，$S_7 = 28$. 记 $b_n = [\lg a_n]$，其中 $[x]$ 表示不超过 x 的最大整数，如 $[0.9] = 0$，$[\lg 99] = 1$.

(1)求 b_1，b_{11}，b_{101}；

(2)求数列 $\{b_n\}$ 的前 1000 项和.

2.5.3　错位相减法求和

$c_n = a_n b_n$（等差通项乘以等比通项）$\Rightarrow$ 错位相减.

【例 2－86】（2015 年天津卷文科）已知 $c_n = (2n - 1)2^{n-1}$，求数列 $\{c_n\}$ 的前 n 项和 S_n.

【变式 2－164】（2016 年山东卷）已知数列 $a_n = 6n + 5$，$b_n = 3n + 1$，令 $c_n = \dfrac{(a_n + 1)^{n+1}}{(b_n + 2)^n}$. 求数列 $\{c_n\}$ 的前 n 项和 T_n.

【变式 2－165】（2014 年安徽卷文科）数列 $\{a_n\}$ 满足 $a_1 = 1$，$na_{n+1} = (n+1)a_n + n(n+1)$，$n \in \mathbf{N}^*$.

(1)证明：数列 $\left\{\dfrac{a_n}{n}\right\}$ 是等差数列；

(2)设 $b_n = 3^n \cdot \sqrt{a_n}$，求数列 $\{b_n\}$ 的前 n 项和 S_n.

【变式 2－166】（2013 年湖南卷文科）设 S_n 为数列 $\{a_n\}$ 的前 n 项和，已知 $a_1 \neq 0$，$2a_n - a_1 = S_1 \cdot S_n$，$n \in \mathbf{N}^*$.

(1)求 a_1，a_2，并求数列 $\{a_n\}$ 的通项公式；

(2)求数列 $\{na_n\}$ 的前 n 项和.

【变式 2－167】(2012 年浙江卷文科)已知数列 $\{a_n\}$ 的前 n 项和为 S_n，且 $S_n=2n^2+n$，数列 $\{b_n\}$ 满足 $a_n=4\log_2 b_n+3$.

(1)求 a_n，b_n；

(2)求数列 $\{a_n b_n\}$ 的前 n 项和 T_n.

【变式 2－168】(2010 年复旦)已知数列 $\{a_n\}$ 满足：$a_1=2$，且 $\left\{\dfrac{a_n}{n}\right\}$ 是公比为 2 的等比数列，则 $S_n=(\quad)$.

A. $n\cdot 2^{n+1}-2$ B. $(n-1)\cdot 2^{n+1}+2$

C. $n\cdot 2^n+2(n-1)$ D. $(n-1)\cdot 2^n+2n$

【变式 2－169】(2012 年江西卷文科)已知数列 $\{a_n\}$ 的前 n 项和 $S_n=kc^n-k$(其中 c，k 为常数)，且 $a_2=4$，$a_6=8a_3$.

(1)求 $\{a_n\}$ 的通项公式；

(2)求数列 $\{na_n\}$ 的前 n 项和 T_n.

【变式 2－170】(2012 年天津卷)已知 $\{a_n\}$ 是等差数列，其前 n 项和为 S_n，$\{b_n\}$ 是等比数列，且 $a_1+b_1=2$，$a_4+b_4=27$，$S_4-b_4=10$.

(1)求数列 $\{a_n\}$ 与 $\{b_n\}$ 的通项公式；

(2)记 $T_n=a_n b_1+a_{n-1}b_2+\cdots+a_1 b_n$，$n\in\mathbf{N}^*$，证明：$T_n+12=-2a_n+10b_n$($n\in\mathbf{N}^*$).

【变式 2－171】(2000 年广东卷)设 $\{a_n\}$ 为等比数列，$T_n=na_1+(n-1)a_2+\cdots+2a_{n-1}+a_n$，已知 $T_1=1$，$T_2=4$.

(1)求数列 $\{a_n\}$ 的首项和公比；

(2)求数列 $\{T_n\}$ 的通项公式.

【变式 2－172】(2020 年全国卷Ⅰ理科)设 $\{a_n\}$ 是公比不为 1 的等比数列，a_1 为 a_2，a_3 的等差中项.

(1)求 $\{a_n\}$ 的公比；

(2)若 $a_1=1$，求数列 $\{na_n\}$ 的前 n 项和.

【例 2－87】(2011 年辽宁卷)已知等差数列 $\{a_n\}$ 满足 $a_2=0$，$a_6+a_8=-10$.

(1)求数列 $\{a_n\}$ 的通项公式；

(2)求数列 $\left\{\dfrac{a_n}{2^{n-1}}\right\}$ 的前 n 项和.

【变式 2－173】(2014 年新课标Ⅰ文科)已知 $\{a_n\}$ 是单调递增的等差数列，a_2，a_4 是方程 $x^2-5x+6=0$ 的根.

(1)求 $\{a_n\}$ 的通项公式；

(2)求数列 $\left\{\dfrac{a_n}{2^n}\right\}$ 的前 n 项和.

【变式 2−174】(2015 年天津卷)已知数列 $\{a_n\}$ 满足 $a_{n+2}=qa_n$(q 为实数，且 $q\neq1$)，$n\in\mathbf{N}^*$，$a_1=1$，$a_2=2$，且 a_2+a_3，a_3+a_4，a_4+a_5 成等差数列.

(1)求 q 的值和 $\{a_n\}$ 的通项公式；

(2)设 $b_n=\dfrac{\log_2 a_{2n}}{a_{2n-1}}$，$n\in\mathbf{N}^*$，求数列 $\{b_n\}$ 的前 n 项和.

【变式 2−175】(2015 年湖北卷文科)设等差数列 $\{a_n\}$ 的公差为 d，前 n 项和为 S_n，等比数列 $\{b_n\}$ 的公比为 q. 已知 $b_1=a_1$，$b_2=2$，$q=d$，$S_{10}=100$.

(1)求数列 $\{a_n\}$，$\{b_n\}$ 的通项公式；

(2)当 $d>1$ 时，记 $c_n=\dfrac{a_n}{b_n}$，求数列 $\{c_n\}$ 的前 n 项和 T_n.

【变式 2−176】(2013 年山东卷文科)设等差数列 $\{a_n\}$ 的前 n 项和为 S_n，且 $S_4=4S_2$，$a_{2n}=2a_n+1$.

(1)求数列 $\{a_n\}$ 的通项公式；

(2)设数列 $\{b_n\}$ 满足 $\dfrac{b_1}{a_1}+\dfrac{b_2}{a_2}+\cdots+\dfrac{b_n}{a_n}=1-\dfrac{1}{2^n}$，$n\in\mathbf{N}^*$，求 $\{b_n\}$ 的前 n 项和 T_n.

【拓展 2−31】(2015 年山东卷理科)设数列 $\{a_n\}$ 的前 n 项和为 S_n，已知 $2S_n=3^n+3$.
(1)求数列 $\{a_n\}$ 的通项公式；
(2)若数列 $\{b_n\}$ 满足 $a_n b_n=\log_3 a_n$，求数列 $\{b_n\}$ 的前 n 项和 T_n.

2.5.4　裂项求和

$$\left.\begin{array}{l} b_n=\dfrac{1}{a_n a_{n+1}}\ (\{a_n\}\text{为等差数列})\\[2mm] b_n=\dfrac{1}{\sqrt{a_n}+\sqrt{a_{n+1}}}\ (\{a_n\}\text{为等差数列}) \end{array}\right\}\Rightarrow\text{裂项求和(推广：}b_n=\dfrac{1}{(n-1)n(n+1)}).$$

【例 2−88】(2012 年大纲卷)已知等差数列 $\{a_n\}$ 的前 n 项和为 S_n，$a_5=5$，$S_5=15$，则数列 $\left\{\dfrac{1}{a_n a_{n+1}}\right\}$ 的前 100 项和为 _____.

【变式 2−177】(2013 年新课标Ⅰ文科)已知等差数列 $\{a_n\}$ 的前 n 项和 S_n 满足 $S_3=0$，$S_5=-5$.

(1)求 $\{a_n\}$ 的通项公式；

(2)求数列 $\left\{\dfrac{1}{a_{2n-1}a_{2n+1}}\right\}$ 的前 n 项和.

【变式 2−178】(2014 年大纲卷)等差数列 $\{a_n\}$ 的前 n 项和为 S_n，已知 $a_1=10$，a_2 为整数，且 $S_n\leqslant S_4$.

(1)求 $\{a_n\}$ 的通项公式；

(2)设 $b_n=\dfrac{1}{a_n a_{n+1}}$，求数列 $\{b_n\}$ 的前 n 项和 T_n.

【变式 2-179】（2013 年广东卷文科）设各项均为正数的数列 $\{a_n\}$ 的前 n 项和为 S_n，满足 $4S_n = a_{n+1}^2 - 4n - 1$，$n \in \mathbf{N}^*$，且 a_2，a_5，a_{14} 构成等比数列.

(1)证明：$a_2 = \sqrt{4a_1 + 5}$；

(2)求数列 a_n 的通项公式；

(3)证明：对一切正整数 n，有 $\dfrac{1}{a_1 a_2} + \dfrac{1}{a_2 a_3} + \cdots + \dfrac{1}{a_n a_{n+1}} < \dfrac{1}{2}$.

【例 2-89】（2013 年大纲卷文科）等差数列 $\{a_n\}$ 中，$a_7 = 4$，$a_{19} = 2a_9$.

(1)求 $\{a_n\}$ 的通项公式；

(2)设 $b_n = \dfrac{1}{na_n}$，求数列 $\{b_n\}$ 的前 n 项和 S_n.

【变式 2-180】（2013 年江西卷文科）正项数列 $\{a_n\}$ 满足 $a_n^2 - (2n-1)a_n - 2n = 0$.

(1)求 $\{a_n\}$ 的通项公式；

(2)令 $b_n = \dfrac{1}{(n+1)a_n}$，求数列 $\{b_n\}$ 的前 n 项和 T_n.

【变式 2-181】已知数列 $\{a_n\}$ 是等差数列，其前 n 项和为 S_n，$a_3 = 6$，$S_3 = 12$.

(1)求数列 $\{a_n\}$ 的通项公式；

(2)求 $\dfrac{1}{S_1} + \dfrac{1}{S_2} + \cdots + \dfrac{1}{S_n}$.

【变式 2-182】已知等差数列 $\{a_n\}$ 满足：$a_3 = 7$，$a_5 + a_7 = 26$，$\{a_n\}$ 的前 n 项和为 S_n.

(1)求 a_n 及 S_n；

(2)令 $b_n = \dfrac{1}{a_n^2 - 1} (n \in \mathbf{N}^*)$，求数列 $\{b_n\}$ 的前 n 项和 T_n.

【变式 2-183】（2011 年全国卷）等比数列 $\{a_n\}$ 的各项均为正数，且 $2a_1 + 3a_2 = 1$，$a_3^2 = 9a_2 a_6$.

(1)求数列 $\{a_n\}$ 的通项公式；

(2)设 $b_n = \log_3 a_1 + \log_3 a_2 + \cdots + \log_3 a_n$，求数列 $\left\{\dfrac{1}{b_n}\right\}$ 的前 n 项和.

【变式 2-184】数列 $\{a_n\}$ 满足 $a_1 = 1$，且 $a_{n+1} - a_n = n + 1 (n \in \mathbf{N}^*)$，则数列 $\left\{\dfrac{1}{a_n}\right\}$ 的前 10 项和为_____.

【例 2-90】（2011 年全国卷）设数列 $\{a_n\}$ 满足 $a_1 = 0$ 且 $\dfrac{1}{1 - a_{n+1}} - \dfrac{1}{1 - a_n} = 1$.

(1)求 $\{a_n\}$ 的通项公式；

(2)设 $b_n = \dfrac{1 - \sqrt{a_{n+1}}}{\sqrt{n}}$，记 $S_n = \sum\limits_{k=1}^{n} b_k$，证明：$S_n < 1$.

【例 2-91】（2013 年江西卷）正项数列 $\{a_n\}$ 的前 n 项和 S_n 满足：$S_n^2 - (n^2 + n - 1)S_n - (n^2 + n) = 0$.

(1)求$\{a_n\}$的通项公式；

(2)令$b_n=\dfrac{n+1}{(n+2)^2 a_n^2}$，数列$\{b_n\}$的前$n$项和为$T_n$．证明：对于任意的$n\in\mathbf{N}^*$，都有$T_n<\dfrac{5}{64}$．

【变式 2-185】(2015 年安徽卷文科)已知数列$\{a_n\}$是单调递增的等比数列，且$a_1+a_4=9$，$a_2 a_3=8$．

(1)求数列$\{a_n\}$的通项公式；

(2)设S_n为数列$\{a_n\}$的前n项和，$b_n=\dfrac{a_{n+1}}{S_n S_{n+1}}$，求数列$\{b_n\}$的前$n$项和$T_n$．

【拓展 2-32】(2006 年全国卷Ⅰ)已知数列$\{a_n\}$的通项公式$a_n=4^n-2^n$，设$T_n=\dfrac{2^n}{S_n}$，$n=1$，2，3，…，证明：$\sum\limits_{i=1}^{n}T_i<\dfrac{3}{2}$．

【拓展 2-33】(2012 年浙江竞赛)设$\{a_n\}$为等比数列，各项均大于 1，则$\lg a_1\lg a_{2012}\cdot\sum\limits_{i=1}^{2011}\dfrac{1}{\lg a_i\lg a_{i+1}}$的值为_____．

【例 2-92】$S_n=\dfrac{1}{\sqrt{2}+1}+\dfrac{1}{\sqrt{3}+\sqrt{2}}+\cdots+\dfrac{1}{\sqrt{n+1}+\sqrt{n}}=$_____．

【拓展 2-34】(2008 年上海交通大学)$a_n=\dfrac{1}{n\sqrt{n+1}+(n+1)\sqrt{n}}$，则数列的前$n$项和为_____．

【拓展 2-35】(2007 年上海交通大学)$1\cdot 1!+2\cdot 2!+3\cdot 3!+\cdots+n\cdot n!=$_____．

【拓展 2-36】(2006 年上海交通大学)$a_k=\dfrac{k+2}{k!+(k+1)!+(k+2)!}$，则数列的前 100 项和为_____．

【拓展 2-37】(2003 年复旦)$a_n=\dfrac{1}{(\sqrt{n-1}+\sqrt{n})(\sqrt{n-1}+\sqrt{n+1})(\sqrt{n}+\sqrt{n+1})}$，则数列的前$n$项和为_____．

【拓展 2-38】(2012 年辽宁竞赛)$f(x)$是定义在$(0,1)$上的函数，对任意的$y>x>1$，有$f\left(\dfrac{1}{x}\right)-f\left(\dfrac{1}{y}\right)=f\left(\dfrac{x-y}{1-xy}\right)$，记$a_n=f\left(\dfrac{1}{n^2+5n+5}\right)$，则$S_8=$(　　)．

A.$f\left(\dfrac{1}{2}\right)$　　　B.$f\left(\dfrac{1}{3}\right)$　　　C.$f\left(\dfrac{1}{4}\right)$　　　D.$f\left(\dfrac{1}{5}\right)$

【拓展 2-39】(2014 年山东联赛)已知数列$\{a_n\}$满足：$a_n=\sqrt{1+\dfrac{1}{n^2}+\dfrac{1}{(n+1)^2}}$ $(n\in\mathbf{N}^*)$，其前n项和为S_n，则$[S_n]=$_____（$[S_n]$表示不超过S_n的最大整数）．

2.5.5 并项求和

2.5.5.1 $b_n=(-1)^n a_n \Rightarrow$尝试对$\{b_n\}$并项求和

$$b_n=(-1)^n a_n \begin{cases} \{a_n\}\text{为等差数列}\Rightarrow\text{并项求和，分组求和，} \\ \{a_n\}\text{为等比数列}\Rightarrow\text{等比数列公式法.} \end{cases}$$

若$\{a_n\}$为等差数列，则$(-1)^n$使得数列的项正负交替出现，并项求和可以抵消公差的影响，使其和为定值，大大简化求和运算，但要注意对n的奇偶性进行讨论. 这个方法也可以延伸到某些特殊的数列.

【例2-93】(2004年北京卷)定义"等和数列"：在一个数列中，如果每一项与它的后一项的和都为同一个常数，那么这个数列叫作等和数列，这个常数叫作该数列的公和. 已知数列$\{a_n\}$是等和数列，且$a_1=2$，公和为5，那么a_{18}的值为_____，这个数列的前n项和S_n的计算公式为_____.

【例2-94】若数列$\{a_n\}$的通项公式$a_n=(-1)^n\cdot 2^n$，则$a_1+a_2+\cdots+a_{10}=$_____.

【例2-95】(2011年安徽卷)若数列$\{a_n\}$的通项公式$a_n=(-1)^n(3n-2)$，则$a_1+a_2+\cdots+a_{10}=$_____.

【例2-96】(2014年山东卷文科)在等差数列$\{a_n\}$中，已知公差$d=2$，a_2是a_1与a_4的等比中项.

(1)求数列$\{a_n\}$的通项公式；

(2)设$b_n=a_{\frac{n(n+1)}{2}}$，记$T_n=-b_1+b_2-b_3+b_4-\cdots+(-1)^n b_n$，求$T_n$.

【拓展2-40】(2012年新课标)数列$\{a_n\}$满足$a_{n+1}+(-1)^n a_n=2n-1$，则$\{a_n\}$的前60项和为_____.

【拓展2-41】(2020年全国卷Ⅰ文科)数列$\{a_n\}$满足$a_{n+2}+(-1)^n a_n=3n-1$，前16项和为540，则$a_1=$_____.

【拓展2-42】(2012年黑龙江竞赛)已知函数$f(x)=\dfrac{2x+3}{3x}$，数列$\{a_n\}$满足$a_1=1$，$a_{n+1}=f\left(\dfrac{1}{a_n}\right)$，$n\in\mathbf{N}^*$.

(1)求$\{a_n\}$的通项公式；

(2)令$T_n=a_1a_2-a_2a_3+a_3a_4-a_4a_5+\cdots-a_{2n}a_{2n+1}$，求$T_n$；

(3)若$T_n\leqslant\dfrac{m}{2}$对$n\in\mathbf{N}^*$恒成立，求m的最小值.

2.5.5.2　周期性数列求和

对周期性数列来说，最基本且最重要的是把一个周期研究清楚，把一个周期的项加起来，也是并项求和，这个也可以延伸到某些与周期有关的数列.

【例 2-97】设函数 $f(x)=\sin\dfrac{\pi x}{3}$，则 $f(1)+f(2)+f(3)+\cdots+f(2012)=$ _____

_____.

【变式 2-186】(2012 年山东卷)定义在 **R** 上的函数 $f(x)$ 满足 $f(x+6)=f(x)$. 当 $-3\leqslant x<-1$ 时，$f(x)=-(x+2)^2$；当 $-1\leqslant x<3$ 时，$f(x)=x$. 则 $f(1)+f(2)+f(3)+\cdots+f(2012)=($ 　　).

A. 335　　　　　　B. 338　　　　　　C. 1678　　　　　　D. 2012

【例 2-98】(2012 年福建卷)数列 $\{a_n\}$ 的通项公式 $a_n=n\cos\dfrac{n\pi}{2}+1$，其前 n 项和为 S_n，则 $S_{2012}=$ _____.

【变式 2-187】数列 $\{a_n\}$ 的通项公式 $a_n=n^2(\cos^2\dfrac{n\pi}{3}-\sin^2\dfrac{n\pi}{3})$，其前 n 项和为 S_n，则 $S_{30}=($ 　　).

A. 470　　　　　　B. 490　　　　　　C. 495　　　　　　D. 510

【拓展 2-43】(2013 年上海卷)若 $S_n=\sin\dfrac{\pi}{7}+\sin\dfrac{2\pi}{7}+\cdots+\sin\dfrac{n\pi}{7}(n\in\mathbf{N}^*)$，则在 S_1，S_2，$\cdots$，S_{100} 中，正数的个数是($ 　　).

A. 16　　　　　　B. 72　　　　　　C. 86　　　　　　D. 100

2.5.5.3　分段数列求和

【例 2-99】(2016 年新课标 II)S_n 为等差数列 $\{a_n\}$ 的前 n 项和，且 $a_1=1$，$S_7=28$. 记 $b_n=[\lg a_n]$，其中 $[x]$ 表示不超过 x 的最大整数，如 $[0.9]=0$，$[\lg 99]=1$.

(1)求 b_1，b_{11}，b_{101}；

(2)求数列 $\{b_n\}$ 的前 1000 项和.

【拓展 2-44】(2011 年上海卷文科)已知数列 $\{a_n\}$ 和 $\{b_n\}$ 的通项公式分别为 $a_n=3n+6$，$b_n=2n+7(n\in\mathbf{N}^*)$，将集合 $\{x\mid x=a_n, n\in\mathbf{N}^*\}\cup\{x\mid x=b_n, n\in\mathbf{N}^*\}$ 中的元素从小到大依次排列，构成数列 c_1，c_2，c_3，$\cdots$，c_n，$\cdots$.

(1) 求三个最小的数，使它们既是数列 $\{a_n\}$ 中的项，又是数列 $\{b_n\}$ 中的项；

(2) c_1，c_2，c_3，$\cdots$，c_{40} 中有多少项不是数列 $\{b_n\}$ 中的项？说明理由；

(3) 求数列 $\{c_n\}$ 的前 $4n$ 项和 $S_{4n}(n\in\mathbf{N}^*)$.

2.5.6 倒序求和

等差数列前 n 项和公式的推导就用了倒序求和. 倒序求和是基于等差数列具有对称性, 从函数角度来看, 是基于函数具有对称性.

【例 2-100】设 $f(x) = \dfrac{4^x}{4^x + 2}$, 求 $f\left(\dfrac{1}{2015}\right) + f\left(\dfrac{2}{2015}\right) + \cdots + f\left(\dfrac{2014}{2015}\right)$ 的值.

【变式 2-188】已知 $y = f\left(x + \dfrac{1}{2}\right)$ 为奇函数, 求 $f\left(\dfrac{1}{2015}\right) + f\left(\dfrac{2}{2015}\right) + \cdots + f\left(\dfrac{2014}{2015}\right)$ 的值.

【变式 2-189】(2012 年辽宁竞赛)已知函数 $f(x) = \dfrac{1}{2} + \log_2 \dfrac{x}{1-x}$, 求 $S_n = f\left(\dfrac{1}{n}\right) + f\left(\dfrac{2}{n}\right) + \cdots + f\left(\dfrac{n-1}{n}\right) (n \geqslant 2)$.

【变式 2-190】已知 $f(x) = \dfrac{x^2}{1+x^2}$, 则 $f(1) + f(2) + \cdots + f(9) + f\left(\dfrac{1}{2}\right) + f\left(\dfrac{1}{3}\right) + \cdots + f\left(\dfrac{1}{9}\right) = $ _____.

【拓展 2-45】(2012 年山东竞赛)称分子分母最大公约数为 1 的分数为既约分数, 所有分母为 100 的既约真分数之和为 _____.

【拓展 2-46】(2012 年重庆卷)设数列 $\{a_n\}$ 的前 n 项和 S_n 满足 $S_{n+1} = a_2 S_n + a_1$, 其中 $a_2 \neq 0$.

(1)求证: $\{a_n\}$ 是首项为 1 的等比数列;

(2)若 $a_2 > -1$, 求证: $S_n \leqslant \dfrac{n}{2}(a_1 + a_n)$, 并给出等号成立的充要条件.

2.5.7 求和法综合

【例 2-101】(2015 年山东卷文科)已知数列 $\{a_n\}$ 是首项为正数的等差数列, 数列 $\left\{\dfrac{1}{a_n \cdot a_{n+1}}\right\}$ 的前 n 项和为 $\dfrac{n}{2n+1}$.

(1)求数列 $\{a_n\}$ 的通项公式;

(2)设 $b_n = (a_n + 1) \cdot 2^{a_n}$, 求数列 $\{b_n\}$ 的前 n 项和 T_n.

【变式 2-191】在等比数列 $\{a_n\}$ 中, $a_n > 0 (n \in \mathbf{N}^*)$, $a_1 a_3 = 4$, 且 $a_3 + 1$ 是 a_2 和 a_4 的等差中项, 若 $b_n = \log_2 a_{n+1}$.

(1)求数列 $\{b_n\}$ 的通项公式;

(2)若数列 $\{c_n\}$ 满足 $c_n = a_{n+1} + \dfrac{1}{b_{2n-1} \cdot b_{2n+1}}$, 求数列 $\{c_n\}$ 的前 n 项和.

【变式 2－192】(2014 年浙江卷)已知数列 $\{a_n\}$ 和 $\{b_n\}$ 满足 $a_1a_2\cdots a_n=(\sqrt{2})^{b_n}$ $(n\in\mathbf{N}^*)$. 若 $\{a_n\}$ 为等比数列，且 $a_1=2$，$b_3=6+b_2$.

(1)求 a_n 与 b_n；

(2)设 $c_n=\dfrac{1}{a_n}-\dfrac{1}{b_n}(n\in\mathbf{N}^*)$. 记数列 $\{c_n\}$ 的前 n 项和为 S_n.

(i)求 S_n；

(ii)求正整数 k，使得对任意 $n\in\mathbf{N}^*$，均有 $S_k\geqslant S_n$.

【拓展 2－47】(2016 年天津卷)已知 $\{a_n\}$ 是各项均为正数的等差数列，公差为 d，对任意的 $n\in\mathbf{N}^*$，b_n 是 a_n 和 a_{n+1} 的等比中项.

(1)设 $c_n=b_{n+1}^2-b_n^2$，$n\in\mathbf{N}^*$，求证：$\{c_n\}$ 是等差数列；

(2)设 $a_1=d$，$T_n=\displaystyle\sum_{k=1}^{2n}(-1)^n b_n^2$，$n\in\mathbf{N}^*$，求证：$\displaystyle\sum_{k=1}^{n}\dfrac{1}{T_k}<\dfrac{1}{2d^2}$.

【例 2－102】(2014 年湖南卷文科)已知数列 $\{a_n\}$ 的前 n 项和 $S_n=\dfrac{n^2+n}{2}$，$n\in\mathbf{N}^*$.

(1)求数列 $\{a_n\}$ 的通项公式；

(2)设 $b_n=2^{a_n}+(-1)^n a_n$，求数列 $\{b_n\}$ 的前 $2n$ 项和.

【变式 2－193】(2011 年山东卷)在等比数列 $\{a_n\}$ 中，a_1，a_2，a_3 分别是下表第一、二、三行中的某一个数，且 a_1，a_2，a_3 中的任何两个数不在下表的同一列.

	第一列	第二列	第三列
第一行	3	2	10
第二行	6	4	14
第三行	9	8	18

(1)求数列 $\{a_n\}$ 的通项公式；

(2)若数列 $\{b_n\}$ 满足：$b_n=a_n+(-1)^n\ln a_n$，求数列 $\{b_n\}$ 的前 n 项和 S_n.

【变式 2－194】(2014 年山东卷)已知等差数列 $\{a_n\}$ 的公差为 2，前 n 项和为 S_n，且 S_1，S_2，S_4 成等比数列.

(1)求数列 $\{a_n\}$ 的通项公式；

(2)令 $b_n=(-1)^{n-1}\dfrac{4n}{a_na_{n+1}}$，求数列 $\{b_n\}$ 的前 n 项和 T_n.

【拓展 2－48】(2011 年天津卷文科)已知数列 $\{a_n\}$ 与 $\{b_n\}$ 满足 $b_{n+1}a_n+b_na_{n+1}=(-2)^n+1$，$b_n=\dfrac{3+(-1)^{n-1}}{2}$，$n\in\mathbf{N}^*$，且 $a_1=2$.

(1)求 a_2，a_3 的值；

(2)设 $c_n=a_{2n+1}-a_{2n-1}$，$n\in\mathbf{N}^*$，证明：$\{c_n\}$ 是等比数列；

(3)设 S_n 为 $\{a_n\}$ 的前 n 项和，证明：$\dfrac{S_1}{a_1}+\dfrac{S_2}{a_2}+\cdots+\dfrac{S_{2n-1}}{a_{2n-1}}+\dfrac{S_{2n}}{a_{2n}}\leqslant n-\dfrac{1}{3}$ $(n\in\mathbf{N}^*)$.

【拓展 2-49】（2015 年陕西卷）设 $f_n(x)$ 是等比数列 1，x，x^2，$\cdots$，x^n 的各项和，其中 $x>0$，$n\in\mathbf{N}^*$，$n\geqslant2$.

(1)证明：函数 $F_n(x)=f_n(x)-2$ 在 $\left(\dfrac{1}{2}，1\right)$ 内有且仅有一个零点（记为 x_n），且 $x_n=\dfrac{1}{2}+\dfrac{1}{2}x_n^{n+1}$；

(2)设有一个与上述等比数列的首项、末项、项数分别相同的等差数列，其各项和为 $g_n(x)$，比较 $f_n(x)$ 与 $g_n(x)$ 的大小，并加以证明.

第 2 章答案

2.1　数列的概念、表示及研究方法

2.1.1　数列的概念、简单表示

【例 2-1】（1）符号变化规律为 $(-1)^n$，分母的变化规律为 2^n，分子的变化规律为 $2n-1$，则 $a_n = (-1)^n \dfrac{2n-1}{2^n}$.（通过首项来检验，对复杂问题进行分拆）

（2）符号变化规律为 $(-1)^n$，分母的变化规律为 2^n，分子比分母小 1，即 2^n-1，则 $a_n = (-1)^n \dfrac{2^n-1}{2^n}$.（观察：由易到难，注意各个部分之间的关系）

（3）$\sqrt{1}$，$\sqrt{2}$，（　），$\sqrt{4}$，$\sqrt{5}$，（　），$\sqrt{7}$，$a_n = \sqrt{n}$.

（4）$\dfrac{2}{2}$，$\dfrac{2}{3}$，$\dfrac{2}{4}$，$\dfrac{2}{5}$，$\dfrac{2}{6}$，$\cdots$，$a_n = \dfrac{2}{n}$.（为了更好地观察，改变呈现方式，统一形式）

（5）$10-1$，10^2-1，10^3-1，10^4-1，$\cdots$，$a_n = 10^n-1$.

（6）7，77，777，$\cdots$ 每一项是 9，99，999，$\cdots$ 的 $\dfrac{7}{9}$ 倍，则 $a_n = \dfrac{7}{9}(10^n-1)$.（转化为熟悉的数列）

（7）1，-1，1，-1，$\cdots$ 为摆动数列，则 $a_n = (-1)^{n+1}$；1，-1，1，-1，$\cdots$ 为周期数列，则 $a_n = \sin\left(n\pi - \dfrac{\pi}{2}\right)$，分段呈现 $a_n = \begin{cases} 1, & n=2k-1, \\ -1, & n=2k, \end{cases} k \in \mathbf{N}^*$.（从不同角度看，得到不同的数列，表示方法也不一样）

（8）注意到 2，0，2，0，2，0，$\cdots$ 与 1，-1，1，-1，$\cdots$ 的联系是：为摆动数列，则 $a_n = (-1)^{n+1}+1$；为周期数列，则 $a_n = 2\left|\sin \dfrac{n\pi}{2}\right|$，分段呈现 $a_n = \begin{cases} 2, & n=2k-1, \\ 0, & n=2k, \end{cases}$ $k \in \mathbf{N}^*$.

【变式 2-1】$f_n(x) = \dfrac{x}{(2^n-1)x + 2^n}$.

【例 2-2】$a_1 = 1$，$a_2 = 1 + 2\times 1$，$a_3 = 1 + 3\times 2$，$a_4 = 1 + 4\times 3$，$a_5 = 1 + 5\times 4$，则 $a_n = 1 + n(n-1)$，所以 $a_{100} = 9901$.（注意图形的呈现方式，统一表达形式，从数的角度找规律）

【例 2-3】从第二个图形开始，每一个图形的黑色三角形的个数是前一个的 3 倍，则 $a_n = 3^n$.（从相邻两个图形的变化关系入手）

【变式 2-2】1，2，4，7，11，…

2 比 1 多 1：$a_2 = 2 = 1 + 1$，

4 比 2 多 2：$a_3 = 4 = 2 + 2 = 1 + 1 + 2$，

7 比 4 多 3：$a_4 = 7 = 4 + 3 = 1 + 1 + 2 + 3$，

11 比 7 多 4：$a_5 = 11 = 7 + 4 = 1 + 1 + 2 + 3 + 4$，

则 $a_n = 1 + 1 + 2 + 3 + \cdots + (n-1) = 1 + \dfrac{n(n-1)}{2}$.（从相邻两项的变化关系入手）

【例 2-4】$a_2 = 2a_1 + 1 = 3 = 2^2 - 1$，$a_3 = 2a_2 + 1 = 7 = 2^3 - 1$，$a_4 = 2a_3 + 1 = 15 = 2^4 - 1$，$a_5 = 2a_4 + 1 = 31 = 2^5 - 1$，猜想 $a_n = 2^n - 1$.

【变式 2-3】$a_2 = \dfrac{2a_1}{a_1 + 2} = \dfrac{2}{3}$，$a_3 = \dfrac{2a_2}{a_2 + 2} = \dfrac{1}{2} = \dfrac{2}{4}$，$a_4 = \dfrac{2a_3}{a_3 + 2} = \dfrac{2}{5}$，$a_5 = \dfrac{2a_4}{a_4 + 2} = \dfrac{1}{3} = \dfrac{2}{6}$，猜想 $a_n = \dfrac{2}{n+1}$.

【变式 2-4】$a_1 = 6 < 18$，$a_2 = 12 < 18$，$a_3 = 24 > 18$，$a_4 = 12 < 18$，…，所以 M 的所有元素为 6，12，24.

【变式 2-5】由 $a_8 = \dfrac{1}{1 - a_7} = 2$，得 $a_7 = \dfrac{1}{2}$，由 $a_7 = \dfrac{1}{1 - a_6} = \dfrac{1}{2}$，得 $a_6 = -1$，同理可求得 $a_5 = 2$，发现数列的周期为 3，则 $a_1 = \dfrac{1}{2}$.

【变式 2-6】(1) $a_3 = a_2 + a_1 = 3$，$a_4 = a_3 + a_2 = 5$，$a_5 = 8$.

(2) $b_1 = \dfrac{a_2}{a_1} = 2$，$b_2 = \dfrac{a_3}{a_2} = \dfrac{3}{2}$，$b_3 = \dfrac{5}{3}$，$b_4 = \dfrac{8}{5}$，$b_5 = \dfrac{13}{8}$.

【例 2-5】由题知 $a_2 = a_1 + 1$，$a_3 = a_2 + 2$，$a_4 = a_3 + 3$，…则递推关系为 $a_{n+1} = a_n + n$，$n \in \mathbf{N}^*$.（找规律的基本思路：从特殊到一般）

【变式 2-7】$a_{n+1} = a_n + a_{n-1}$，$n \geq 2$，$n \in \mathbf{N}^*$.

【例 2-6】$a_1 = 2$，$a_2 = \dfrac{\sqrt{2}}{2} a_1 = \sqrt{2}$，$a_3 = \dfrac{\sqrt{2}}{2} a_2 = 1$，…，$a_7 = \dfrac{1}{4}$.

【变式 2-8】因为 $a_{n-1} + b_{n-1} = 500$，所以 $a_n = 80\% a_{n-1} + 30\% b_{n-1} = \dfrac{4}{5} a_{n-1} + \dfrac{3}{10}(500 - a_{n-1}) = \dfrac{1}{2} a_{n-1} + 150$.

2.1.2　研究数列的基本方法和函数观点

【例 2—7】$3^1 = 3$，$3^2 = 9$，$3^3 = 27$，$3^4 = 81$，$3^5 = 243$，$3^6 = 729$，…

末位数字是 3，9，7，1，3，9，…，周期为 4.

因为 $2003 = 4 \times 500 + 3$，所以 3^{2003} 的末位数字是 7.

【拓展 2—1】(1)5030；(2)$\dfrac{5k(5k-1)}{2}$.

由规律可知三角形数 1，3，6，10，… 的一个通项公式为 $a_n = \dfrac{n(n+1)}{2}$，写出其若干项有：1，3，6，10，15，21，28，36，45，55，66，78，91，105，110，发现其中能被 5 整除的为 10，15，45，55，105，110，故 $b_1 = a_4$，$b_2 = a_5$，$b_3 = a_9$，$b_4 = a_{10}$，$b_5 = a_{14}$，$b_6 = a_{15}$.

从而由上述规律可猜想：$b_{2k} = a_{5k} = \dfrac{5k(5k+1)}{2}$（$k$ 为正整数），$b_{2k-1} = a_{5k-1} = \dfrac{(5k-1)(5k-1+1)}{2} = \dfrac{5k(5k-1)}{2}$.

故 $b_{2012} = b_{2 \times 1006} = a_{5 \times 1006} = a_{5030}$，即 b_{2012} 是数列 $\{a_n\}$ 中的第 5030 项.

【拓展 2—2】令 $a = 6$，5，4，3，2，1，分别得到数列为：6，3，2，2，2，…；5，3，2，2，2，…；4，2，2，2，…；3，2，1，2，1，2，1，…；2，1，1，1，…；1，1，1，…

由此可选出①③④，这个题的第①问就提示我们列出来，观察、归纳、猜想.

【例 2—8】(1)$a_n = -2n^2 + 29n + 3$ 的对称轴为 $\dfrac{29}{4}$，此时最大项为 $a_7 = 108$.

(2)方法 1：函数观点，$a_n = n^2 - 2\lambda n$ 的对称轴为 $x = \lambda$，要保证 $a_1 < a_2$，对称轴 $x = \lambda$ 与 1 的距离应小于与 2 的距离，则 $\lambda < \dfrac{3}{2}$.

当 $\lambda < \dfrac{3}{2}$ 时，有 $a_1 < a_2 < a_3 < \cdots$.（与函数有联系，但也有不一致的地方——定义域）

方法 2：$\{n^2 - 2\lambda n\}$ 为单调递增数列 $\Leftrightarrow a_{n+1} - a_n = (n+1)^2 - 2\lambda(n+1) - (n^2 - 2\lambda n) > 0$（这是从数列本身来考虑单调性）$\Leftrightarrow 2n + 1 > 2\lambda$ 对任意 $n \in \mathbf{N}^*$ 恒成立 $\Leftrightarrow (2n+1)_{\min} > 2\lambda$，即 $\lambda < \dfrac{3}{2}$.

【变式 2—9】方法 1：函数观点，$a_n = \dfrac{2n-5}{2n-7} = 1 + \dfrac{2}{2n-7}$.

考虑到函数 $y = 1 + \dfrac{2}{x}$ 在 $(-\infty, 0)$，$(0, +\infty)$ 上单调递减，所以 $a_n = 1 + \dfrac{2}{2n-7}$ 在 $(1, 3)$，$(4, +\infty)$ 上单调递减，则 $(a_n)_{\max} = \max\{a_1, a_4\} = 3$. 当 $n \to +\infty$ 时，$a_n \to 1$，$a_3 = -1$，则 $(a_n)_{\min} = a_3 = -1$.

方法 2：$a_{n+1}-a_n=\dfrac{2n-3}{2n-5}-\dfrac{2n-5}{2n-7}=\dfrac{-4}{(2n-5)(2n-7)}$.

当 $n=1$，2 时，$a_{n+1}-a_n<0$，即 $a_1>a_2>a_3$.

当 $n=3$ 时，$a_{n+1}-a_n>0$，即 $a_3<a_4$.

当 $n=4$，5，…时，$a_{n+1}-a_n<0$，即 $a_4>a_5>a_6>\cdots$

则 $a_1>a_2>a_3<a_4>a_5>a_6>\cdots$（注意到数列的单调性和函数的单调性的区别，这样列出来是最清楚的）

所以 $(a_n)_{\max}=\max\{a_1,a_4\}=3$. 当 $n\to+\infty$ 时，$a_n\to1$，$a_3=-1$，则 $(a_n)_{\min}=a_3=-1$.

【变式 2-10】由题知 $a_{n+1}-a_n=3^{n+1}-\lambda\cdot2^{n+1}-(3^n-\lambda\cdot2^n)=2\times3^n-\lambda\cdot2^n>0$ 对任意 $n\in\mathbf{N}^*$ 恒成立$\Leftrightarrow\lambda<2\times\dfrac{3^n}{2^n}=2\times\left(\dfrac{3}{2}\right)^n$ 对任意 $n\in\mathbf{N}^*$ 恒成立，即 $\lambda<\left[2\times\left(\dfrac{3}{2}\right)^n\right]_{\min}=3$.

【变式 2-11】$a_{n+1}-a_n=\dfrac{9^{n+1}(n+2)}{10^{n+1}}-\dfrac{9^n(n+1)}{10^n}=\dfrac{9^{n+1}(n+2)-9^n(n+1)\times10}{10^{n+1}}=\dfrac{9^n(8-n)}{10^{n+1}}$.

当 $n\leqslant8$ 时，$a_{n+1}-a_n>0$，即 $a_1<a_2<\cdots<a_8=a_9$.

当 $n\geqslant9$ 时，$a_{n+1}-a_n<0$，即 $a_9>a_{10}>\cdots$

所以 $(a_n)_{\max}=a_8=a_9=\dfrac{9^9\cdot10}{10^9}=\dfrac{9^9}{10^8}$.

【拓展 2-3】$a_{n+1}-a_n=(n+1)(n+5)\left(\dfrac{2}{3}\right)^{n+1}-n(n+4)\left(\dfrac{2}{3}\right)^n=\left(\dfrac{2}{3}\right)^n\cdot\dfrac{10-n^2}{3}$.

当 $1\leqslant n\leqslant3$ 时，$a_{n+1}-a_n>0$，即 $a_1<a_2<a_3<a_4$.

当 $n\geqslant4$ 时，$a_{n+1}-a_n<0$，即 $a_4>a_5>a_6>\cdots$

故数列的最大项为第 4 项.

【例 2-9】$a_1=2$，$a_2=\dfrac{a_1-1}{a_1+1}=\dfrac{1}{3}$，$a_3=-\dfrac{1}{2}$，$a_4=-3$，$a_5=2$，…则 $\{a_n\}$ 是周期为 4 的数列，因为 $1998=4\times499+2$，所以 $a_{1998}=a_2=\dfrac{1}{3}$.

【变式 2-12】$a_1=2$，$a_2=1-\dfrac{1}{a_1}=\dfrac{1}{2}$，$a_3=-1$，$a_4=2$，…则 $\{a_n\}$ 是周期为 3 的数列，因为 1995 能被 3 整除，所以 $a_{1998}=a_3=-1$.

【变式 2-13】由题意 $f(x)=\dfrac{1}{1+x}$，并且 $a_{n+2}=f(a_n)$，得到 $a_{n+2}=\dfrac{1}{1+a_n}$，$a_1=1$，$a_3=\dfrac{1}{2}$，$a_5=\dfrac{2}{3}$，$a_7=\dfrac{3}{5}$，$a_9=\dfrac{5}{8}$，$a_{11}=\dfrac{8}{13}$.

由 $a_{2010}=a_{2012}$，得 $\dfrac{1}{1+a_{2010}}=a_{2010}$，解得 $a_{2010}=\dfrac{\sqrt{5}-1}{2}$（负值舍去）.

由 $a_{n+2}=\dfrac{1}{1+a_n}$，得 $a_n=\dfrac{1}{a_{n+2}}-1$，依次往前推，得到 $a_{2008}=\dfrac{\sqrt{5}-1}{2}$，$a_{2006}=\dfrac{\sqrt{5}-1}{2}$.

所以 $a_{20}=\dfrac{\sqrt{5}-1}{2}$，则 $a_{20}+a_{11}=\dfrac{3+13\sqrt{5}}{26}$.

【拓展 2-4】依次可求得数列为 2，-1，3，4，1，3，2，1，1，0，1，1，0，1，1，0，…抛开前 7 项，后面是周期为 3 的数列，因为 $2008-7=2001$ 能被 3 整除，所以 $a_{2008}=0$.

【例 2-10】平均产量 $\dfrac{S_m}{m}=\dfrac{S_m-0}{m-0}$ 表示的是 $(m，S_m)$ 与 $(0，0)$ 连线的斜率，由图知前 9 年的平均产量最高.

2.2　等差数列

2.2.1　等差数列通项公式的推导、应用及函数观点

【例 2-11】方法 1：由 $a_n-a_{n-1}=\ln\dfrac{n+1}{n}$，得 $a_n=a_{n-1}+\ln\dfrac{n+1}{n}$，则 $a_1=1$，$a_2=1+\ln\dfrac{3}{2}$，$a_3=a_2+\ln\dfrac{4}{3}=1+\ln\dfrac{3}{2}+\ln\dfrac{4}{3}=1+\ln\dfrac{4}{2}$，$a_4=a_3+\ln\dfrac{5}{4}=1+\ln\dfrac{4}{2}+\ln\dfrac{5}{4}=1+\ln\dfrac{5}{2}$，…（不完全归纳法：列出来，观察、归纳、猜想，虽不严谨，但这是研究数列的基本方法，所以教材只选了这种方法）

猜想：$a_n=1+\ln\left(\dfrac{n+1}{2}\right)$.

方法 2：由题知 $a_2-a_1=\ln\dfrac{3}{2}$，$a_3-a_2=\ln\dfrac{4}{3}$，…，$a_n-a_{n-1}=\ln\dfrac{n+1}{n}$，$n\geqslant2$.

所以全部加起来得 $(a_2-a_1)+(a_3-a_2)+\cdots+(a_n-a_{n-1})=\ln\dfrac{3}{2}+\ln\dfrac{4}{3}+\cdots+\ln\dfrac{n+1}{n}$，即 $a_n-a_1=\ln\left(\dfrac{3}{2}\times\dfrac{4}{3}\times\cdots\times\dfrac{n+1}{n}\right)=\ln\left(\dfrac{n+1}{2}\right)$.（叠加法：这是研究类似这种数列的一种重要方法）

所以 $a_n=a_1+\ln\left(\dfrac{n+1}{2}\right)=1+\ln\left(\dfrac{n+1}{2}\right)$，$n\geqslant2$.

$a_1=1$ 满足 $a_n=1+\ln\left(\dfrac{n+1}{2}\right)$，所以 $a_n=1+\ln\left(\dfrac{n+1}{2}\right)$.

【例 2-12】由题知 $a_1=5$，$a_2=2$，所以 $d=a_2-a_1=-3$，则 $a_n=a_1+(n-1)d=5+(n-1)\times(-3)=-3n+8$.

(1)$a_{20}=-3\times20+8=-52$.

(2)由$-112=-3n+8$，得$n=40$，则-112是数列中第40项.（方程的思想，如果有整数解，则是数列中的项）

(3)由$a_n=-3n+8<-20$，得$n>\dfrac{28}{3}$，则从第10项开始小于-20.

(4)由$-40<-3n+8<-20$，得$\dfrac{28}{3}<n<16$，共有6项.

【变式2-14】75.

【变式2-15】$\dfrac{b-a}{n+1}$.

【例2-13】(1)设这三个数分别为$a-d$，a，$a+d$.（三个数成等差数列的设数技巧）

所以$\begin{cases}a-d+a+a+d=9,\\(a-d)a(a+d)=27,\end{cases}$即$\begin{cases}a=3,\\d=\pm4,\end{cases}$则这三个数为$-1$，3，7或7，3，$-1$.

(2)设这四个数为$a-3d$，$a-d$，$a+d$，$a+3d$.（四个数成等差数列的设数技巧）

所以$\begin{cases}a-3d+a-d+a+d+a+3d=28,\\(a-d)(a+d)=40,\end{cases}$即$\begin{cases}a=7,\\d=\pm3,\end{cases}$则这四个数分别为$-2$，4，10，16或16，10，4，$-2$.

【变式2-16】(1)$d=\dfrac{9-2}{4}=\dfrac{7}{4}$，$c-a=2d=\dfrac{7}{2}$.

(2)首项、中项和末项构成了等差数列，所以$a_1+2015=2020$，即$a_1=5$.

【变式2-17】设三边分别为$a-4$，a，$a+4$，则$a+4$所对的角为$120°$.

由余弦定理，得$(a+4)^2=(a-4)^2+a^2-2a(a-4)\cos120°$，即$a=10$，三边分别为6，10，14，则$S_{\triangle ABC}=\dfrac{1}{2}\times6\times10\times\sin120°=15\sqrt{3}$.

【例2-14】(1)若$a_n=pn+q$，则$a_{n-1}=p(n-1)+q$，所以$a_n-a_{n-1}=pn+q-[p(n-1)+q]=p$为定值（$\{a_n\}$是等差数列$\Leftrightarrow a_n=pn+q$），则这个数列是公差为$p$的等差数列.

(2)若$\{a_n\}$是等差数列，设首项为a_1，公差为d，则$a_n=a_1+(n-1)d=dn+(a_1-d)$.令$p=d$，$q=a_1-d$即可.

【变式2-18】由题知$a_n=2n+1$，故选A.

【变式2-19】D.

【变式2-20】A.

$a_n=dn+(a_1-d)$，则$-a_n=-dn-(a_1-d)$是一次函数，依然是等差数列.

若$d\neq0$，则$a_n^2=[dn+(a_1-d)]^2$是二次函数，不是等差数列.

同理，C、D也不是一次函数，所以不是等差数列.

【变式2-21】a，b，c成等差数列，则通项公式记为$a_n=pn+q(p\neq0)$，倒数$\dfrac{1}{a_n}=$

$\dfrac{1}{pn+q}(p\neq0)$ 不是一次函数，所以 $\dfrac{1}{a}$，$\dfrac{1}{b}$，$\dfrac{1}{c}$ 不能成等差数列.

【变式 2－22】C.

因为数列 $\{2^{a_1a_n}\}$ 为递减数列且 $2^{a_1a_n}$ 恒正，所以 $\dfrac{2^{a_1a_{n+1}}}{2^{a_1a_n}}=2^{a_1a_{n+1}-a_1a_n}=2^{a_1d}<1$，则 $a_1d<0$.

【变式 2－23】C.

2.2.2　判断和证明等差数列的方法

【例 2－15】(1)方法 1：$b_n-b_{n-1}=\dfrac{1}{a_n}-\dfrac{1}{a_{n-1}}=\dfrac{3a_{n-1}+1}{a_{n-1}}-\dfrac{1}{a_{n-1}}=3$（严格按照定义），所以数列 $\{b_n\}$ 是公差为 3 的等差数列.

方法 2：由题知 $\dfrac{1}{a_n}=\dfrac{3a_{n-1}+1}{a_{n-1}}=3+\dfrac{1}{a_{n-1}}$（$b_n=\dfrac{1}{a_n}$ 提示对 $a_n=\dfrac{a_{n-1}}{3a_{n-1}+1}$ 取倒数），则 $b_n-b_{n-1}=3$，所以数列 $\{b_n\}$ 是等差数列.

(2)因为 $b_1=\dfrac{1}{a_1}=\dfrac{1}{2}$，所以 $b_n=b_1+(n-1)\times3=\dfrac{6n-5}{2}$，即 $\dfrac{1}{a_n}=\dfrac{6n-5}{2}$，则 $a_n=\dfrac{2}{6n-5}$.

【变式 2－24】(1)$b_n-b_{n-1}=\dfrac{1}{a_n-2}-\dfrac{1}{a_{n-1}-2}=\dfrac{1}{4-\dfrac{4}{a_{n-1}}-2}-\dfrac{1}{a_{n-1}-2}=\dfrac{a_{n-1}}{2a_{n-1}-4}-$

$\dfrac{1}{a_{n-1}-2}=\dfrac{a_{n-1}-2}{2a_{n-1}-4}=\dfrac{1}{2}$（严格按照定义），所以数列 $\{b_n\}$ 是等差数列.

(2)因为 $b_1=\dfrac{1}{a_1-2}=\dfrac{1}{2}$，所以 $b_n=b_1+(n-1)\times\dfrac{1}{2}=\dfrac{n}{2}$，即 $\dfrac{1}{a_n-2}=\dfrac{n}{2}$，则 $a_n=2+\dfrac{2}{n}$.

【变式 2－25】$c_n=b_{n+1}^2-b_n^2=a_{n+1}a_{n+2}-a_na_{n+1}=2d\cdot a_{n+1}$，$c_{n+1}-c_n=2d(a_{n+2}-a_{n+1})=2d^2$ 为定值，所以 $\{c_n\}$ 为等差数列.

【变式 2－26】(1)略；(2)$a_n=n^2$.

【拓展 2－5】设 θ 为两条线的夹角，即为定值，$\triangle A_nB_nB_{n+1}$ 与 $\triangle A_{n-1}B_{n-1}B_n$ 相比，底边长为定值，高的差值 $|A_nA_{n+1}|\tan\theta$ 为定值，则 $S_{n+1}-S_n$ 为定值，所以 $\{S_n\}$ 是等差数列，那么 S_n^2 是二次函数，$\{S_n^2\}$ 不是等差数列，直观感知 $\{d_n\}$ 不是按一次函数变化，从而排除 C、D. 故选 A.

【例 2－16】由 $b_{n+2}-2b_{n+1}+b_n=0$，得 $b_{n+2}-b_{n+1}=b_{n+1}-b_n$，则 $\{b_n\}$ 为等差数列，所以 $d=\dfrac{b_7-b_3}{4}=3$，则 $b_5=b_3+2d=17$.

【拓展 2−6】（1）因为 $\{a_n\}$ 是等差数列，所以 $a_k+a_{k+2}-2a_{k+1}=0(k\in\mathbf{N}^*)$，由此知 $x=-1$ 是方程 $a_kx^2+2a_{k+1}x+a_{k+2}=0(k\in\mathbf{N}^*)$ 的根.

（2）由韦达定理知 $x_k\times(-1)=\dfrac{a_{k+2}}{a_k}$，即 $x_k=-\dfrac{a_{k+2}}{a_k}$，则 $\dfrac{1}{x_k+1}=\dfrac{1}{-\frac{a_{k+2}}{a_k}+1}=\dfrac{a_k}{-2d}$.

所以 $\dfrac{1}{x_{k+1}+1}-\dfrac{1}{x_k+1}=\dfrac{a_{k+1}}{-2d}-\dfrac{a_k}{-2d}=\dfrac{d}{-2d}=-\dfrac{1}{2}$，则数列 $\left\{\dfrac{1}{x_n+1}\right\}$ 是等差数列.

【拓展 2−7】（1）选①②作条件证明③.

设 $\sqrt{S_n}=an+b(a>0)$，则 $S_n=(an+b)^2$.

当 $n=1$ 时，$a_1=S_1=(a+b)^2$；

当 $n\geqslant2$ 时，$a_n=S_n-S_{n-1}=(an+b)^2-(an-a+b)^2=a(2an-a+2b)$.

因为 $\{a_n\}$ 也是等差数列，所以 $(a+b)^2=a(2a-a+2b)$，解得 $b=0$.

所以 $a_n=a^2(2n-1)$，所以 $a_2=3a_1$.

（2）选①③作条件证明②.

因为 $a_2=3a_1$，$\{a_n\}$ 是等差数列，所以公差 $d=a_2-a_1=2a_1$.

所以 $S_n=na_1+\dfrac{n(n-1)}{2}d=n^2a_1$，即 $\sqrt{S_n}=\sqrt{a_1}n$.

因为 $\sqrt{S_{n+1}}-\sqrt{S_n}=\sqrt{a_1}(n+1)-\sqrt{a_1}n=\sqrt{a_1}$，所以 $\{\sqrt{S_n}\}$ 是等差数列.

（3）选②③作条件证明①.

设 $\sqrt{S_n}=an+b(a>0)$，则 $S_n=(an+b)^2$.

当 $n=1$ 时，$a_1=S_1=(a+b)^2$；

当 $n\geqslant2$ 时，$a_n=S_n-S_{n-1}=(an+b)^2-(an-a+b)^2=a(2an-a+2b)$.

因为 $a_2=3a_1$，所以 $a(3a+2b)=3(a+b)^2$，解得 $b=0$ 或 $b=-\dfrac{4a}{3}$.

当 $b=0$ 时，$a_1=a^2$，$a_n=a^2(2n-1)$，当 $n\geqslant2$ 时，$a_n-a_{n-1}=2a^2$ 满足等差数列的定义，此时 $\{a_n\}$ 为等差数列；

当 $b=-\dfrac{4a}{3}$ 时，$\sqrt{S_n}=an+b=an-\dfrac{4}{3}a$，$\sqrt{S_1}=-\dfrac{a}{3}<0$ 不合题意，舍去.

综上可知 $\{a_n\}$ 为等差数列.

2.2.3 等差数列的性质及应用

【例 2−17】错误解法：$a_{15}=a_5+a_{10}=16$.（典型错误：左右两边都是两项）

方法 1：注意到 $5+15=2\times10$，则由 $2a_{10}=a_5+a_{15}$，得 $a_{15}=2a_{10}-a_5=23$.

方法 2：a_5，a_{10}，a_{15} 是等差数列中间隔相同的项，依然成等差数列，公差为 10，所以 $a_{15}=a_{10}+10=23$.

【变式 2−27】（1）$a_3+a_7=a_2+a_8=12=2a_5$，所以 $a_5=6$.

（2）由 $a_3+a_7=2a_5=12$，得 $a_5=6$，所以 $d=a_6-a_5=1$，则 $a_n=a_6+(n-6)\times1=n+1$.

（3）$a_2+a_4+a_6+a_8=(a_2+a_8)+(a_4+a_6)=(a_3+a_7)+(a_3+a_7)=24$.

【例 2-18】$a_1+a_2+a_3+a_4=(a_1+a_4)+(a_2+a_3)=2(a_2+a_3)=30$，所以 $a_2+a_3=15$.

【变式 2-28】$a_3+a_4+a_5+a_6+a_7=(a_3+a_7)+(a_4+a_6)+a_5=5a_5=25$，所以 $a_5=5$，$a_2+a_8=2a_5=10$.

【变式 2-29】$a_2+2a_8+a_{14}=(a_2+a_{14})+2a_8=4a_8=120$，则 $a_8=30$，所以 $2a_9-a_{10}=a_8+a_{10}-a_{10}=a_8=30$.

【变式 2-30】根据等差数列的性质，得 $a_{11}+a_{12}+a_{13}=3a_{12}$，$a_{21}+a_{22}+a_{23}=3a_{22}$，$a_{31}+a_{32}+a_{33}=3a_{32}$，且 $a_{12}+a_{22}+a_{32}=3a_{22}$，所以这 9 个数的和为 $3(a_{12}+a_{22}+a_{32})=3\times3a_{22}=9\times8=72$，故选 D.

【变式 2-31】$a_1+a_4+a_7=(a_1+a_7)+a_4=3a_4=15$，则 $a_4=5$.

因为 $a_2a_4a_6=(5-2d)\times5\times(5+2d)=45$，所以 $d=\pm2$.

当 $d=2$ 时，$a_n=a_4+(n-4)\times2=2n-3$；

当 $d=-2$ 时，$a_n=a_4+(n-4)\times(-2)=-2n+13$.

【例 2-19】由题知 $\{a_n+b_n\}$ 依然成等差数列，第 3、5、7 项依然成等差数列，公差为 14，所以 $a_7+b_7=35$.

【例 2-20】根据题意，当该市出租车的行程大于或者等于 4 km 时，每增加 1 km，乘客需要支付 1.2 元，所以我们可以建立一个等差数列 $\{a_n\}$ 来计算车费. 令 $a_1=11.2$，表示 4 km 处的车费，公差 $d=1.2$，那么，当出租车行至 14 km 处时，$n=11$，此时需要支付车费 $a_{11}=11.2+(11-1)\times1.2=23.2$（元）.

【变式 2-32】$\dfrac{67}{66}$.

【变式 2-33】根据题意可知，原位大三和弦满足：$k-j=3$，$j-i=4$.

所以 $i=1$，$j=5$，$k=8$；$i=2$，$j=6$，$k=9$；$i=3$，$j=7$，$k=10$；$i=4$，$j=8$，$k=11$；$i=5$，$j=9$，$k=12$.

原位小三和弦满足：$k-j=4$，$j-i=3$.

所以 $i=1$，$j=4$，$k=8$；$i=2$，$j=5$，$k=9$；$i=3$，$j=6$，$k=10$；$i=4$，$j=7$，$k=11$；$i=5$，$j=8$，$k=12$.

因此个数之和为 10. 故选 C.

【拓展 2-8】（1）三项分别为 9，15，21.

（2）c_1，c_2，c_3，$\cdots$，c_{40} 分别为 9，11，12，13，15，17，18，19，21，23，24，25，27，29，30，31，33，35，36，37，39，41，42，43，45，47，48，49，51，53，54，55，57，59，60，61，63，65，66，67.（数列是一列数，研究数列的基本方法是列出来，观察、归纳、猜想）

【拓展 2-9】方法 1：因为数列 $\{a_n\}$ 是公差为 $\frac{\pi}{8}$ 的等差数列，且 $f(a_1)+f(a_2)+\cdots+f(a_5)=5\pi$，所以 $2(a_1+a_2+\cdots+a_5)-(\cos a_1+\cos a_2+\cdots+\cos a_5)=5\pi$．

猜想：$(\cos a_1+\cos a_2+\cdots+\cos a_5)=0$，即 $2(a_1+a_2+\cdots+a_5)=2\times 5a_3=5\pi$，得 $a_3=\frac{\pi}{2}$，$a_1=\frac{\pi}{4}$，$a_5=\frac{3\pi}{4}$，$a_2=\frac{3\pi}{8}$，$a_4=\frac{5\pi}{8}$，此时 $\cos a_1+\cos a_2+\cdots+\cos a_5=0$，说明猜想是正确的，所以 $[f(a_3)]^2-a_1 a_5=(2a_3-\cos a_3)^2-a_1 a_5=\pi^2-\frac{3\pi^2}{16}=\frac{13\pi^2}{16}$．

（猜想：$\{a_n\}$ 是含 π 的式子，按照经验，$\cos\frac{\pi}{4}=\frac{\sqrt{2}}{2}$ 是一个与 π 完全不同的无理数，而等式的右边为 π，所以大胆设 $(\cos a_1+\cos a_2+\cdots+\cos a_5)=0$，求出 $\{a_n\}$，并进行检验）

方法 2：因为 $y=2x$ 关于原点对称，而 $y=\cos x$ 关于 $\left(\frac{\pi}{2},\,0\right)$ 对称，所以 $f(x)-\pi=2\left(x-\frac{\pi}{2}\right)-\cos x$ 关于 $\left(\frac{\pi}{2},\,0\right)$ 对称．

（高观点思考：由函数值之和求自变量值之和，必然考虑函数的性质，处理不等式会考虑函数的单调性，处理等式很自然会考虑函数的对称性）

由 $f(a_1)+f(a_2)+\cdots+f(a_5)=5\pi$，得 $[f(a_1)-\pi]+[f(a_2)-\pi]+\cdots+[f(a_5)-\pi]=0$．

所以 $(a_1,\,f(a_1)-\pi)$，$(a_2,\,f(a_2)-\pi)$，$\cdots$，$(a_5,\,f(a_5)-\pi)$ 关于 $\left(\frac{\pi}{2},\,0\right)$ 对称．

则 $a_1+a_2+\cdots+a_5=5\times\frac{\pi}{2}=5a_3$，即 $a_3=\frac{\pi}{2}$，$a_1=\frac{\pi}{4}$，$a_5=\frac{3\pi}{4}$，$a_2=\frac{3\pi}{8}$，$a_4=\frac{5\pi}{8}$．

所以 $[f(a_3)]^2-a_1 a_5=(2a_3-\cos a_3)^2-a_1 a_5=\pi^2-\frac{3\pi^2}{16}=\frac{13\pi^2}{16}$．

2.2.4 等差数列前 n 项和

【例 2-21】$2+5+8+\cdots+(3n-1)=\dfrac{(2+3n-1)n}{2}=\dfrac{(3n+1)n}{2}$．

【变式 2-34】$2+5+8+\cdots+(3n+2)=\dfrac{(2+3n+2)(n+1)}{2}=\dfrac{(3n+4)(n+1)}{2}$．

（项数为 $n+1$ 项：第一项 $2=3\times 0+2$，而最后一项是 $3n+2$，从 0 到 n 总共是 $n+1$ 项．项数 $=\dfrac{\text{末项}-\text{首项}}{\text{公差}}+1$，所以项数 $=\dfrac{3n+2-2}{3}+1=n+1$）

【例 2-22】(1) $\begin{cases} a_n=a_1+(n-1)d=54(*), \\ S_n=\dfrac{n(a_1+a_n)}{2}=999(**). \end{cases}$

（知道首项与末项，选择 $S_n=\dfrac{n(a_1+a_n)}{2}$ 这个公式会更简捷）

由 $(**)$ 式得 $n=27$，代入 $(*)$ 式得 $d=\dfrac{17}{13}$.

$(2)S_n=na_1+\dfrac{n(n-1)}{2}d=37a_1+\dfrac{37\times36}{2}\times\dfrac{1}{3}=629$，所以 $a_1=11$，$a_n=a_{37}=a_1+36d=23$.

（知道首项、公差、项数和 S_n 中任意三个，选 $S_n=na_1+\dfrac{n(n-1)}{2}d$）

$(3)S_n=na_1+\dfrac{n(n-1)}{2}d=n\times\dfrac{5}{6}+\dfrac{n(n-1)}{2}\times\left(-\dfrac{1}{6}\right)=-5$，即 $n^2-11n-60=0$，则 $n=15$ 或 $n=-4$（舍），所以 $a_n=a_1+(n-1)d=1-\dfrac{n}{6}$.

（知道首项、公差、项数和 S_n 中任意三个，选 $S_n=na_1+\dfrac{n(n-1)}{2}d$）

(4)由 $a_n=a_1+(n-1)d=-10$，得 $a_1=-38$，则 $S_n=\dfrac{n(a_1+a_n)}{2}=-360$.

【变式 2-35】C.

【变式 2-36】A.

【变式 2-37】A.

【变式 2-38】B.

【变式 2-39】C.

【变式 2-40】A.

【变式 2-41】25.

【变式 2-42】100.

【变式 2-43】4.

【例 2-23】方法 1：由题知 $\begin{cases}2a_1+d=6a_1+15d,\\a_1+3d=1,\end{cases}$ 则 $\begin{cases}a_1=7,\\d=-2,\end{cases}$ 所以 $a_5=-1$.

方法 2：由 $S_2=S_6$，得 $a_3+a_4+a_5+a_6=0$，即 $2(a_4+a_5)=0$，所以 $a_5=-1$.（借助性质、观察可以优化运算，如果没有很快找到简便算法，则可以用方程的思想求基本量）

【变式 2-44】B.

因为 $S_{10}=S_{11}$，所以 $a_{11}=0$，又因为 $a_{11}=a_1+10d$，所以 $a_1=20$.

【变式 2-45】C.

由题意知 $\begin{cases}a_m=S_m-S_{m-1}=0-(-2)=2,\\a_{m+1}=S_{m+1}-S_m=3-0=3,\end{cases}$ 所以公差 $d=a_{m+1}-a_m=1$，又因为 $S_m=\dfrac{m(a_1+a_m)}{2}=0$，所以 $a_1=-a_m=-2$，所以 $a_{m+1}=a_1+md=-2+m=3$，即 $m=5$.（已

求出 d，还需要求出 a_1，注意条件 $S_m=0$．当做题失去方向的时候，问问自己要求什么，有哪些条件）

【例 2-24】（1）设等差数列 $\{a_n\}$ 的公差为 d，则 $a_n=a_1+(n-1)d$．

由 $a_1=1$，$a_2=-3$，可得 $1+2d=-3$，解得 $d=-2$，从而 $a_n=1+(n-1)\times(-2)=3-2n$．

（2）由（1）可知 $a_n=3-2n$，所以 $S_n=\dfrac{n\left[1+(3-2n)\right]}{2}=2n-n^2$．

由 $S_1=-35$，可得 $2k-k^2=-35$，即 $k^2-2k-35=0$，解得 $k=7$ 或 $k=-5$．

又 $k\in\mathbf{N}^*$，故 $k=7$ 为所求．（求项数，是求方程的正整数解）

【变式 2-46】（1）由题意，有 $(2a_1+d)(3a_1+3d)=36$，将 $a_1=1$ 代入上式，得 $d=2$ 或 $d=-5$．

因为 $d>0$，所以 $d=2$，从而 $a_n=2n-1$，$S_n=n^2(n\in\mathbf{N}^*)$．

（2）由（1）知 $a_m+a_{m+1}+\cdots+a_{m+k}=(2m+k-1)(k+1)$（注意项数是 $k+1$），所以 $(2m+k-1)(k+1)=65$．（求项数，是求方程的正整数解）

由 m，$k\in\mathbf{N}^*$ 知 $(2m+k-1)(k+1)>1$，所以 $\begin{cases}2m+k-1=13,\\k+1=5,\end{cases}$ 解得 $\begin{cases}m=5,\\k=4.\end{cases}$

【例 2-25】（1）$S_n=\dfrac{n(a_1+a_n)}{2}=\dfrac{n(8+11-3n)}{2}=\dfrac{(19-3n)n}{2}$．（数列求和常常以这样的方式与数列的性质结合在一起来考查）

（2）$S_{20}=\dfrac{20(a_1+a_{20})}{2}=10(a_4+a_{17})=200$．

【变式 2-47】$(a_1+a_2+a_3)+(a_{18}+a_{19}+a_{20})=(a_1+a_{20})+(a_2+a_{19})+(a_3+a_{18})=3(a_1+a_{20})=54$，即 $a_1+a_{20}=18$，则 $S_{20}=\dfrac{20(a_1+a_{20})}{2}=180$．

【拓展 2-10】A.

因为 A，B，C 三点共线，所以 $a_1+a_{200}=1$，则 $S_{200}=\dfrac{(a_1+a_{200})\times200}{2}=100$．

【例 2-26】因为 $h(x)=f\left(x+\dfrac{1}{2}\right)$ 为奇函数，所以 $h(-x)=-h(x)$（严格按照定义），即 $f\left(-x+\dfrac{1}{2}\right)=-f\left(x+\dfrac{1}{2}\right)$，则 $f\left(-x+\dfrac{1}{2}\right)+f\left(x+\dfrac{1}{2}\right)=0$．

令 $t=x+\dfrac{1}{2}$，则 $-x+\dfrac{1}{2}=1-t$，所以 $f(1-t)+f(t)=0$．

（其实函数关于 $\left(\dfrac{1}{2},0\right)$ 对称，倒序求和是基于函数具有对称中心，等差数列是一次函数，是中心对称图形）

$S_{2014}=f\left(\dfrac{1}{2015}\right)+f\left(\dfrac{2}{2015}\right)+\cdots+f\left(\dfrac{2014}{2015}\right)$①，

$S_{2014}=f\left(\dfrac{2014}{2015}\right)+f\left(\dfrac{2013}{2015}\right)+\cdots+f\left(\dfrac{1}{2015}\right)$②，

①　+　②　得　$2S_{2014} = \left[f\left(\dfrac{1}{2015}\right)+f\left(\dfrac{2014}{2015}\right)\right] + \left[f\left(\dfrac{2}{2015}\right)+f\left(\dfrac{2013}{2015}\right)\right] + \cdots +$

$\left[f\left(\dfrac{2014}{2015}\right)+f\left(\dfrac{1}{2015}\right)\right]=0$，所以 $f\left(\dfrac{1}{2015}\right)+f\left(\dfrac{2}{2015}\right)+\cdots+f\left(\dfrac{2014}{2015}\right)=0$.

【拓展 2-11】方法 1：$f(x)-2=(x-3)^3+(x-3)$.

因为 $f(x)-2=(x-3)^3+(x-3)$ 是把 $y=x^3+x$ 的图像向右平移 3 个单位，则对称中心为 $(3, 0)$，所以 $f(x)-2=(x-3)^3+(x-3)$ 的对称中心为 $(3, 0)$.

（高观点思考：根据函数值之和 $f(a_1)+f(a_2)+\cdots+f(a_7)=14$ 求自变量之和 $a_1+a_2+\cdots+a_7$，一定会用到函数的对称性，从而去寻找 $f(x)=(x-3)^3+x-1$ 的对称中心）

由 $f(a_1)+f(a_2)+\cdots+f(a_7)=14$，得 $f(a_1)-2+f(a_2)-2+\cdots+f(a_7)-2=0$，所以 $(a_1, f(a_1)-2)$，$(a_2, f(a_2)-2)$，$\cdots$，$(a_7, f(a_7)-2)$ 关于 $(3, 0)$ 对称，则 $a_1+a_2+\cdots+a_7=21$.

方法 2：$f(a_1)+f(a_2)+\cdots+f(a_7)-14$

$=(a_1-3)^3+a_1-1+\cdots+(a_7-3)^3+a_7-1-14$

$=\left[(a_1-3)^3+\cdots+(a_7-3)^3\right]+(a_1-1+\cdots+a_7-1-14)$

$=\left[(a_1-3)^3+(a_7-3)^3\right] + \left[(a_2-3)^3+(a_6-3)^3\right] + \left[(a_3-3)^3+(a_5-3)^3\right] + (a_4-3)^3+(7a_4-21)$

$=\left[(a_1-3)^3+(a_7-3)^3\right] + \left[(a_2-3)^3+(a_6-3)^3\right] + \left[(a_3-3)^3+(a_5-3)^3\right] + (a_4-3)^3+7(a_4-3)$

$=\left[(a_1-3)+(a_7-3)\right]A + \left[(a_2-3)+(a_6-3)\right]B + \left[(a_3-3)+(a_5-3)\right]C + (a_4-3)^3+7(a_4-3)$

$=2(a_4-3)A+2(a_4-3)B+2(a_4-3)C+(a_4-3)^3+7(a_4-3)$

$=(a_4-3)\left[2A+2B+2C+(a_4-3)^2+7\right]=0$.

（$a_1+a_2+\cdots+a_7=7a_4$，目标是求 a_4，所以利用性质把所有的 a_1，a_2，$\cdots$，a_7 变为 a_4，学好代数变形，不在于"变"的本身，而在于把握代数变形的方向，在于用最朴素的思想推动整个代数变形）

因为 $A=(a_1-3)^2-(a_1-3)(a_7-3)+(a_7-3)^2>0$，同理 $B>0$，$C>0$，所以 $a_4=3$，则 $a_1+a_2+\cdots+a_7=21$.

2.2.5　等差数列前 n 项和的性质与最值

【例 2-27】$S_{21}=21a_{11}=-21$.

【变式 2-48】A.

$S_5=5a_3=5$.

【变式 2-49】10.

因为 $a_{m+1}+a_{m-1}-a_m^2=2a_m-a_m^2=0$，所以 $a_m=2$ 或 $a_m=0$（舍），由 $S_{2m-1}=$

$(2m-1)a_m = 2(2m-1) = 38$，得 $m=10$.

【变式 2-50】1.

$$\frac{S_9}{S_5} = \frac{9a_5}{5a_3} = \frac{9}{5} \times \frac{a_5}{a_3} = \frac{9}{5} \times \frac{5}{9} = 1.$$

【例 2-28】$(a_1 + a_2 + \cdots + a_{10})$，$(a_{11} + a_{12} + \cdots + a_{20})$，$(a_{21} + a_{22} + \cdots + a_{30})$ 成等差数列，则 $a_{21} + a_{22} + \cdots + a_{30} = 25$.

【变式 2-51】-82.

$(a_1 + a_4 + a_7 + \cdots + a_{97})$，$(a_2 + a_5 + a_8 + \cdots + a_{98})$，$(a_3 + a_6 + a_9 + \cdots + a_{99})$ 成等差数列，公差为 $-2 \times 33 = -66$，则 $a_3 + a_6 + a_9 + \cdots + a_{99} = (a_1 + a_4 + a_7 + \cdots + a_{97}) + 2 \times (-66) = -82$.

【变式 2-52】60.

$(a_1 + a_3 + a_5 + \cdots + a_{99})$，$(a_2 + a_4 + a_6 + \cdots + a_{100})$ 成等差数列，公差为 $\frac{1}{2} \times 50 = 25$.

设 $a_1 + a_3 + a_5 + \cdots + a_{99} = x$，则 $a_2 + a_4 + a_6 + \cdots + a_{100} = x + 25$，所以 $x + (x + 25) = 145$，所以 $x = 60$.

【变式 2-53】210.

由题知 $S_m = 30$，$S_{2m} = 100$，由等差数列的性质知 $S_m = 30$，$S_{2m} - S_m = 70$，$S_{3m} - S_{2m}$ 成等差数列，所以 $S_{3m} - S_{2m} = 110$，即 $S_{3m} = 210$.

【拓展 2-12】$\frac{3}{10}$.

设 $S_3 = 1$，$S_6 = 3$，由等差数列的性质知 $S_3 = 1$，$S_6 - S_3 = 2$，$S_9 - S_6$，$S_{12} - S_9$ 成等差数列，所以 $S_9 - S_6 = 3$，$S_{12} - S_9 = 4$，则 $S_9 = 6$，$S_{12} = 10$，$\frac{S_6}{S_{12}} = \frac{3}{10}$.

【例 2-29】-2009.

$\left\{\frac{S_n}{n}\right\}$ 是等差数列，由 $\frac{S_{2007}}{2007} - \frac{S_{2005}}{2005} = 2$ 知公差为 1，则 $\frac{S_{2009}}{2009} = \frac{S_1}{1} + 2008 \times 1 = -1$，即 $S_{2009} = -2009$.

【拓展 2-13】-110.

$\left\{\frac{S_n}{n}\right\}$ 是等差数列，$\frac{S_{10}}{10} = 10$，$\frac{S_{100}}{100} = \frac{1}{10}$，则 $\frac{S_{100}}{100} - \frac{S_{10}}{10} = -\frac{99}{10}$，所以 $\left\{\frac{S_n}{n}\right\}$ 的公差为 $-\frac{11}{100}$，从而 $\frac{S_{110}}{110} = \frac{S_{100}}{100} + 10 \times \left(-\frac{11}{100}\right) = -1$，即 $S_{110} = -110$.

【拓展 2-14】$S_n = 3n^2 + n$.

$\left\{\frac{S_n}{n}\right\}$ 是等差数列，$\frac{S_{10}}{10} = 31$，$\frac{S_{20}}{20} = 61$，则 $\frac{S_{20}}{20} - \frac{S_{10}}{10} = 30$，所以 $\left\{\frac{S_n}{n}\right\}$ 的公差为 3，从而 $\frac{S_n}{n} = \frac{S_{10}}{10} + 3(n-10) = 3n + 1$，即 $S_n = 3n^2 + n$.

【例 2-30】由性质 $\frac{S_{2n-1}}{T_{2n-1}} = \frac{a_n}{b_n}$，得 $\frac{a_8}{b_8} = \frac{S_{17}}{T_{17}} = \frac{2 \times 17}{3 \times 17 + 1} = \frac{17}{26}$，$\frac{a_n}{b_n} = \frac{S_{2n-1}}{T_{2n-1}} =$

$$\frac{2(2n-1)}{3(2n-1)+1}=\frac{2n-1}{3n-1}.$$

【例 2-31】12，13.

由题知 S_n 取得最大值，则 S_n 是开口向下的二次函数，如右图，因为 $S_{10}=S_{15}$，所以对称轴为 $n=\frac{10+15}{2}=12.5$，则当 $n=12$，13 时 S_n 达到最大值.

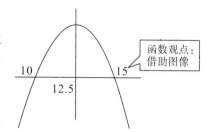

函数观点：借助图像

【变式 2-54】(1)由题知 $a_1>a_2>\cdots>a_7>a_8=0>a_9>\cdots$，所以前 7 项或前 8 项和最大.

(2)由题知 $b_1<b_2<\cdots<b_8<0<b_9<b_{10}<\cdots$，所以前 8 项和最小.

【变式 2-55】(1)设 $\{a_n\}$ 的公差为 d，由题意得 $3a_1+3d=-15$.

由 $a_1=-7$，得 $d=2$. 所以 $\{a_n\}$ 的通项公式 $a_n=2n-9$.

(2)由(1)得 $S_n=n^2-8n=(n-4)^2-16$. 所以当 $n=4$ 时，S_n 取得最小值，最小值为 -16.

【例 2-32】8.

由等差数列性质知 $a_7+a_8+a_9=3a_8>0$，即 $a_8>0$，由 $a_7+a_{10}=a_8+a_9<0$ 知 $a_9<0$，所以前 8 项和最大.

【变式 2-56】6.

由 $S_{13}=13a_7<0$，得 $a_7<0$. （由一个项找前 n 项和的正负，需要借助 $S_{2n-1}=(2n-1)a_n$）

因为 $S_{12}=\frac{12\times(a_1+a_{12})}{2}=\frac{12\times(a_6+a_7)}{2}<0$，所以 $a_6>0$.

所以前 6 项和最大.

【变式 2-57】$\left(-1, -\frac{7}{8}\right)$.

因为 $a_1=7>0$，当且仅当 $n=8$ 时 S_n 取最大值，可知 $d<0$ 且同时满足 $a_8>0$，$a_9<0$，所以 $\begin{cases} a_8=7+7d>0, \\ a_9=7+8d<0, \end{cases}$ 易得 $-1<d<-\frac{7}{8}$.

【例 2-33】B.

因为 $a_{2003}\cdot a_{2004}<0$，则 a_{2003}，a_{2004} 必有一个小于 0.

$a_1>0$ 意味着 $d<0$，则等差数列 $\{a_n\}$ 为单调递减数列，所以 $a_{2003}>0$，$a_{2004}<0$.

所以 $S_{4007}=4007a_{2004}<0$，$S_{4006}=\frac{4006(a_1+a_{4006})}{2}=\frac{4006(a_{2003}+a_{2004})}{2}>0$.

则使 $S_n>0$ 的最大自然数 $n=4006$.

【变式 2-58】C.

由题知 $a_{11}>-a_{10}$，即 $a_{11}+a_{10}>0$，则 $S_{20}=\frac{20(a_1+a_{20})}{2}=\frac{20(a_{11}+a_{10})}{2}>0$.

而 $S_{19}=20a_{10}<0$，所以使 $S_n<0$ 的最小自然数 $n=19$.

【变式 2—59】 16.

由 $5(a_1+7d)=13(a_1+12d)$，得 $d=-\dfrac{8}{121}a_1$，则 $a_n=a_1+(n-1)d=a_1+(n-1)\times\left(-\dfrac{8}{121}\right)a_1=\dfrac{129-8n}{121}a_1$.

【变式 2—60】 C.

$d<0\Leftrightarrow S_n=\dfrac{d}{2}n^2+\left(a_1-\dfrac{d}{2}\right)n$ 有最大值，所以 A、B 正确；$\{S_n\}$ 是递增数列，与对称轴 $-\dfrac{a_1-\dfrac{d}{2}}{2\times\dfrac{d}{2}}=-\dfrac{a_1-\dfrac{d}{2}}{d}$ 有关，对任意的 $n\in\mathbf{N}^*$，均有 $S_n>0$ 不一定成立，所以 C 错误；

若对任意的 $n\in\mathbf{N}^*$，均有 $S_n>0$，则 $d>0$，所以 $\{a_n\}$ 是单调递增数列且恒为正，故 $\{S_n\}$ 是递增数列，所以 D 正确.

2.2.6 由 S_n 与 a_n 的关系求 a_n 及在实际问题中的应用

【例 2—34】 把 n 换成 $n-1$，得 $S_{n-1}=\dfrac{1}{2}(n-1)^2+\dfrac{1}{2}(n-1)$，$n\geqslant2$.

两式相减得 $S_n-S_{n-1}=\dfrac{1}{2}n^2+\dfrac{1}{2}n-\dfrac{1}{2}(n-1)^2-\dfrac{1}{2}(n-1)=n$，即 $a_n=n$，$n\geqslant2$.（得出的是 $n\geqslant2$ 的表达式，需要求出 $a_1=1$，检验 $a_1=1$ 是否满足 $a_n=n$，$n\geqslant2$）

当 $n=1$ 时，$S_1=a_1=1$ 满足 $a_n=n$，综上可知 $a_n=n$.（整个解答过程：退位相减，检验首项）

【变式 2—61】 $a_n=\begin{cases}1, & n=1,\\ n, & n\geqslant2.\end{cases}$

【例 2—35】 把 n 换成 $n-1$，得 $S_{n-1}=\dfrac{1}{4}(a_{n-1}+1)^2$，$n\geqslant2$.

两式相减得 $S_n-S_{n-1}=\dfrac{1}{4}(a_n+1)^2-\dfrac{1}{4}(a_{n-1}+1)^2=\dfrac{1}{4}(a_n^2-a_{n-1}^2+2a_n-2a_{n-1})$，即 $4a_n=a_n^2-a_{n-1}^2+2a_n-2a_{n-1}$，则 $0=a_n^2-a_{n-1}^2-2a_n-2a_{n-1}=(a_n+a_{n-1})(a_n-a_{n-1}-2)$.（通过代数变形，找 a_n，a_{n-1} 的关系，判断是什么数列）

因为 $a_n>0$，所以 $a_n-a_{n-1}=2$，则 $\{a_n\}$ 是等差数列.（整个解题过程：退位相减，找关系）

当 $n=1$ 时，$S_1=a_1=\dfrac{1}{4}(a_1+1)^2$，则 $a_1=1$，所以 $a_n=1+(n-1)\times2=2n-1$.

【变式 2—62】 把 n 换成 $n-1$，得 $2S_{n-1}=a_{n-1}^2+a_{n-1}$，两式相减得 $2S_n-2S_{n-1}=a_n^2+a_n-a_{n-1}^2-a_{n-1}=2a_n$，即 $0=a_n^2-a_{n-1}^2-a_n-a_{n-1}=(a_n+a_{n-1})(a_n-a_{n-1}-1)$.

因为数列 $\{a_n\}$ 的各项均为正数，所以 $a_n-a_{n-1}=1$，则 $\{a_n\}$ 是等差数列.

当 $n=1$ 时，$2S_1=2a_1=a_1^2+a_1$，则 $a_1=1$，所以 $a_n=1+(n-1)\times1=n$.

【变式 2-63】把 n 换成 $n-1$，得 $a_{n-1}^2+2a_{n-1}=4S_{n-1}+3$，两式相减得 $a_n^2+2a_n-a_{n-1}^2-2a_{n-1}=4S_n-4S_{n-1}=4a_n$，即 $0=a_n^2-2a_n-a_{n-1}^2-2a_{n-1}=(a_n+a_{n-1})(a_n-a_{n-1}-2)$.

因为 $a_n>0$，所以 $a_n-a_{n-1}-2=0$，即 $\{a_n\}$ 是等差数列.

当 $n=1$ 时，$a_1^2+2a_1=4S_1+3=4a_1+3$，则 $a_1=3$ 或 $a_1=-1$(舍).

所以 $a_n=3+(n-1)\times2=2n+1$.

【例 2-36】把 n 换成 $n-1$，得 $a_1+2a_2+3a_3+\cdots+(n-1)a_{n-1}=4-\dfrac{n+1}{2^{n-2}}$，$n\geqslant2$.

两式相减得 $na_n=\dfrac{n+1}{2^{n-2}}-\dfrac{n+2}{2^{n-1}}=\dfrac{2n+2-(n+2)}{2^{n-1}}=\dfrac{n}{2^{n-1}}$，所以 $a_n=\dfrac{1}{2^{n-1}}$，$n\geqslant2$.
$(a_1+2a_2+3a_3+\cdots+na_n$ 是 n 个数求和，本质与 $S_n=a_1+a_2+a_3+\cdots+a_n$ 是一样的，所以方法也一样：退位相减，检验首项)

当 $n=1$ 时，$a_1=4-\dfrac{1+2}{2^0}=1$ 满足 $a_n=\dfrac{1}{2^{n-1}}$，所以 $a_n=\dfrac{1}{2^{n-1}}$.

【变式 2-64】$a_n=(2n-1)2^{n-1}$.

【拓展 2-15】若 $\dfrac{1}{a_1a_2}+\dfrac{1}{a_2a_3}+\cdots+\dfrac{1}{a_na_{n+1}}=\dfrac{n}{a_1a_{n+1}}$①，将①中的 n 换成 $n+1$，得
$\dfrac{1}{a_1a_2}+\dfrac{1}{a_2a_3}+\cdots+\dfrac{1}{a_na_{n+1}}+\dfrac{1}{a_{n+1}a_{n+2}}=\dfrac{n+1}{a_1a_{n+2}}$②.

②－①得 $\dfrac{1}{a_{n+1}a_{n+2}}=\dfrac{n+1}{a_1a_{n+2}}-\dfrac{n}{a_1a_{n+1}}$，即 $a_1=(n+1)a_{n+1}-na_{n+2}$③.

将③中的 n 换成 $n-1$，得 $a_1=na_n-(n-1)a_{n+1}$④.

③－④得 $0=2na_{n+1}-na_{n+2}-na_n$，即 $2a_{n+1}=a_{n+2}+a_n$.

所以 $\{a_n\}$ 成等差数列.

【例 2-37】B.

【例 2-38】(1)当 $n=1$ 时，$a_2=(1^2+1-\lambda)a_1$，即 $-1=(1^2+1-\lambda)$，所以 $\lambda=3$，$a_3=(2^2+2-3)a_2=-3$.

(2)不存在，结论如下：

$a_1=1$，$a_2=2-\lambda$，$a_3=(6-\lambda)(2-\lambda)$，$a_4=(6-\lambda)(2-\lambda)(12-\lambda)$.

假设存在实数 λ，使 $\{a_n\}$ 成等差数列，则 $a_1+a_3=2a_2$，即 $(6-\lambda)(2-\lambda)+1=2(2-\lambda)$，计算得出 $\lambda=3$.

$a_2-a_1=-2$，而 $a_4-a_3=-24$，这与 $\{a_n\}$ 是等差数列矛盾.

【变式 2-65】(1)由题设 $a_na_{n+1}=\lambda S_n-1$，$a_{n+1}a_{n+2}=\lambda S_{n+1}-1$，两式相减得 $a_{n+1}(a_{n+2}-a_n)=\lambda a_{n+1}$，由于 $a_n\neq0$，所以 $a_{n+2}-a_n=\lambda$.

(2)由题设 $a_1=1$，$a_1a_2=\lambda S_1-1$，可得 $a_2=\lambda_1-1$，由(1)知 $a_3=\lambda+1$.

假设 $\{a_n\}$ 为等差数列，则 a_1，a_2，a_3 成等差数列（从特殊开始考虑），所以 $a_1+a_3=2a_2$，解得 $\lambda=4$.

下面证明当 $\lambda=4$ 时，$\{a_n\}$ 为等差数列.

由 $a_{n+2}-a_n=4$ 知数列奇数项构成的数列 $\{a_{2m-1}\}$ 是首项为 1，公差为 4 的等差数列，$a_{2m-1}=4m-3$.（再证明一般情况成立）

令 $n=2m-1$，则 $m=\dfrac{n+1}{2}$，所以 $a_n=2n-1(n=2m-1)$.

数列偶数项构成的数列 $\{a_{2m}\}$ 是首项为 3，公差为 4 的等差数列，$a_{2m}=4m-1$.

令 $n=2m$，则 $m=\dfrac{n}{2}$，所以 $a_n=2n-1(n=2m)$.

所以 $a_n=2n-1(n\in\mathbf{N}^*)$，$a_{n+1}-a_n=2$.

综上可知，存在 $\lambda=4$，使得 $\{a_n\}$ 为等差数列.

2.3　等比数列

2.3.1　等比数列通项的推导及应用

【例 2-39】方法 1：由 $\dfrac{a_n}{a_{n-1}}=\dfrac{n+1}{n}$，得 $a_n=\dfrac{n+1}{n}a_{n-1}$，则 $a_1=1$，$a_2=\dfrac{3}{2}$，$a_3=\dfrac{4}{3}\times$ $\dfrac{3}{2}=\dfrac{4}{2}$，$a_4=\dfrac{5}{4}\times\dfrac{4}{2}=\dfrac{5}{2}$，$\cdots$，猜想：$a_n=\dfrac{n+1}{2}$.

方法 2：由题知 $\dfrac{a_2}{a_1}=\dfrac{3}{2}$，$\dfrac{a_3}{a_2}=\dfrac{4}{3}$，$\cdots$，$\dfrac{a_n}{a_{n-1}}=\dfrac{n+1}{n}$，$n\geqslant2$，全部乘起来得 $\dfrac{a_2}{a_1}\times\dfrac{a_3}{a_2}\times$ $\cdots\times\dfrac{a_n}{a_{n-1}}=\dfrac{3}{2}\times\dfrac{4}{3}\times\cdots\times\dfrac{n+1}{n}=\dfrac{n+1}{2}$，即 $\dfrac{a_n}{a_1}=\dfrac{n+1}{2}$，则 $a_n=\dfrac{n+1}{2}$，$a_1=1$ 满足 $a_n=$ $\dfrac{n+1}{2}$，所以 $a_n=\dfrac{n+1}{2}$.（叠乘法：这是研究类似这种数列的一种重要方法）

【例 2-40】(1)方法 1：由 $a_4=a_1q^3=27$，得 $a_1=-1$，所以 $a_7=a_1q^6=-3^6$.

方法 2：$a_7=a_4q^3=27\times(-3)^3=-3^6$.

(2)$q^2=\dfrac{a_4}{a_2}=\dfrac{4}{9}$，则 $a_8=a_4q^4=8\times\left(\dfrac{4}{9}\right)^2=\dfrac{128}{81}$.

(3)$\begin{cases}a_1q^4-a_1=a_1(q^4-1)=15\ ① \\ a_1q^3-a_1q=a_1q(q^2-1)=6\ ②\end{cases}$，$\dfrac{①}{②}$得 $\dfrac{q^4-1}{q(q^2-1)}=\dfrac{q^2+1}{q}=\dfrac{15}{6}=\dfrac{5}{2}$，即 $2q^2-5q+$ $2=0$，所以 $q=2$ 或 $q=\dfrac{1}{2}$.（解方程时，等差数列一般相加减，等比数列一般相乘除，注意方程有双解）

当 $q=2$ 时，$a_1=1$，则 $a_3=4$；当 $q=\dfrac{1}{2}$ 时，$a_1=-16$，则 $a_3=-4$.

【变式 2－66】$a_1 = \dfrac{16}{3}$，$a_2 = 8$.

【变式 2－67】1.

【变式 2－68】$(1)a_n = 2n + 2$；$(2)63$.

【拓展 2－16】$\dfrac{1}{3}$.

因为 $a + \log_2 k$，$a + \log_4 k$，$a + \log_8 k$ 成等比数列，所以 $(a + \log_2 k)(a + \log_8 k) = (a + \log_4 k)^2$，由对数的性质知 $\log_8 k = \dfrac{1}{3} \log_2 k$，$\log_4 k = \dfrac{1}{2} \log_2 k$，代入化简得 $a = -\dfrac{1}{4} \log_2 k$，所以三项分别是 $\dfrac{3}{4} \log_2 k$，$\dfrac{1}{4} \log_2 k$，$\dfrac{1}{12} \log_{12} k$，所以 $q = \dfrac{1}{3}$.

【例 2－41】设这四个数分别为 $\dfrac{2a}{q} - a$，$\dfrac{a}{q}$，a，aq，由题知 $\begin{cases} \dfrac{2a}{q} - a + aq = 16 \text{①}, \\ \dfrac{a}{q} + a = 12 \text{②}, \end{cases}$ $\dfrac{\text{①}}{\text{②}}$ 得

$3q^2 - 7q + 2 = 0$，则 $q = \dfrac{1}{3}$ 或 $q = 2$.

当 $q = \dfrac{1}{3}$ 时，$a = 3$，则这四个数分别为 15，9，3，1；当 $q = 2$ 时，$a = 8$，则这四个数分别为 0，4，8，16.

所以这四个数分别为 15，9，3，1 或 0，4，8，16.

【变式 2－69】3，5，7.

设这三个数分别为 $a - d$，a，$a + d$，则 $a - d + a + a + d = 15$，所以 $d = 5$，则这三个数分别为 $5 - d$，5，$5 + d$，分别加上 1，3，9，得 $6 - d$，8，$14 + d$.

所以 $(6 - d)(14 + d) = 64$，则 $d = 2$ 或 $d = -10$（舍），所以这三个正数分别为 3，5，7.

【变式 2－70】D.

由韦达定理得 $a + b = p$，$a \cdot b = q$，则 $a > 0$，$b > 0$，当 a，b，-2 适当排序后成等比数列时，-2 必为等比中项，故 $a \cdot b = q = 4$，$b = \dfrac{4}{a}$.（有三种情况 a，b，-2 或 -2，a，b 或 a，-2，b，由 $a > 0$，$b > 0$ 排除前两种）

当适当排序后成等差数列时，-2 必不是等差中项.

当 a 是等差中项时，$2a = \dfrac{4}{a} - 2$，解得 $a = 1$，$b = 4$；当 $\dfrac{4}{a}$ 是等差中项时，$\dfrac{8}{a} = a - 2$，解得 $a = 4$，$b = 1$.（有三种情况 a，b，-2 或 -2，a，b 或 a，-2，b，由 $a > 0$，$b > 0$ 排除最后一种）

综上可知，$a + b = p = 5$，所以 $p + q = 9$.

2.3.2 等差、等比数列之间的转化和证明等比数列

【例 2-42】$a_n = \left(\dfrac{1}{3}\right)^n$，所以 $\log_3 a_n = \log_3 \left(\dfrac{1}{3}\right)^n = \log_3 3^{-n} = -n$，则 $b_n = \log_3 a_1 +$

$\log_3 a_2 + \cdots + \log_3 a_n = -1 + (-2) + \cdots + (-n) = -\dfrac{n(n+1)}{2}$.

【变式 2-71】$a_n = 4n - 1$，$b_n = 2n - 1$.

【变式 2-72】当 $d = 2$ 时，$a_n = 2^{2n-3}$；当 $d = -2$ 时，$a_n = 2^{5-2n}$.

【变式 2-73】$(1) a_n = 2^{2n-1}$；$(2) S_n = n^2$.

【例 2-43】$a_k + a_{k+1} - 2a_{k+2} = a_k + a_k q - 2a_k q^2 = a_k \left[1 + \left(-\dfrac{1}{2}\right) - 2\left(-\dfrac{1}{2}\right)^2\right] = 0$，所

以 a_k，a_{k+2}，a_{k+1} 成等差数列.

【拓展 2-17】由题设，可得 $a_{2k+1} - a_{2k-1} = 4k$，$k \in \mathbf{N}^*$，所以 $a_{2k+1} - a_1 = (a_{2k+1} -$

$a_{2k-1}) + (a_{2k-1} - a_{2k-3}) + \cdots + (a_3 - a_1) = 4k + 4(k-1) + \cdots + 4 \times 1 = 2k(k+1)$.

由 $a_1 = 0$，得 $a_{2k+1} = 2k(k+1)$，则 $a_{2k} = a_{2k+1} - 2k = 2k^2$，$a_{2k+2} = 2(k+1)^2$.

于是 $\dfrac{a_{2k+1}}{a_{2k}} = \dfrac{k+1}{k}$，$\dfrac{a_{2k+2}}{a_{2k+1}} = \dfrac{k+1}{k}$，所以 $\dfrac{a_{2k+2}}{a_{2k+1}} = \dfrac{a_{2k+1}}{a_{2k}}$.

所以 a_{2k}，a_{2k+1}，a_{2k+2} 成等比数列.

【例 2-44】(1) 在 $a_{n+1} = 2a_n + 1$ 两边同时加 1，得 $a_{n+1} + 1 = 2a_n + 2 = 2(a_n + 1)$.

因为 $a_1 + 1 = 2 \neq 0$，所以 $\{a_n + 1\}$ 是等比数列.（证明等比数列，需说明首项不为 0）

$(2) a_n + 1 = (a_1 + 1) \times 2^{n-1} = 2^n$，即 $a_n = 2^n - 1$.

【变式 2-74】(1) 由题知 $\dfrac{a_{n+1} a_{n+2}}{a_n a_{n+1}} = \dfrac{a_{n+2}}{a_n} = 3$，即 $a_{n+2} = 3a_n$，则 $a_3 = 3a_1 = 6$，$a_5 =$

$3a_3 = 18$，$a_4 = 3a_2 = 9$，$a_6 = 3a_4 = 27$.

$(2) \dfrac{b_{n+1}}{b_n} = \dfrac{a_{2n+1} + a_{2n+2}}{a_{2n-1} + a_{2n}} = \dfrac{3a_{2n-1} + 3a_{2n}}{a_{2n-1} + a_{2n}} = 3$，又因为 $b_1 = a_1 + a_2 = 5 \neq 0$，所以 $\{b_n\}$ 是

等比数列，则 $b_n = 5 \times 3^{n-1}$.

【例 2-45】由题知 $\dfrac{a_{n+1} a_{n+2}}{a_n a_{n+1}} = \dfrac{a_{n+2}}{a_n} = 3$，即 $a_{n+2} = 3a_n$，所以 $a_3 = 3a_1 = 6$，若 $\{a_n\}$ 成

等比数列，则 $a_1 a_3 = a_2^2$，即 $\lambda = \pm 2\sqrt{3}$.（从特殊到一般）

当 $\lambda = 2\sqrt{3}$ 时，$a_{2n-1} = 2 \cdot 3^{n-1} = 2 \cdot (\sqrt{3})^{(2n-1)-1}$，$a_{2n} = 2\sqrt{3} \cdot 3^{n-1} = 2 \cdot (\sqrt{3})^{1+2n-2} =$

$2 \cdot (\sqrt{3})^{2n-1}$，所以 $a_n = 2 \cdot (\sqrt{3})^{n-1}$，$\{a_n\}$ 是等比数列，公比为 $\sqrt{3}$.

当 $\lambda = -2\sqrt{3}$ 时，$a_{2n-1} = 2 \cdot 3^{n-1} = 2 \cdot (\sqrt{3})^{(2n-1)-1}$，$a_{2n} = -2\sqrt{3} \cdot 3^{n-1} = -2 \cdot$

$(\sqrt{3})^{1+2n-2} = -2 \cdot (\sqrt{3})^{2n-1} = 2 \cdot (-\sqrt{3})^{2n-1}$，所以 $a_n = 2 \cdot (-\sqrt{3})^{n-1}$，$\{a_n\}$ 是等比数

列，公比为 $-\sqrt{3}$.

【变式 2-75】假设数列 $\{a_n + 1\}$ 为等比数列，则有 $(a_2 + 1)^2 = (a_1 + 1) \cdot (a_3 + 1)$，

即 $(a_1q+1)^2=(a_1+1)\cdot(a_1q^2+1)$. 化简得 $a_1=0$(舍)或 $q=1$，这与题设 $q\neq1$ 矛盾，故数列 $\{a_n+1\}$ 不可能为等比数列.（正面不好证明，考虑反证法，从特殊到一般）

2.3.3　等比数列的性质及应用

【例 2-46】(1)方法 1：a_5，a_{10}，a_{15} 成等比数列，公比为 5，则 $a_{15}=5a_{10}=125$.

方法 2：因为 $5+15=2\times10$，所以由 $a_{10}^2=a_5a_{15}$，得 $a_{15}=125$.

(2)$a_3a_9=a_6^2=25$，所以 $a_6=\pm5$（注意有双解），$a_2a_{10}=a_3a_9=25$，$a_4a_5a_6a_7a_8=a_6^5=\pm3125$.

【变式 2-76】1.

【变式 2-77】$\dfrac{1}{4}$.

$a_2a_4=\dfrac{1}{2}=a_3^2$，$a_1a_3^2a_5=a_3^4=\dfrac{1}{4}$.

【变式 2-78】3.

由 $a_3a_5a_7a_9a_{11}=243=a_7^5$，得 $a_7=3$，所以 $\dfrac{a_9^2}{a_{11}}=\dfrac{a_7a_{11}}{a_{11}}=a_7=3$.

【变式 2-79】C.

由 $a_3a_5=a_4^2=4a_4-4$，得 $a_4=2$，因为 $q^3=\dfrac{a_4}{a_1}=8$，所以 $q=2$，则 $a_2=2a_1=\dfrac{1}{2}$.

【例 2-47】由 $a_4a_7+a_5a_6=20=2a_5a_6$，得 $a_5a_6=10$，$\lg a_1+\lg a_2+\cdots+\lg a_{10}=$ $\lg(a_1a_2\cdots a_{10})=\lg\left[(a_1a_{10})(a_2a_8)\cdots(a_5a_6)\right]=\lg10^5=5$.（对数运算易错点：lg50）

【变式 2-80】10.

【变式 2-81】C.

【例 2-48】64.

由题知 $a_2a_{78}=16=a_{40}^2$，因为 $a_n>0$，所以 $a_{40}=4$，则 $a_{30}a_{40}a_{50}=a_{40}^3=64$.

【变式 2-82】0.

由题知 $b^2=ac$，$ax^2+bx+c=0$ 的判别式 $\Delta=b^2-4ac=-3b^2<0$，所以 $y=ax^2+bx+c$ 的图像与 x 轴交点的个数是 0.

【变式 2-83】6.

由 $4x^2-8x+3=(2x-3)(2x-1)=0$，得 $x_1=\dfrac{1}{2}$，$x_2=\dfrac{3}{2}$.

因为 $q>1$，所以 $a_4=\dfrac{1}{2}$，$a_5=\dfrac{3}{2}$，则 $q=3$，所以 $a_6+a_7=(a_4+a_5)q=6$.

【例 2-49】$5\sqrt{2}$.

$(a_1a_2a_3)\times(a_7a_8a_9)=(a_1a_7)(a_2a_8)(a_3a_9)=a_4^2a_5^2a_6^2=50$，因为 $a_n>0$，所以 $a_4a_5a_6=5\sqrt{2}$.

【变式 2-84】 5.

$a_2a_4+2a_3a_5+a_4a_6=a_3^2+2a_3a_5+a_5^2=(a_3+a_5)^2=25$，因为 $a_n>0$，所以 $a_3+a_5=$ 5.（项数太多，一定要通过下标的关系找项与项之间的关系）

【变式 2-85】 2^{n-1} 或 $\left(\dfrac{1}{2}\right)^{n-3}$.

【变式 2-86】 7.

由题知 $a_5b_6=a_4a_7=-8$，联立 $\begin{cases}a_4a_7=-8,\\a_4+a_7=2,\end{cases}$ 得 $\begin{cases}a_4=-4,\\a_7=2\end{cases}$ 或 $\begin{cases}a_4=2,\\a_7=-4.\end{cases}$

当 $\begin{cases}a_4=-4,\\a_7=2\end{cases}$ 时，$q^3=-\dfrac{1}{2}$，则 $a_1+a_{10}=\dfrac{a_4}{q^3}+a_7q^3=7.$

同理，当 $\begin{cases}a_4=2,\\a_7=-4\end{cases}$ 时，得到 $a_1+a_{10}=7.$

综上可知，$a_1+a_{10}=7.$

【变式 2-87】 2^n.

【例 2-50】 因为 $\{a_n\}$，$\{b_n\}$ 为等比数列，所以 $\{a_nb_n\}$ 为等比数列，则 a_3b_3，a_5b_5，a_7b_7 为等比数列且公比为 3，所以 $a_7b_7=63.$

【变式 2-88】 4.

由题知 $a_{n+1}a_{n+2}=16^{n+1}$，则 $\dfrac{a_{n+1}a_{n+2}}{a_na_{n+1}}=\dfrac{a_{n+2}}{a_n}=q^2=16$，则公比 $q=\pm4$，因为 $a_na_{n+1}=16^n>0$，所以 $q=4.$（公比为负，则 $\{a_n\}$ 中的项正负交替出现，$a_na_{n+1}=16^n>0$ 隐含着各项均为正，即 $q>0$）

【例 2-51】 ABCD.

$\{-a_n\}$ 是等比数列且与 $\{a_n\}$ 的公比一样，$\{a_n^2\}$ 是等比数列且公比是 $\{a_n\}$ 的公比的平方，$\{\sqrt{a_n}\}$ 是等比数列且公比是 $\{a_n\}$ 的公比的算术平方根，$\left\{\dfrac{1}{a_n}\right\}$ 是等比数列且公比是 $\{a_n\}$ 的公比的倒数.（把等比数列乘除、平方、开方、加绝对值等，依然是等比数列）

【变式 2-89】 C.

由等比数列的性质，$a_na_{n+2}=a_{n+1}^2.$

①$f(a_n)f(a_{n+2})=a_n^2a_{n+2}^2=(a_{n+1}^2)^2=f^2(a_{n+1})$；

②$f(a_n)f(a_{n+2})=2^{a_n}2^{a_{n+2}}=2^{a_n+a_{n+2}}\neq2^{2a_{n+1}}=f^2(a_{n+1})$；

③$f(a_n)f(a_{n+2})=\sqrt{|a_na_{n+2}|}=\sqrt{|a_{n+1}|^2}=f^2(a_{n+1})$；

④$f(a_n)f(a_{n+2})=\ln|a_n|\ln|a_{n+2}|\neq(\ln|a_{n+1}|)^2=f^2(a_{n+1}).$

【例 2-52】 C.

$$\dfrac{b_{n+1}}{b_n}=\dfrac{a_{mn+1}+a_{mn+2}+\cdots+a_{mn+m}}{a_{m(n-1)+1}+a_{m(n-1)+2}+\cdots+a_{m(n-1)+m}}$$

$$=\dfrac{a_{m(n-1)+1}q^m+a_{m(n-1)+2}q^m+\cdots+a_{m(n-1)+m}q^m}{a_{m(n-1)+1}+a_{m(n-1)+2}+\cdots+a_{m(n-1)+m}}=q^m.$$ （等比数列片段和依然成等

比数列)

$$\frac{c_{n+1}}{c_n} = \frac{a_{mn+1} \cdot a_{mn+2} \cdots a_{mn+m}}{a_{m(n-1)+1} \cdot a_{m(n-1)+2} \cdots a_{m(n-1)+m}}$$

$$= \frac{a_{m(n-1)+1}q^m \cdot a_{m(n-1)+2}q^m \cdots a_{m(n-1)+m}q^m}{a_{m(n-1)+1} \cdot a_{m(n-1)+2} \cdots a_{m(n-1)+m}} = q^m \cdots q^m = q^{m^2}.$$

【变式 2－90】D.

因为 $\frac{A_{n+1}}{A_n} = \frac{a_{n+1}a_{n+2}}{a_n a_{n+1}} = \frac{a_{n+2}}{a_n}$，所以 $\{A_n\}$ 为等比数列等价于奇数项和偶数项均成等比数列，且公比相同.

【例 2－53】D.

当 $a_1 < 0$ 时，$q > 1$，数列 $\{a_n\}$ 单调递减；当 $a_1 > 0$ 时，$0 < q < 1$，数列 $\{a_n\}$ 单调递增.

等比数列的单调性不仅与 q 有关，也与 a_1 有关.

【变式 2－91】64.

【例 2－54】2000 年退耕还林 8 万公顷，记为 $a_1 = 8$，由题知每年退耕换林的公顷数构成一个等比数列，公比 $q = 1 + 10\% = 1.1$，则 $a_5 = 8 \times 1.1^4 \approx 13$.

【变式 2－92】设平均增长率为 q，$a_1 = 100$，n 年后空气质量为"良"的天数为 a_n，则 $\{a_n\}$ 是以 100 为首项，$1 + q$ 为公比的等比数列.

所以 $a_3 = 100 \times (1 + q)^2 = 144$，即 $q = 20\%$.

【例 2－55】第一次操作后浓度为 $a_1 = \frac{a-1}{a}(a_1 > 0)$，操作 n 次后浓度为 a_n，则 $a_{n+1} = \frac{a-1}{a}a_n$. 所以 $\{a_n\}$ 是以 $a_1 = \frac{a-1}{a}$ 为首项，$\frac{a-1}{a}$ 为公比的等比数列，则 $a_n = \left(\frac{a-1}{a}\right)^n$. 第 n 次操作后溶液的浓度是 $\left(\frac{a-1}{a}\right)^n$.

当 $a = 2$ 时，有 $a_n = \left(\frac{1}{2}\right)^n$，由 $a_n = \left(\frac{1}{2}\right)^n < \frac{1}{10}$，得 $n > 4$（依次取 $n = 1$，2，3，…观察），至少倒 4 次才能使酒精浓度低于 10%.

【变式 2－93】4.

设原有污垢为 a，清洗 n 次后存留的污垢为 y_n，则 $\{y_n\}$ 构成以 $\frac{1}{4}a$ 为首项，$\frac{1}{4}$ 为公比的等比数列，所以 $y_n = \frac{1}{4}a \times \left(\frac{1}{4}\right)^{n-1} = \left(\frac{1}{4}\right)^n a$.

由 $\left(\frac{1}{4}\right)^n a < 1\% a$，得 $n \geq 4$，最小值为 4.

【变式 2－94】B.

2.3.4 等比数列求和

【例 2-56】(1)$a_1=\dfrac{1}{2}$，$a_2=\dfrac{1}{4}$，$q=\dfrac{1}{2}$，则 $S_8=\dfrac{\dfrac{1}{2}\left[1-\left(\dfrac{1}{2}\right)^8\right]}{1-\dfrac{1}{2}}=1-\left(\dfrac{1}{2}\right)^8=\dfrac{255}{256}$.

(对运算提出了较高的要求)

(2)由 $a_1=27$，$a_9=a_1q^8=\dfrac{1}{243}$，可得 $\dfrac{1}{243}=27q^8$.

因为 $q<0$，所以 $q=-\dfrac{1}{3}$，所以 $S_8=\dfrac{27\left[1-\left(-\dfrac{1}{3}\right)^8\right]}{1-\left(-\dfrac{1}{3}\right)}=\dfrac{1640}{81}$. （注意公式的选择）

【变式 2-95】(1)$S_n=S_6=\dfrac{3(1-2^6)}{1-2}=189$.

(2)$S_n=\dfrac{-2-\dfrac{1}{90}\times\left(-\dfrac{1}{3}\right)}{1-\left(-\dfrac{1}{3}\right)}=-\dfrac{539}{360}$.

【变式 2-96】(1)2，$\dfrac{2^n-1}{2}$；(2)$\dfrac{2}{3}\left[1-\left(-\dfrac{1}{2}\right)^n\right]$.

(1)由 $q^3=\dfrac{a_4}{a_1}=8$，得 $q=2$，则 $a_1+a_2+\cdots+a_n=\dfrac{\dfrac{1}{2}\times(1-2^n)}{1-2}=\dfrac{2^n-1}{2}$.

(2)由 $a_3=a_1q^2$，得 $a_1=1$，则 $S_n=\dfrac{1\times\left[1-\left(-\dfrac{1}{2}\right)^n\right]}{1-\left(-\dfrac{1}{2}\right)}=\dfrac{2}{3}\left[1-\left(-\dfrac{1}{2}\right)^n\right]$.

【变式 2-97】方法 1：$1+\dfrac{1}{3}+\left(\dfrac{1}{3}\right)^2+\cdots+\left(\dfrac{1}{3}\right)^n=\dfrac{1\times\left[1-\left(\dfrac{1}{3}\right)^{n+1}\right]}{1-\dfrac{1}{3}}=$

$\dfrac{3}{2}\left[1-\left(\dfrac{1}{3}\right)^{n+1}\right]$.（从 $1=\left(\dfrac{1}{3}\right)^0$ 到 $\left(\dfrac{1}{3}\right)^n$ 总共是 $n+1$ 项）

方法 2：$1+\dfrac{1}{3}+\left(\dfrac{1}{3}\right)^2+\cdots+\left(\dfrac{1}{3}\right)^n=\dfrac{1-\left(\dfrac{1}{3}\right)^{n+1}}{1-\dfrac{1}{3}}=\dfrac{3}{2}\left[1-\left(\dfrac{1}{3}\right)^{n+1}\right]$.（知道首项和末

项，用 $\dfrac{a_1-a_nq}{1-q}$ 可以避免数项数）

【变式 2－98】$S_n=\begin{cases}\dfrac{x-x^{101}}{1-x}, & x\neq1\ \text{且}\ x\neq0,\\ 100, & x=1,\\ 0, & x=0.\end{cases}$ （首先判断是否为等比，然后再讨论公

比是否为 1）

【例 2－57】2，$2^{n+1}-2$.

$a_2+a_4=a_1q+a_1q^3=a_1q(1+q^2)=20$①，$a_3+a_5=a_1q^2+a_1q^4=a_1q^2(1+q^2)=40$②.

$\dfrac{②}{①}$ 得 $q=2$，代入①得 $a_1=2$，则 $S_n=\dfrac{2(1-2^n)}{1-2}=2^{n+1}-2$.

【变式 2－99】由题知 $\begin{cases}a_2=a_1q=6①,\\ 6a_1+a_1q^2=a_1(6+q^2)=30②.\end{cases}$

$\dfrac{②}{①}$ 得 $\dfrac{q^2+6}{q}=5$，即 $q=2$ 或 $q=3$.

当 $q=2$ 时，$a_1=3$，则 $S_n=\dfrac{3(1-2^n)}{1-2}=3\times2^n-3$；

当 $q=3$ 时，$a_1=2$，则 $S_n=\dfrac{2(1-2^n)}{1-3}=2^n-1$.

【变式 2－100】11.

【例 2－58】A.

由题知 $a_2a_8=a_4^2$，即 $(a_1+d)(a_1+7d)=(a_1+3d)^2$（易错点：等差等比数列混

淆），所以 $(a_1+2)(a_1+14)=(a_1+6)^2$，则 $a_1=2$，所以 $S_n=2n+\dfrac{n(n-1)}{2}\times2=$

$n(n+1)$.

【变式 2－101】设 $\{a_n\}$ 的公差为 d，由题知 $a_1+a_1+2d=2a_1+2d=8$，即 $a_1+d=4$.

由 $a_4^2=a_2a_9$，得 $(a_1+3d)^2=(a_1+d)(a_1+8d)$，即 $d(d-3a_1)=0$.

当 $d=0$，$a_1=4$ 时，$a_n=4$，$S_n=4n$.（公差为 0，$a_n=4$，a_4 也是 a_2 和 a_9 的等比中项）

当 $d=3$，$a_1=1$ 时，$a_n=3n-2$，$S_n=\dfrac{3n^2-n}{2}$.

【变式 2－102】(1) $\dfrac{1}{2}(3^n-1)$；(2)1010.

【变式 2－103】C.

【变式 2－104】B.

【变式 2－105】$\dfrac{121}{3}$.

【变式 2－106】B.

【例 2－59】方法 1：当 $q=1$ 时，$S_3=3a_1=3$，即 $a_1=1$，此时与 $a_3=1$ 吻合，所以

$a_1=1$.

当 $q\neq 1$ 时，$\begin{cases} S_3=\dfrac{a_1-a_3q}{1-q}=\dfrac{a_1-q}{1-q}=3 \\ a_3=a_1q^2=1, \end{cases}$ 即 $\begin{cases} a_1=4, \\ q=-\dfrac{1}{2}. \end{cases}$ （在题目没有指明公比是否为1

的情况下，需用公式先讨论）

方法2：$\begin{cases} S_3=a_1+a_1q+a_1q^2=a_1(1+q+q^2)=3① \\ a_3=a_1q^2=1②. \end{cases}$ （在项数较少的情况下，为回避

讨论，直接把全部的项写出来）

$\dfrac{①}{②}$ 得 $\dfrac{1+q+q^2}{q^2}=3$，即 $q=-\dfrac{1}{2}$ 或 $q=1$.

当 $q=1$ 时，$a_1=1$；当 $q=-\dfrac{1}{2}$ 时，$a_1=4$.

【变式 2−107】 -2.

【变式 2−108】 3^{n-1}.

因为 $3S_1$，$2S_2$，S_3 成等差数列，所以 $2\times 2(a_1+a_2)=3a_1+a_1+a_2+a_3 \Rightarrow a_3=3a_2 \Rightarrow$ $q=3$，所以 $a_n=a_1q^{n-1}=3^{n-1}$.

【变式 2−109】 $\dfrac{1}{9}$.

【变式 2−110】 $(1)a_n=\dfrac{n+1}{2}$；$(2)T_n=2^n-1$.

【变式 2−111】 D.

【变式 2−112】 $\dfrac{5}{8}$.

【例 2−60】 (1)由通项公式，可得 $a_3=a_1\left(-\dfrac{1}{2}\right)^2=\dfrac{1}{4}$，则 $a_1=1$，再由等比数列求

和公式，得 $S_n=\dfrac{1\times\left[1-\left(-\dfrac{1}{2}\right)^n\right]}{1-\left(-\dfrac{1}{2}\right)}=\dfrac{2+\left(-\dfrac{1}{2}\right)^{n-1}}{3}$.

(2)因为 $k\in \mathbf{N}^*$，所以 $2a_{k+2}-(a_k+a_{k+1})=2a_1q^{k+1}-(a_1q^{k-1}+a_1q^k)=a_1q^{k-1}(2q^2-$ $q-1)=a_1q^{k-1}\left[2\left(-\dfrac{1}{2}\right)^2-\left(-\dfrac{1}{2}\right)-1\right]=0$，所以 $2a_{k+2}-(a_k+a_{k+1})=0$，所以 a_k，a_{k+1}，a_{k+2} 成等差数列.

【变式 2−113】 (1)由 $a_5+a_4=2a_3$，得 $a_3q^2+a_3q=2a_3$，即 $q^2+q-2=0$，所以 $q=$ -2 或 $q=1$(舍).

(2)$S_{k+2}+S_{k+1}-2S_k=S_{k+2}-S_k+S_{k+1}-S_k=a_{k+2}+a_{k+1}+a_{k+1}=a_{k+1}q+2a_{k+1}=0$，所以 S_{k+2}，S_k，S_{k+1} 成等差数列.（将其转化为项与项之间的关系，直接利用 S_k 之间的关系）

【变式 2−114】 (1)设这三个数分别为 $a-d$，a，$a+d$，则 $(a-d)+a+(a+d)=$

15，即 $a=5$.

由题知 $b_3=7-d$，$b_4=10$，$b_5=18+d$，所以 $(7-d)(18+d)=100$，则 $d=2$ 或 $d=-13$(舍)，所以 $b_3=5$，$b_4=10$，公比 $q=2$，所以 $b_n=b_3q^{n-3}=5\times2^{n-3}$.

(2)$S_n=\dfrac{\dfrac{5}{4}-5\times2^{n-3}\times2}{1-2}=5\times2^{n-2}-\dfrac{5}{4}$，则 $S_n+\dfrac{5}{4}=\dfrac{\dfrac{5}{4}-5\times2^{n-3}\times2}{1-2}+\dfrac{5}{4}=5\times2^{n-2}$.

所以 $\dfrac{S_n+\dfrac{5}{4}}{S_{n-1}+\dfrac{5}{4}}=\dfrac{5\times2^{n-2}}{5\times2^{n-3}}=2$ 且 $S_1+\dfrac{5}{4}=\dfrac{5}{2}\neq0$，则数列 $\left\{S_n+\dfrac{5}{4}\right\}$ 是等比数列.

【变式 2-115】(1)因为 S_9 是 S_3，S_6 的等差中项，所以 $S_3+S_6=2S_9$.

当 $q=1$ 时，由 $3a_1+6a_1=18a_1$，得 $a_1=0$(舍)；

当 $q\neq1$ 时，由 $\dfrac{a_1-a_3q}{1-q}+\dfrac{a_1-a_6q}{1-q}=2\times\dfrac{a_1-a_9q}{1-q}$，得 $a_3+a_6=2a_9$.

两边同时除以 q，得 $a_2+a_5=2a_8$，则 a_2，a_8，a_5 成等差数列.

(2)由(1)知 $a_2+a_5-2a_8=0$，因为 $a_k+a_{k+3}-2a_{k+6}=q^{k-2}(a_2+a_5-2a_8)=0$，所以 a_k，a_{k+6}，a_{k+3} 成等差数列.

【变式 2-116】(1)由题知 $S_1+S_4=2S_3$，即 $a_1+a_1+a_2+a_3+a_4=2(a_1+a_2+a_3)$，则 $a_1q^3=a_1q+a_1q^2$，所以 $q^2-q-1=0$，$q=\dfrac{1\pm\sqrt{5}}{2}$.

(2)当 $q=1$ 时，$a_{m+k}=a_{n+k}=a_{l+k}=a$，则对任意自然数 k，a_{m+k}，a_{n+k}，a_{l+k} 成等差数列.

当 $q\neq1$ 时，$S_m=\dfrac{a_1-a_mq}{1-q}$，$S_n=\dfrac{a_1-a_nq}{1-q}$，$S_l=\dfrac{a_1-a_lq}{1-q}$.

因为 S_m，S_n，S_l 成等差数列，所以 $\dfrac{a_1-a_mq}{1-q}+\dfrac{a_1-a_lq}{1-q}=2\times\dfrac{a_1-a_nq}{1-q}$，即 $a_m+a_l=2a_n$，从而对任意自然数 k，有 $a_mq^k+a_lq^k=2a_nq^k$，即 a_{m+k}，a_{n+k}，a_{l+k} 也成等差数列.

【例 2-61】(1)当 $n\leq6$ 时，数列 $\{a_n\}$ 是首项为 120，公差为 -10 的等差数列，所以 $a_n=120-10(n-1)=130-10n$；

当 $n\geq7$ 时，数列 $\{a_n\}$ 是以 a_7 为首项，公比为 $\dfrac{3}{4}$ 的等比数列，又 $a_6=70$，所以 $a_n=70\times\left(\dfrac{3}{4}\right)^{n-6}$.

因此，第 n 年初 M 的价值 a_n 的表达式为：$a_n=\begin{cases}130-10n,& n\leq6,\\ 70\times\left(\dfrac{3}{4}\right)^{n-6},& n\geq7.\end{cases}$

(2)设 S_n 表示数列 $\{a_n\}$ 的前 n 项和，由等差及等比数列的求和公式，当 $1\leq n\leq6$ 时，$S_n=120n-5n(n-1)$，$A_n=120-5(n-1)=125-5n$；当 $n\geq7$ 时，$S_n=S_6+(a_7+$

$a_8 + \cdots + a_n) = 570 + 70 \times \dfrac{3}{4} \times 4 \times \left[1 - \left(\dfrac{3}{4}\right)^{n-6}\right] = 780 - 210 \times \left(\dfrac{3}{4}\right)^{n-6}$,

$A_n = \dfrac{780 - 210 \times \left(\dfrac{3}{4}\right)^{n-6}}{n}$.

因为 $\{a_n\}$ 是单调递减数列，所以 $\{A_n\}$ 是单调递减数列，又 $A_8 = \dfrac{780 - 210 \times \left(\dfrac{3}{4}\right)^{8-6}}{8} = 82\dfrac{47}{64} > 80$，$A_9 = \dfrac{780 - 210 \times \left(\dfrac{3}{4}\right)^{9-6}}{9} = 76\dfrac{79}{96} < 80$，所以需在第 9 年初对 M 更新.

2.3.5 等比数列前 n 项和的性质

【例 2-62】$a_1 + a_4 + a_7 + \cdots + a_{97}$，$a_2 + a_5 + a_8 + \cdots + a_{98}$，$a_3 + a_6 + a_9 + \cdots + a_{99}$ 成等比数列，公比为 2，设 $a_1 + a_4 + a_7 + \cdots + a_{97} = x$，则 $x + 2x + 4x = 56$，所以 $x = 8$，从而 $4x = 32$，即 $a_3 + a_6 + a_9 + \cdots + a_{99} = 32$.

【变式 2-117】B.

$a_1 + a_3 + a_5 = a_1 + a_1 q^2 + a_1 q^4 = 3(1 + q^2 + q^4) = 21$，即 $q^4 + q^2 - 6 = 0$，所以 $q^2 = 2$，$a_3 + a_5 + a_7 = (a_1 + a_3 + a_5) q^2 = 42$.

【变式 2-118】A.

因为 S_n 为等比数列 $\{a_n\}$ 的前 n 项和，所以 S_2，$S_4 - S_2$，$S_6 - S_4$ 成等比数列，$S_2 = 4$，$S_4 - S_2 = 6 - 4 = 2$，$S_6 - S_4 = 1$，所以 $S_6 = 1 + S_4 = 1 + 6 = 7$.

【变式 2-119】D.

设等比数列 $\{a_n\}$ 的公比为 q，则 $a_1 + a_2 + a_3 = a_1(1 + q + q^2) = 1$，$a_2 + a_3 + a_4 = a_1 q + a_1 q^2 + a_1 q^3 = a_1 q(1 + q + q^2) = q = 2$，因此，$a_6 + a_7 + a_8 = a_1 q^5 + a_1 q^6 + a_1 q^7 = a_1 q^5 (1 + q + q^2) = q^5 = 32$.

【例 2-63】由题知 $q \neq 1$，所以 $9 \times \dfrac{1 \times (1 - q^3)}{1 - q} = \dfrac{1 \times (1 - q^6)}{1 - q}$，则 $q^3 = 8$，即 $q = 2$.

所以 $a_n = a_1 q^{n-1} = 2^{n-1}$，则 $\dfrac{1}{a_n} = \dfrac{1}{2^{n-1}}$，所以 $T_n = \dfrac{1 \times \left[1 - \left(\dfrac{1}{2}\right)^n\right]}{1 - \dfrac{1}{2}} = 2\left[1 - \left(\dfrac{1}{2}\right)^n\right]$.

【变式 2-120】由 $q^3 = \dfrac{a_5}{a_2} = \dfrac{1}{8}$，得 $q = \dfrac{1}{2}$，则 $a_1 = 4$，$\dfrac{a_n a_{n+1}}{a_{n-1} a_n} = q^2 = \dfrac{1}{4}$，首项 $a_1 a_2 = 8$，则 $T_n = \dfrac{8 \times \left[1 - \left(\dfrac{1}{4}\right)^n\right]}{1 - \dfrac{1}{4}} = \dfrac{32}{3}\left[1 - \left(\dfrac{1}{4}\right)^n\right]$.

【变式 2-121】由 $q^3 = \dfrac{a_4}{a_1} = -8$，得 $q = -2$. 因为 $\dfrac{|a_n|}{|a_{n-1}|} = |q| = 2$，所以 $T_n = $

$$\frac{\frac{1}{2}\times(1-2^n)}{1-2}=2^{n-1}-\frac{1}{2}.$$

【变式 2-122】(1)设等差数列 $\{a_n\}$ 的公差为 d，由题意可知 $\left(\frac{1}{a_2}\right)^2=\frac{1}{a_1}\cdot\frac{1}{a_4}$，即 $(a_1+d)^2=a_1(a_1+3d)$，从而 $a_1d=d^2$. 因为 $d\neq0$，所以 $d=a_1=a$. 故通项公式 $a_n=na$.

(2)记 $T_n=\frac{1}{a_2}+\frac{1}{a_{2^2}}+\cdots+\frac{1}{a_{2^n}}$，因为 $a_{2^n}=2^na$，所以 $T_n=\frac{1}{a}\left(\frac{1}{2}+\frac{1}{2^2}+\cdots+\frac{1}{2^n}\right)=$

$\frac{1}{a}\cdot\frac{\frac{1}{2}\left[1-\left(\frac{1}{2}\right)^n\right]}{1-\frac{1}{2}}=\frac{1}{a}\left[1-\left(\frac{1}{2}\right)^n\right].$

因此，当 $a>0$ 时，$T_n<\frac{1}{a_1}$；当 $a<0$ 时，$T_n>\frac{1}{a_1}$.

【例 2-64】C.

因为 $S_2=3$，$S_4-S_2=12$，S_6-S_4 成等比数列，所以 $S_6-S_4=48$，即 $S_6=63$.

【例 2-65】$b_n=-\frac{n(n+1)}{2}$.

因为 $a_n=\frac{1}{3}\times\left(\frac{1}{3}\right)^{n-1}=\frac{1}{3^n}$，所以 $\log_3a_n=-n$，$b_n=\log_3a_1+\log_3a_2+\cdots+\log_3a_n=-(1+2+\cdots+n)=-\frac{n(n+1)}{2}$，所以 $\{b_n\}$ 的通项公式 $b_n=-\frac{n(n+1)}{2}$.

【变式 2-123】(1)$a_n=3^{n-1}$；(2)$S_n=\frac{n^2-n}{2}$.

【变式 2-124】$\frac{1-2^{\frac{n+2}{2}}}{1-2^{\frac{1}{2}}}$.

$a_n=1+\frac{1}{2}(n-1)=\frac{n+1}{2}$，则 $2^{a_n}=2^{\frac{n+1}{2}}$，所以 $\{2^{a_n}\}$ 为等比数列，公比为 $\sqrt{2}$，所以 $S_n=\frac{1-2^{\frac{n+1}{2}}\times2^{\frac{1}{2}}}{1-2^{\frac{1}{2}}}=\frac{1-2^{\frac{n+2}{2}}}{1-2^{\frac{1}{2}}}.$

【变式 2-125】(1)取 $n=1$，得 $\lambda a_1=2S_1=2a_1$，$a_1(\lambda a_1-2)=0$.

若 $a_1=0$，则 $S_n=0$，当 $n\geqslant2$ 时，$u_n=S_n-S_{n-1}=0$；

若 $a_1\neq0$，则 $a_1=\frac{2}{\lambda}$，当 $n\geqslant2$ 时，$2a_n=\frac{2}{\lambda}+S_n$，$2a_{n-1}=\frac{2}{\lambda}+S_{n-1}$.

上述两个式子相减，得 $a_n=2a_{n-1}$，所以数列 $\{a_n\}$ 是等比数列.

综上可知，若 $a_1=0$，则 $a_n=0$；若 $a_1\neq0$，则 $a_n=\frac{2^n}{\lambda}$.

(2)当 $a_1>0$，且 $\lambda=100$ 时，令 $b_n=\lg\frac{1}{a_n}$，则 $b_n=2-n\lg2$.

所以 $\{b_n\}$ 是单调递减的等差数列，则 $b_1>b_2>\cdots>b_6=\lg\frac{100}{2^6}=\lg\frac{100}{64}>\lg1=0.$

当 $n \geqslant 7$ 时，$b_n \leqslant b_7 = \lg \dfrac{100}{2^7} = \lg \dfrac{100}{128} < \lg 1 = 0$.

故数列 $\left\{ \lg \dfrac{1}{a_n} \right\}$ 的前 6 项和最大.

【例 2−66】(1) 由已知得 $\begin{cases} 5a_1 + 10d = 105, \\ a_1 + 9d = 2(a_1 + 4d), \end{cases}$ 解得 $a_1 = 7$, $d = 7$, 所以通项公式 $a_n = 7 + (n-1) \cdot 7 = 7n$.

(2) 由 $a_n = 7n \leqslant 7^{2m}$, 得 $n \leqslant 7^{2m-1}$, 即 $b_m = 7^{2m-1}$.

因为 $\dfrac{b_{k+1}}{b_k} = \dfrac{7^{2m+1}}{7^{2m-1}} = 49$, 所以 $\{b_m\}$ 是公比为 49 的等比数列, $S_m = \dfrac{7(1-49^m)}{1-49} = \dfrac{7}{48}(49^m - 1)$.

2.4 通项公式

2.4.1 求数列通项公式之一——观察归纳法

【例 2−67】 $\dfrac{x}{(2^n - 1)x + 2^n}$.

【例 2−68】方法 1：由题知 $a_1 = 1$, $a_2 = 5$, $a_3 = 13$, $a_4 = 29$.（从"数"上找规律）

因为 $1 = 2^2 - 3$, $5 = 2^3 - 3$, $13 = 2^4 - 3$, $29 = 2^5 - 3$, 所以猜想第 8 个图形中的线段条数为 $2^8 - 3 = 509$.

方法 2：第 2 个图形在第 1 个图形的基础上增加 4, 即 $1 + 4 \times 1$.（从"形"上观察相邻两个图形的变化规律）

第 3 个图形在第 2 个图形的基础上增加 $1 + 4 \times 1 + 4 \times 2$.

第 4 个图形在第 3 个图形的基础上增加 $2 \times 4 \times 2 = 4 \times 2^2$, 即 $1 + 4 \times 1 + 4 \times 2 + 4 \times 2^2$.

所以第 8 个图形中的线段条数为 $1 + 4 \times 1 + 4 \times 2 + 4 \times 2^2 + \cdots + 4 \times 2^6 = 1 + 4 \times \dfrac{1 - 2^6 \times 2}{1-2} = 509$.（每次增加的是上一次增加的两倍）

【变式 2−126】4.

由 $S_n \in \{2, 3\}$ 知 $\{a_n\}$ 中有无数个 0, 不妨取 $S_1 = 2$, 为了让数有更多的变化, 取 $a_2 = 1$, 则 $a_3 = -1$ 或 $a_3 = 0$, 所以最多有 4 个不同的数. 比如, 数列可以为 2, 1, -1, 0, 0, 0, $\cdots$, 所以最多由 4 个不同的数组成.

【拓展 2−18】C.

【拓展 2−19】$\dfrac{k}{12}$, 0.

方法 1：把所有式子第三项的系数列出来：0，$\dfrac{1}{6}$，$\dfrac{1}{4}$，$\dfrac{1}{3}$，$\dfrac{5}{12}$，$\dfrac{1}{2}$，成等差数列，所以 $a_{k-1}=\dfrac{k}{12}$．（这里应该把 0 删掉，因为这里不构成等差数列，而题目写出 $k\geqslant 2$ 正好避开这个问题）

方法 2：$\displaystyle\sum_{i=1}^{n}i^2=\cdots+\dfrac{1}{6}n$，$\displaystyle\sum_{i=1}^{n}i^3=\cdots+\dfrac{1}{4}n^2$，$\displaystyle\sum_{i=1}^{n}i^4=\cdots+\dfrac{1}{3}n^3-\cdots$，$\displaystyle\sum_{i=1}^{n}i^5=\cdots+\dfrac{5}{12}n^4-\cdots$，$\displaystyle\sum_{i=1}^{n}i^6=\cdots+\dfrac{1}{2}n^5-\cdots$．

规律：用系数除以 i 的次数为 $\dfrac{1}{12}$，故 $\displaystyle\sum_{i=1}^{n}i^k$ 的第三项系数为 $a_{k-1}=\dfrac{k}{12}$．（观察是核心能力，不仅从本身变化规律去观察，也可以从与之相关的要素去观察）

第四项为 $a_{k-2}n^{k-2}$．（明确观察对象）$\displaystyle\sum_{i=1}^{n}i^2=\dfrac{1}{3}n^3+\dfrac{1}{2}n^2+\dfrac{1}{6}n$，第四项为 $a_{k-2}n^0=0$；$\cdots$；$\displaystyle\sum_{i=1}^{n}i^5=\dfrac{1}{6}n^6+\dfrac{1}{2}n^5+\dfrac{5}{12}n^4-\dfrac{1}{12}n^2$，第四项为 $a_{k-2}n^3=0$；$\cdots$

规律：$a_{k-2}=0$．

【拓展 2-20】（1）用 $(t，s)$ 表示 2^s+2^t，则三角形数表的规律如下：

第一行：$3(0，1)$

第二行：$5(0，2)$　　$6(1，2)$

第三行：$9(0，3)$　　$10(1，3)$　　$12(2，3)$

第四行：$17(0，4)$　　$18(1，4)$　　$20(2，4)$　　$24(3，4)$

第五行：$33(0，5)$　　$34(1，5)$　　$36(2，5)$　　$40(3，5)$　　$48(4，5)$

（列出来，观察、归纳、猜想，是研究数列的基本方法，全国卷的数列压轴题都是这样突破的．为了更好地观察，改编其形式）

（2）$100=(1+2+\cdots+13)+9$，所以 $a_{100}=(8，14)=2^8+2^{14}=16640$．

（到 100 的前一行为止，设共有 n 行，则 $\dfrac{n(n+1)}{2}\leqslant 100$ 中 n 最大可取 13，则 a_{100} 位于第 14 行，由 $100=(1+2+\cdots+13)+9$ 知 a_{100} 位于第 14 行第 8 个数）

2.4.2　求数列通项公式之二——由 S_n 求 a_n

【例 2-69】把 n 换成 $n-1$，得 $S_{n-1}=2(n-1)^2-(n-1)$，$n\geqslant 2$．

两式相减得 $a_n=S_n-S_{n-1}=2n^2-n-[2(n-1)^2-(n-1)]=4n-3$．

当 $n=1$ 时，$a_1=S_1=2\times 1^2-1=1$，满足 $a_n=4n-3$，所以 $a_n=4n-3$．

【变式 2-127】$a_n=\begin{cases}2, & n=1, \\ 4n-3, & n\geqslant 2.\end{cases}$

【变式 $2-128$】$a_n = \dfrac{9}{2} - n$.

【例 $2-70$】由 $S_n = 2^{n+1} - 2$，可得 $a_1 = S_1 = 2^{1+1} - 2 = 2$.

$a_n = S_n - S_{n-1} = 2^{n+1} - 2 - (2^n - 2) = 2^n (n \geqslant 2)$，因为 $a_1 = 2 = 2^1$，所以 $a_n = 2^n (n \geqslant 2)$.

【变式 $2-129$】$a_n = \begin{cases} 3, & n=1, \\ 3^{n-1}, & n>1. \end{cases}$

【变式 $2-130$】-1.

【变式 $2-131$】$b_n = 3n + 1$.

【变式 $2-132$】当 $n \geqslant 2$ 时，$a_n = S_n - S_{n-1} = k(c^n - c^{n-1})$，则 $a_n = S_n - S_{n-1} = k(c^n - c^{n-1})$，$a_6 = k(c^6 - c^5)$，$a_3 = k(c^3 - c^2)$.

$\dfrac{a_6}{a_3} = \dfrac{c^6 - c^5}{c^3 - c^2} = c^3 = 8$，所以 $c = 2$. 因为 $a_2 = 4$，即 $k(c^2 - c^1) = 4$，解得 $k = 2$，所以 $a_n = 2^n$，$n \geqslant 2$.

当 $n = 1$ 时，$a_1 = S_1 = 2$.

综上可知，$a_n = 2^n (n \in \mathbf{N}^*)$.

【例 $2-71$】把 n 换成 $n-1$，得 $a_1 + 2a_2 + 3a_3 + \cdots + (n-1)a_{n-1} = 4 - \dfrac{n+1}{2^{n-2}}$，$n \geqslant 2$. (等式左边还是求和，本质上也可以视为与前面一样，对应的方法也一样)

两式相减得 $na_n = \dfrac{n+1}{2^{n-2}} - \dfrac{n+2}{2^{n-1}} = \dfrac{n}{2^{n-1}}$，即 $a_n = \dfrac{1}{2^{n-1}}$，$n \geqslant 2$. (这只说明了数列从第二项开始成等比数列)

当 $n = 1$ 时，$a_1 = 4 - \dfrac{1+2}{2^{1-1}} = 1 = \dfrac{1}{2^{1-1}}$，所以 $a_n = \dfrac{1}{2^{n-1}}$.

【变式 $2-133$】把 n 换成 $n-1$，得 $b_1 + \dfrac{1}{2}b_2 + \dfrac{1}{3}b_3 + \cdots + \dfrac{1}{n-1}b_{n-1} = b_n - 1$，$n \geqslant 2$.

两式相减得 $\dfrac{1}{n}b_n = b_{n+1} - b_n$，即 $b_{n+1} = \dfrac{n+1}{n}b_n$，$\dfrac{b_{n+1}}{n+1} = \dfrac{b_n}{n}$.

所以 $\dfrac{b_n}{n} = \dfrac{b_{n-1}}{n-1} = \cdots = \dfrac{b_1}{1} = 1$，所以 $b_n = n$.

【拓展 $2-21$】由 $4S_{n+2} + 5S_n = 8S_{n+1} + S_{n-1}$，得 $4S_{n+2} - 4S_{n+1} + S_n - S_{n-1} = 4S_{n+1} - 4S_n$，即 $4a_{n+2} + a_n = 4a_{n+1}$，$\dfrac{a_{n+2} - \dfrac{1}{2}a_{n+1}}{a_{n+1} - \dfrac{1}{2}a_n} = \dfrac{\dfrac{1}{2}a_{n+1} - \dfrac{1}{4}a_n}{a_{n+1} - \dfrac{1}{2}a_n} = \dfrac{1}{2}$，且 $a_2 - \dfrac{1}{2}a_1 = 1 \neq 0$，所以 $\left\{ a_{n+1} - \dfrac{1}{2}a_n \right\}$ 为等比数列.

【例 $2-72$】(1)当 $n = 1$ 时，$S_1 = a_1 = 1 + \lambda a_1$，易知 $\lambda \neq 1$，所以 $a_1 = \dfrac{1}{1-\lambda} \neq 0$.

把 n 换成 $n-1$，得 $S_{n-1} = 1 + \lambda a_{n-1}$，$n \geqslant 2$.

两式相减得 $S_n - S_{n-1} = a_n = \lambda a_n - \lambda a_{n-1}$，即 $\dfrac{a_n}{a_{n-1}} = \dfrac{\lambda}{\lambda - 1}$．（由 $S_n = Aa_n + B$，得 $\{a_n\}$ 为等比数列，且公比为 $\dfrac{A}{A-1}$）

$\{a_n\}$ 是以 $\dfrac{1}{1-\lambda}$ 为首项，$\dfrac{\lambda}{\lambda - 1}$ 为公比的等比数列，即 $a_n = \dfrac{1}{1-\lambda}\left(\dfrac{\lambda}{\lambda-1}\right)^{n-1} = -\dfrac{\lambda^{n-1}}{(\lambda-1)^n}$．

(2) 由 (1) 知 $S_n = \dfrac{\dfrac{1}{1-\lambda} - \left[-\dfrac{\lambda^{n-1}}{(\lambda-1)^n} \times \dfrac{\lambda}{\lambda-1}\right]}{1 - \dfrac{\lambda}{\lambda-1}} = 1 - \dfrac{\lambda^n}{(\lambda-1)^n} = \dfrac{31}{32}$，所以 $1 - \dfrac{\lambda^n}{(\lambda-1)^n} = \dfrac{31}{32}$，即 $\dfrac{\lambda^n}{(\lambda-1)^n} = \dfrac{1}{32} = \left(\dfrac{1}{2}\right)^5$，则 $\lambda = -1$．

【变式 2-134】把 n 换成 $n-1$，得 $a_n = 3S_{n-1}$，$n \geqslant 2$．

两式相减得 $a_{n+1} - a_n = 3S_n - 3S_{n-1} = 3a_n$，即 $a_{n+1} = 4a_n$，$n \geqslant 2$．

当 $n=1$ 时，$a_2 = 3S_1 = 3a_1 = 3$，所以 $\dfrac{a_2}{a_1} \neq \dfrac{a_{n+1}}{a_n}$，$n \geqslant 2$．（$a_{n+1}$，$S_n$ 下标不一致，数列往往是从第二项开始成等比数列）

所以 $\{a_n\}$ 是从第二项开始成等比数列，则 $a_6 = a_2 q^4 = 3 \times 4^4 = 768$．

【变式 2-135】$a_n = (-2)^{n-1}$．

【变式 2-136】因为 $a_n = \dfrac{1}{3} \times \left(\dfrac{1}{3}\right)^{n-1} = \dfrac{1}{3^n}$，$S_n = \dfrac{\dfrac{1}{3}\left(1 - \dfrac{1}{3^n}\right)}{1 - \dfrac{1}{3}} = \dfrac{1 - \dfrac{1}{3^n}}{2}$，所以 $S_n = \dfrac{1 - a_n}{2}$．

【变式 2-137】D.

方法 1：$a_n = 1 \times \left(\dfrac{2}{3}\right)^{n-1} = \left(\dfrac{2}{3}\right)^{n-1}$，$S_n = \dfrac{1 \times \left[1 - \left(\dfrac{2}{3}\right)^n\right]}{1 - \dfrac{2}{3}} = 3\left[1 - \left(\dfrac{2}{3}\right)^n\right]$，所以 $S_n = 3 - 2a_n$．

方法 2：由 $S_n = Aa_n + B$，得 $\{a_n\}$ 是等比数列，且公比 $\dfrac{A}{A-1} = \dfrac{2}{3}$，则 $A = -2$，所以 $S_n = 3 - 2a_n$．

【变式 2-138】把 n 换成 $n-1$，得 $S_n = a_2 S_{n-1} + a_1$，$n \geqslant 2$．

两式相减得 $S_{n+1} - S_n = a_2 S_n + a_1 - (a_2 S_{n-1} + a_1)$，即 $a_{n+1} = a_2 a_n$，$n \geqslant 2$．（这只说明了数列从第二项开始成等比数列）

当 $n=1$ 时，$a_1 + a_2 = a_2 S_1 + a_1$，即 $a_1 = 1$，所以 $\dfrac{a_2}{a_1} = a_2 = \dfrac{a_{n+1}}{a_n}$，$n \geqslant 2$，则 $\{a_n\}$ 是首

项为 1 的等比数列.〔证明的时候需要特别注意序号，$\dfrac{a_{n+1}}{a_n}=\dfrac{a_2}{a_1}=a_2\,(n\geqslant 2)$〕

【变式 2-139】把 n 换成 $n-1$，得 $S_n=qS_{n-1}+1$，$n\geqslant 2$，两式相减得 $S_{n+1}-S_n=qS_n-qS_{n-1}$，即 $a_{n+1}=qa_n$，$q>0$，所以 $\{a_n\}$ 是以 1 为首项，q 为公比的等比数列，则 $a_n=q^{n-1}$. 因为 $2a_2$，a_3，a_2+2 成等差数列，所以 $2a_3=2a_2+a_2+2=3a_2+2$，即 $2q^2=3q+2$，则 $q=2$ 或 $q=-\dfrac{1}{2}$（舍），所以 $a_n=2^{n-1}$.

【变式 2-140】(1)当 $n=2$ 时，$S_2=a_1+a_2=\dfrac{2+2}{3}a_2$，即 $a_2=3$.

当 $n=3$ 时，$S_3=a_1+a_2+a_3=\dfrac{3+2}{3}a_3$，即 $a_3=6$.

(2)把 n 换成 $n-1$，得 $S_{n-1}=\dfrac{n+1}{3}a_{n-1}$.

两式相减得 $S_n-S_{n-1}=a_n=\dfrac{n+2}{3}a_n-\dfrac{n+1}{3}a_{n-1}$，即 $\dfrac{n-1}{3}a_n=\dfrac{n+1}{3}a_{n-1}$，$\dfrac{a_n}{a_{n-1}}=\dfrac{n+1}{n-1}$.

所以 $\dfrac{a_2}{a_1}=\dfrac{3}{1}$，$\dfrac{a_3}{a_2}=\dfrac{4}{2}$，$\dfrac{a_4}{a_3}=\dfrac{5}{3}$，$\cdots$，$\dfrac{a_n}{a_{n-1}}=\dfrac{n+1}{n-1}$，$n\geqslant 2$.

所以 $\dfrac{a_2}{a_1}\times\dfrac{a_3}{a_2}\times\dfrac{a_4}{a_3}\times\cdots\times\dfrac{a_n}{a_{n-1}}=\dfrac{3}{1}\times\dfrac{4}{2}\times\dfrac{5}{3}\times\cdots\times\dfrac{n+1}{n-1}=\dfrac{3\times\cdots\times(n-1)\times n\times(n+1)}{1\times 2\times 3\times\cdots\times(n-1)}$，即 $\dfrac{a_n}{a_1}=\dfrac{n\times(n+1)}{2}$，所以 $a_n=\dfrac{n(n+1)}{2}$.

经检验，$a_1=1$ 满足 $a_n=\dfrac{n(n+1)}{2}$，所以 $a_n=\dfrac{n(n+1)}{2}$.

【变式 2-141】(1)此题是求 b_n，考虑把 S_n 用 b_n 表示出来，即 $S_n=\dfrac{b_n}{b_{n-1}}$. 所以 $\dfrac{2b_{n-1}}{b_n}+\dfrac{1}{b_n}=2$，即 $b_n-b_{n-1}=\dfrac{1}{2}(n\geqslant 2)$.

(2)$b_n=\dfrac{n+2}{2}$，再次利用 $\dfrac{2}{S_n}+\dfrac{1}{b_n}=2$，得 $S_n=\dfrac{n+2}{n+1}$. 退位相减，检验首项，可得

$$a_n=\begin{cases}\dfrac{3}{2}, & n=1,\\[2mm] -\dfrac{1}{n(n+1)}, & n\geqslant 2.\end{cases}$$

【例 2-73】由 $S_n=a_{n+1}$，得 $S_n=S_{n+1}-S_n$，即 $S_{n+1}=2S_n$，所以 $\{S_n\}$ 是等比数列，则 $S_n=S_1\times 2^{n-1}=2^{n-1}$.

【变式 2-142】B.

由 $S_n=2a_{n+1}=2S_{n+1}-2S_n$，得 $S_{n+1}=\dfrac{3}{2}S_n$，所以 $S_n=S_1\cdot\left(\dfrac{3}{2}\right)^{n-1}=\left(\dfrac{3}{2}\right)^{n-1}$.

【变式 2-143】$-\dfrac{1}{n}$.

由 $a_{n+1}=S_nS_{n+1}$，得 $S_{n+1}-S_n=S_nS_{n+1}$.

方法 1：$S_1 = -1$，$S_2 = -\dfrac{1}{2}$，$S_3 = -\dfrac{1}{3}$，$\cdots$，猜想 $S_n = -\dfrac{1}{n}$．（列出来，观察、归纳、猜想，是研究数列的基本方法）

方法 2：$\dfrac{S_{n+1}}{S_n S_{n+1}} - \dfrac{S_n}{S_n S_{n+1}} = 1$，即 $\dfrac{1}{S_n} - \dfrac{1}{S_{n+1}} = 1$，所以 $\dfrac{1}{S_{n+1}} - \dfrac{1}{S_n} = -1$．

所以 $\left\{\dfrac{1}{S_n}\right\}$ 是等差数列，公差为 -1，所以 $\dfrac{1}{S_n} = \dfrac{1}{S_1} + (n-1) \times (-1) = -n$，则 $S_n = -\dfrac{1}{n}$．

【变式 2-144】1，121．

方法 1：由题知 $\begin{cases} a_1 + a_2 = 4, \\ a_2 = 2S_1 + 1, \end{cases}$ 易得 $\begin{cases} a_1 = 1, \\ a_2 = 3. \end{cases}$

$a_{n+1} = 2S_n + 1$，$a_n = 2S_{n-1} + 1 (n \geq 2)$，两式相减得 $a_{n+1} - a_n = 2a_n$，即 $a_{n+1} = 3a_n$，所以 $\{a_n\}$ 是等比数列，则 $S_5 = \dfrac{1 - 3^5}{1 - 3} = 121$．

方法 2：由 $a_{n+1} = 2S_n + 1$，得 $S_{n+1} - S_n = 2S_n + 1$，即 $S_{n+1} = 3S_n + 1$，由 $S_2 = 4$，得 $S_1 = 1$．依次求得 S_3，S_4，则 $S_5 = 121$．

【变式 2-145】(1)由 $a_{n+1} = \dfrac{n+2}{n} S_n$，得 $S_{n+1} - S_n = \dfrac{n+2}{n} S_n$，即 $S_{n+1} = \dfrac{2n+2}{n} S_n$，所以 $\dfrac{S_{n+1}}{n+1} = 2 \dfrac{S_n}{n}$．因为 $\dfrac{S_1}{1} = 1 \neq 0$，所以 $\left\{\dfrac{S_n}{n}\right\}$ 是等比数列．

(2) $\dfrac{S_n}{n} = 1 \times 2^{n-1} = 2^{n-1}$，即 $S_n = n2^{n-1}$．

所以 $a_n = \dfrac{n+1}{n-1} S_{n-1} = \dfrac{n+1}{n-1}(n-1)2^{n-2} = (n+1)2^{n-2}$，而 $S_{n+1} = (n+1)2^n$，所以 $S_{n+1} = 4a_n$．

【变式 2-146】-63．

2.4.3　求数列通项公式之三——由递推关系求通项公式

【例 2-74】(1)$a_2 - a_1 = \ln\dfrac{3}{2}$，$a_3 - a_2 = \ln\dfrac{4}{3}$，$\cdots$，$a_n - a_{n-1} = \ln\dfrac{n+1}{n}$，$n \geq 2$．

全部加起来得 $(a_2 - a_1) + (a_3 - a_2) + \cdots + (a_n - a_{n-1}) = \ln\dfrac{3}{2} + \ln\dfrac{4}{3} + \cdots + \ln\dfrac{n+1}{n}$，

即 $a_n - a_1 = \ln\left(\dfrac{3}{2} \times \dfrac{4}{3} \times \cdots \times \dfrac{n+1}{n}\right) = \ln\left(\dfrac{n+1}{2}\right)$，所以 $a_n = a_1 + \ln\left(\dfrac{n+1}{2}\right) = 1 + \ln\left(\dfrac{n+1}{2}\right)$，$n \geq 2$．

$a_1 = 1$ 满足 $a_n = 1 + \ln\left(\dfrac{n+1}{2}\right)$，所以 $a_n = 1 + \ln\left(\dfrac{n+1}{2}\right)$．

(2)$\dfrac{a_2}{a_1}=\dfrac{3}{2}$，$\dfrac{a_3}{a_2}=\dfrac{4}{3}$，$\cdots$，$\dfrac{a_n}{a_{n-1}}=\dfrac{n+1}{n}$，$n\geq2$.

全部乘起来得$\dfrac{a_2}{a_1}\times\dfrac{a_3}{a_2}\times\cdots\times\dfrac{a_n}{a_{n-1}}=\dfrac{3}{2}\times\dfrac{4}{3}\times\cdots\times\dfrac{n+1}{n}=\dfrac{n+1}{2}$，即$\dfrac{a_n}{a_1}=\dfrac{n+1}{2}$，则$a_n=$
$\dfrac{n+1}{2}$，$n\geq2$.

$a_1=1$满足$a_n=\dfrac{n+1}{2}$，所以$a_n=\dfrac{n+1}{2}$，$n\geq2$.

【变式2-147】$a_n=\dfrac{n^2+2n-1}{2}$ $(n\in\mathbf{N}^*)$.

【变式2-148】B.

由题意知$b_n=2n-8$，$a_{n+1}-a_n=2n-8$，由叠加法得$(a_2-a_1)+(a_3-a_2)+\cdots+$
$(a_8-a_7)=-6+(-4)+(-2)+0+2+4+6=0\Rightarrow a_8=a_1=3$.

【变式2-149】(1)略；(2)$a_n=n^2-2n+2$.

【例2-75】(1)两边同时加上1，得$a_n+1=2a_{n-1}+2=2(a_{n-1}+1)$，因为$a_1+1=$
$2\neq0$，所以$\{a_n+1\}$是等比数列，则$a_n+1=2^n$，即$a_n=2^n-1$.

(2)$a_n-3a_{n-1}=3^n$，两边同时除以3^n，得$\dfrac{a_n}{3^n}-\dfrac{a_{n-1}}{3^{n-1}}=1$，所以$\left\{\dfrac{a_n}{3^n}\right\}$是等差数列，$\dfrac{a_n}{3^n}=$
$\dfrac{a_1}{3}+(n-1)\times1=n$，则$a_n=n\times3^n$.

(3)由$a_n-3a_{n-1}=2^{n-1}$，得$a_n=3a_{n-1}+2^{n-1}$，两边同时加上2^n，即$a_n+2^n=3a_{n-1}+$
$2^{n-1}+2^n=3(a_{n-1}+2^{n-1})$. 因为$a_1+2^1=3\neq0$，所以$a_n+2^n=3^n$，即$a_n=3^n-2^n$.

(4)两边同时减去$n+1$，得$a_{n+1}-(n+1)=2a_n-n+1-(n+1)=2(a_n-n)$. 因为
$a_1-1=-2\neq0$，所以$\{a_n-n\}$是等比数列，则$a_n-n=-2\times2^{n-1}=-2^n$，即$a_n=$
$n-2^n$.

【变式2-150】两边同时乘以2^n，得$2^na_n=2^{n-1}a_{n-1}+1$，则$\{2^na_n\}$是等差数列，所
以$2^na_n=2a_1+(n-1)\times1=n+1$.

【变式2-151】两边同时减去5^{n+1}，得$a_{n+1}-5^{n+1}=2a_n+3\times5^n-5^{n+1}=2(a_n-5^n)$.
因为$a_1-5=6-5=1\neq0$，所以$\{a_n-5^n\}$是等比数列，则$a_n-5^n=1\times2^{n-1}$，即$a_n=$
5^n+2^{n-1}.

【例2-76】两边同时除以$n(n+1)$，得$\dfrac{a_{n+1}}{n+1}=\dfrac{a_n}{n}+1$，所以$\left\{\dfrac{a_n}{n}\right\}$是等差数列，则
$\dfrac{a_n}{n}=\dfrac{a_1}{1}+(n-1)\times1=n$，所以$a_n=n^2$.

【变式2-152】(1)由条件可得$a_{n+1}=\dfrac{2(n+1)}{n}a_n$，将$n=1$代入得$a_2=4a_1$，而$a_1=$
1，所以$a_2=4$. 将$n=2$代入得$a_3=3a_2$，所以$a_3=12$. 从而$b_1=1$，$b_2=2$，$b_3=4$.

(2)由条件可得$\dfrac{a_{n+1}}{n+1}=\dfrac{2a_n}{n}$，即$b_{n+1}=2b_n$，又$b_1=1$，所以$\{b_n\}$是首项为1，公比为2

的等比数列.

(3)由(2)可得 $\dfrac{a_n}{n}=b_n=1\times 2^{n-1}=2^{n-1}$，所以 $a_n=n\cdot 2^{n-1}$.

【拓展 2－22】两边同时加上 1，得 $a_{n+1}+1=a_n^2+2a_n+1=(a_n+1)^2$，两边同时取对数，得 $\lg(a_{n+1}+1)=2\lg(a_n+1)$，因为 $\lg(a_1+1)=\lg 2\neq 0$，所以 $\{b_n\}$ 是等比数列，$b_n=\lg(a_n+1)=2^{n-1}\lg 2$.

【例 2－77】两边同时取倒数，得 $\dfrac{1}{a_{n+1}}=\dfrac{2+a_n}{2a_n}=\dfrac{1}{a_n}+\dfrac{1}{2}$，则 $\left\{\dfrac{1}{a_n}\right\}$ 是等差数列，所以

$\dfrac{1}{a_n}=\dfrac{1}{a_1}+(n-1)\times \dfrac{1}{2}=\dfrac{n+1}{2}$，即 $a_n=\dfrac{2}{n+1}$.

【拓展 2－23】由 $\dfrac{a_n}{n}=\dfrac{ba_{n-1}}{a_{n-1}+2(n-1)}$，取倒数得 $\dfrac{n}{a_n}=\dfrac{a_{n-1}+2(n-1)}{ba_{n-1}}=\dfrac{1}{b}+\dfrac{2}{b}\cdot \dfrac{n-1}{a_{n-1}}$，

设 $\dfrac{n}{a_n}=b_n$，则 $b_n=\dfrac{2}{b}\cdot b_{n-1}+\dfrac{1}{b}(n\geqslant 2)$.

当 $b=2$ 时，$\{b_n\}$ 是以 $\dfrac{1}{2}$ 为首项，$\dfrac{1}{2}$ 为公差的等差数列，即 $b_n=\dfrac{1}{2}+(n-1)\times \dfrac{1}{2}=$

$\dfrac{1}{2}n$，所以 $a_n=2$.

当 $b\neq 2$ 时，设 $b_n+\lambda=\dfrac{2}{b}\cdot(b_{n-1}+\lambda)$，则 $b_n=\dfrac{2}{b}\cdot b_{n-1}+\lambda\left(\dfrac{2}{b}-1\right)$. 令 $\lambda\left(\dfrac{2}{b}-1\right)=$

$\dfrac{1}{b}$，得 $\lambda=\dfrac{1}{2-b}$，$b_n+\dfrac{1}{2-b}=\dfrac{2}{b}\cdot\left(b_{n-1}+\dfrac{1}{2-b}\right)(n\geqslant 2)$，所以 $\left\{b_n+\dfrac{1}{2-b}\right\}$ 是等比数列，

$b_n+\dfrac{1}{2-b}=\left(b_1+\dfrac{1}{2-b}\right)\cdot\left(\dfrac{2}{b}\right)^{n-1}$. 又 $b_1=\dfrac{1}{b}$，所以 $b_n=\dfrac{1}{2-b}\cdot\left(\dfrac{2}{b}\right)^n-\dfrac{1}{2-b}=\dfrac{1}{2-b}\cdot$

$\dfrac{2^n-b^n}{b^n}$，$a_n=\dfrac{nb^n(2-b)}{2^n-b^n}$.

【拓展 2－24】由特征根方程 $x=\dfrac{4x+3}{x+2}$，得 $x=3$ 或 $x=-1$，两边同时减去 3，得

$x_{k+1}-3=\dfrac{x_k-3}{x_k+2}$，取倒数得 $\dfrac{1}{x_{k+1}-3}=\dfrac{x_k+2}{x_k-3}=\dfrac{5}{x_k-3}+1$. 令 $b_k=\dfrac{1}{x_k-3}$，则 $b_{k+1}=5b_k+$

1，所以 $\left(b_{k+1}+\dfrac{1}{4}\right)=5\left(b_k+\dfrac{1}{4}\right)$，则 $\left\{b_k+\dfrac{1}{4}\right\}$ 是首项为 $-\dfrac{3}{4}$，公比为 5 的等比数列，所

以 $b_k+\dfrac{1}{4}=-\dfrac{3}{4}\times 5^{k-1}$，即 $b_k=-\dfrac{1}{4}-\dfrac{3}{4}\times 5^{k-1}$，则 $b_k=-\dfrac{1}{4}-\dfrac{3}{4}\times 5^{k-1}$，即 $x_k=$

$3-\dfrac{4}{3\times 5^{k-1}+1}$.

【拓展 2－25】由特征根方程 $x=\dfrac{3x-1}{-x+3}$，得 $x=1$ 或 $x=-1$，两边同时减去 1，得

$a_{n+1}-1=\dfrac{3a_n-1}{-a_n+3}-1=\dfrac{4a_n-4}{-a_n+3}$，取倒数得 $\dfrac{1}{a_{n+1}-1}=\dfrac{-a_n+3}{4a_n-4}=-\dfrac{1}{4}+\dfrac{1}{2(a_n-1)}$. 令

$b_n=\dfrac{1}{a_n-1}$，则 $b_{n+1}=\dfrac{1}{2}b_n-\dfrac{1}{4}$，所以 $b_{n+1}+\dfrac{1}{2}=\dfrac{1}{2}\left(b_n+\dfrac{1}{2}\right)$，则 $\left\{b_n+\dfrac{1}{2}\right\}$ 是首项为 $\dfrac{3}{4}$，

公比为 $\frac{1}{2}$ 的等比数列，所以 $b_n + \frac{1}{2} = \frac{3}{4} \times \left(\frac{1}{2}\right)^{n-1}$，即 $b_n = 3 \cdot \left(\frac{1}{2}\right)^{n+1} - \frac{1}{2}$，则 $a_n = \frac{3+2^n}{3-2^n}$.

【例 2-78】(1)由 $a_n = 2a_{n-1} + 3a_{n-2}$ $(n \geqslant 3)$，得 $a_n + a_{n-1} = 3(a_{n-1} + a_{n-2})$ $(n \geqslant 3)$. 因为 $a_1 + a_2 = 1 + 2 = 3 \neq 0$，所以 $\{a_n + a_{n+1}\}$ 为等比数列，$a_n + a_{n+1} = 3^n$.

(2)由 (1) 得 $a_{n+1} = -a_n + 3^n$，所以 $a_{n+1} - \frac{1}{4} \times 3^{n+1} = -a_n + 3^n - \frac{1}{4} \times 3^{n+1} = -\left(a_n - \frac{1}{4} \times 3^n\right)$. 因为 $a_1 - \frac{1}{4} \times 3 \neq 0$，所以 $\left\{a_n - \frac{1}{4} \times 3^n\right\}$ 是等比数列，则有 $a_n - \frac{1}{4} \times 3^n = (-1)^{n-1}\left(a_1 - \frac{1}{4} \times 3\right)$，即 $a_n = \frac{3^n + (-1)^{n-1}}{4}$.

【拓展 2-26】(1)不妨设 $\alpha < \beta$，得 $\alpha = \frac{p - \sqrt{p^2 - 4q}}{2}$，$\beta = \frac{p + \sqrt{p^2 - 4q}}{2}$，所以 $\alpha + \beta = \frac{p - \sqrt{p^2 - 4q}}{2} + \frac{p + \sqrt{p^2 - 4q}}{2} = p$，$\alpha\beta = \frac{p - \sqrt{p^2 - 4q}}{2} \times \frac{p + \sqrt{p^2 - 4q}}{2} = q$.

(2)设 $x_n - s x_{n-1} = t(x_{n-1} - s x_{n-2})$，则 $x_n = (s+t)x_{n-1} - st x_{n-2}$，由 $x_n = p x_{n-1} - q x_{n-2}$，得 $\begin{cases} s+t = p, \\ st = q, \end{cases}$ 消去 t，得 $s^2 - ps + q = 0$，所以 s 是方程 $x^2 - px + q = 0$ 的根，由题意可知 $s_1 = \alpha$，$s_2 = \beta$.

①当 $\alpha \neq \beta$ 时，方程组 $\begin{cases} s+t = p \\ st = q \end{cases}$ 的解记为 $\begin{cases} s_1 = \alpha \\ t_1 = \beta \end{cases}$ 或 $\begin{cases} s_2 = \alpha \\ t_2 = \beta, \end{cases}$ 所以 $x_n - \alpha x_{n-1} = \beta(x_{n-1} - \alpha x_{n-2})$，$x_n - \beta x_{n-1} = \alpha(x_{n-1} - \beta x_{n-2})$，即 $\{x_n - t_1 x_{n-1}\}$，$\{x_n - t_2 x_{n-1}\}$ 分别是公比为 $s_1 = \alpha$，$s_2 = \beta$ 的等比数列.

由等比数列性质，可得 $x_n - \alpha x_{n-1} = (x_2 - \alpha x_1)\beta^{n-2}$，$x_n - \beta x_{n-1} = (x_2 - \beta x_1)\alpha^{n-2}$，两式相减，得 $(\beta - \alpha)x_{n-1} = (x_2 - \alpha x_1)\beta^{n-2} - (x_2 - \beta x_1)\alpha^{n-2}$.

因为 $x_2 = p^2 - q$，$x_1 = p$，所以 $x_2 = \alpha^2 + \beta^2 + \alpha\beta$，$x_1 = \alpha + \beta$，$(x_2 - \alpha x_1)\beta^{n-2} = \beta^2 \cdot \beta^{n-2} = \beta^n$，$(x_2 - \beta x_1)\alpha^{n-2} = \alpha^2 \cdot \alpha^{n-2} = \alpha^n$，所以 $(\beta - \alpha)x_{n-1} = \beta^n - \alpha^n$，即 $x_{n-1} = \frac{\beta^n - \alpha^n}{\beta - \alpha}$，所以 $x_n = \frac{\beta^{n+1} - \alpha^{n+1}}{\beta - \alpha}$.

②当 $\alpha = \beta$ 时，方程 $x^2 - px + q = 0$ 有重根，所以 $p^2 - 4q = 0$，即 $(s+t)^2 - 4st = 0$，得 $(s-t)^2 = 0$，所以 $s = t$. 不妨设 $s = t = \alpha$，由①可知 $x_n - \alpha x_{n-1} = (x_2 - \alpha x_1)\beta^{n-2}$，因为 $\alpha = \beta$，所以 $x_n - \alpha x_{n-1} = (x_2 - \alpha x_1)\alpha^{n-2} = \alpha^n$，即 $x_n = \alpha x_{n-1} + \alpha^n$，等式两边同时除以 α^n，得 $\frac{x_n}{\alpha^n} = \frac{x_{n-1}}{\alpha^{n-1}} + 1$，即 $\frac{x_n}{\alpha^n} - \frac{x_{n-1}}{\alpha^{n-1}} = 1$.

所以数列 $\left\{\frac{x_n}{\alpha^n}\right\}$ 是以 1 为公差的等差数列，$\frac{x_n}{\alpha^n} = \frac{x_1}{\alpha} + (n-1) \times 1 = \frac{2\alpha}{\alpha} + n - 1 = n + 1$，所以 $x_n = n\alpha^n + \alpha^n$.

综上可知，$x_n = \begin{cases} \dfrac{\beta^{n+1} - \alpha^{n+1}}{\beta - \alpha}, & \alpha \neq \beta, \\ n\alpha^n + \alpha^n, & \alpha = \beta. \end{cases}$

【例 2－79】 (1) 由题意可知 $4a_{n+1} = 3a_n - b_n + 4$，$4b_{n+1} = 3b_n - a_n - 4$，$a_1 + b_1 = 1$，$a_1 - b_1 = 1$，所以 $4a_{n+1} + 4b_{n+1} = 3a_n - b_n + 4 + 3b_n - a_n - 4 = 2a_n + 2b_n$，即 $a_{n+1} + b_{n+1} = \dfrac{1}{2}(a_n + b_n)$，所以数列 $\{a_n + b_n\}$ 是首项为 1，公比为 $\dfrac{1}{2}$ 的等比数列，$a_n + b_n = \left(\dfrac{1}{2}\right)^{n-1}$.

因为 $4a_{n+1} - 4b_{n+1} = 3a_n - b_n + 4 - (3b_n - a_n - 4) = 4a_n - 4b_n + 8$，所以 $a_{n+1} - b_{n+1} = a_n - b_n + 2$，数列 $\{a_n - b_n\}$ 是首项为 1，公差为 2 的等差数列，$a_n - b_n = 2n - 1$.

(2) 由 (1) 可知 $a_n + b_n = \left(\dfrac{1}{2}\right)^{n-1}$，$a_n - b_n = 2n - 1$，所以 $a_n = \dfrac{1}{2}(a_n + b_n + a_n - b_n) = \dfrac{1}{2^n} + n - \dfrac{1}{2}$，$b_n = \dfrac{1}{2}[a_n + b_n - (a_n - b_n)] = \dfrac{1}{2^n} - n + \dfrac{1}{2}$.

2.5　数列求和

2.5.1　公式法求和

【例 2－80】 由题知 $\{a_n\}$ 是等差数列，所以 $S_9 = 9 + \dfrac{9 \times 8}{2} \times \dfrac{1}{2} = 27$.

【变式 2－153】 C.

【例 2－81】 (1) 设 $\{a_n\}$ 的公差为 d，由题知 $a_1 a_{13} = a_{11}^2$，即 $a_1(a_1 + 12d) = (a_1 + 10d)^2$，则 $d(2a_1 + 25d) = 0$，又因为公差不为零，所以 $d = -2$，从而 $a_n = 25 + (n-1) \times (-2) = 27 - 2n$.

(2) $\{a_{3n-2}\}$ 是等差数列，$a_{3n-2} = 27 - 2(3n-2) = 31 - 6n$，所以 $a_1 + a_4 + a_7 + \cdots + a_{3n-2} = \dfrac{(a_1 + a_{3n-2})n}{2} = \dfrac{(25 + 31 - 6n)n}{2} = -3n^2 + 28n$.（数列求和之前首先判断是什么数列）

【变式 2－154】 $|a_1| + |a_2| + \cdots + |a_n| = \dfrac{1 \times (1 - 2^n)}{1 - 2} = 2^n - 1$.

【变式 2－155】 由 $q^3 = \dfrac{a_5}{a_2} = \dfrac{1}{8}$，得 $q = \dfrac{1}{2}$，则 $a_1 = 4$，$\dfrac{a_n a_{n+1}}{a_{n-1} a_n} = q^2 = \dfrac{1}{4}$，首项 $a_1 a_2 = 8$，则 $T_n = \dfrac{8 \times \left[1 - \left(\dfrac{1}{4}\right)^n\right]}{1 - \dfrac{1}{4}} = \dfrac{32}{3}\left[1 - \left(\dfrac{1}{4}\right)^n\right]$.（首先判断 $\{a_n a_{n+1}\}$ 是等差数列还是等比数列）

【变式 2－156】因为 $a_n=\begin{cases} S_1, & n=1, \\ S_n-S_{n-1}, & n\geq 2 \end{cases}=\begin{cases} 1, & n=1, \\ 2^{n-1}, & n\geq 2 \end{cases}=2^{n-1}$，所以 $a_n^2=4^{n-1}$，则

$a_1^2+a_2^2+\cdots+a_n^2=\dfrac{1-4^{n-1}\times 4}{1-4}=\dfrac{4^n-1}{3}$.（首先判断 $\{a_n^2\}$ 是等差数列还是等比数列）

【变式 2－157】$\dfrac{a^{n-1}b}{a^n}=\dfrac{a^{n-2}b^2}{a^{n-1}b}=\cdots=\dfrac{b^n}{ab^{n-1}}=\dfrac{b}{a}$，则 $a^n+a^{n-1}b+a^{n-2}b^2+\cdots+ab^{n-1}+$

$b^n=\begin{cases} (n+1)a^n, & a=b, \\ \dfrac{a^n-b^n\times\dfrac{b}{a}}{1-\dfrac{b}{a}}, & a\neq b \end{cases}=\begin{cases} (n+1)a^n, & a=b, \\ \dfrac{a^{n+1}-b^{n+1}}{a-b}, & a\neq b. \end{cases}$（数列"求和"三问：这是一个什么数列？

是等差数列还是等比数列？是否能转化为等差数列和等比数列？）

【变式 2－158】C.

在等式 $a_{m+n}=a_ma_n$ 中，令 $m=1$，可得 $a_{n+1}=a_na_1=2a_n$，则 $\dfrac{a_{n+1}}{a_n}=2$.

所以数列 $\{a_n\}$ 是以 2 为首项，2 为公比的等比数列，则 $a_n=2\times 2^{n-1}=2^n$.

所以 $a_{k+1}+a_{k+2}+\cdots+a_{k+10}=\dfrac{a_{k+1}\cdot(1-2^{10})}{1-2}=\dfrac{2^{k+1}\cdot(1-2^{10})}{1-2}=2^{k+1}(2^{10}-1)=$

$2^5(2^{10}-1)$，$2^{k+1}=2^5$，则 $k+1=5$，解得 $k=4$.

【例 2－82】从上至下 $n-1$ 行共有 $\dfrac{n(n-1)}{2}$ 个数，此时第 $n-1$ 行的数为 $\dfrac{n(n-1)}{2}$，

所以第 n 行$(n\geq 3)$从左向右的第 3 个数为 $\dfrac{n(n-1)}{2}+3$.

2.5.2 分组求和

【例 2－83】(1)设 q 为等比数列 $\{a_n\}$ 的公比，由 $a_1=2$，$a_3=a_2+4$，得 $2q^2=2q+4$，即 $q^2-q-2=0$，解得 $q=2$ 或 $q=-1$(舍去). 所以 $\{a_n\}$ 的通项公式为 $a_n=2\cdot 2^{n-1}=2^n$ $(n\in\mathbf{N}^*)$.

(2)$b_n=2n-1$，由(1)知 $a_n+b_n=2^n+2n-1$，$S_n=\dfrac{2(1-2^n)}{1-2}+n\times 1+\dfrac{n(n-1)}{2}\times 2=$

$2^{n+1}+n^2-2$.

【变式 2－159】(1)$a_n=n+2$；(2)2101.

【变式 2－160】(1) $a_n=3n$，$b_n=3n+2^{n-1}(n=1, 2, \cdots)$；(2) $\dfrac{3}{2}n(n+1)+2^n-1$.

【变式 2－161】(1)$a_n=2^n-1$.

(2)$b_n=a_na_{n+1}=(2^n-1)(2^{n+1}-1)=2\cdot 4^n-3\cdot 2^n+1$，所以数列 $\{b_n\}$ 的前 n 项和 $S_n=2(4+4^2+\cdots+4^n)-3(2+2^2+\cdots+2^n)+n$（写出通项的表达式，观察，选择分组求和），$S_n=2\times\dfrac{4(1-4^n)}{1-4}-3\times\dfrac{2(1-2^n)}{1-2}+n=\dfrac{8}{3}\cdot 4^n-6\cdot 2^n+n+\dfrac{10}{3}$.

【变式 2－162】因为 $1+\dfrac{1}{2}+\dfrac{1}{4}+\cdots+\dfrac{1}{2^{n-1}}=\dfrac{1-\dfrac{1}{2^{n-1}}\times\dfrac{1}{2}}{1-\dfrac{1}{2}}=2-\dfrac{1}{2^{n-1}}$（求出通项，观察

其特点，选择分组求和），所以 $S_n=2n-\dfrac{1\times\left(1-\dfrac{1}{2^{n-1}}\times\dfrac{1}{2}\right)}{1-\dfrac{1}{2}}=2n-\left(2-\dfrac{1}{2^{n-1}}\right)=2n-$

$2+\dfrac{1}{2^{n-1}}$.

【拓展 2－27】$\underbrace{333\cdots3}_{n\text{个}}=\dfrac{1}{3}\times\underbrace{999\cdots9}_{n\text{个}}=\dfrac{1}{3}(10^n-1)$，则 $S_n=\dfrac{1}{3}\left[\dfrac{10\times(1-10^n)}{1-10}-n\right]=$

$\dfrac{10\times(10^n-1)}{27}-\dfrac{1}{3}n$.

【拓展 2－28】$\dfrac{n(n+1)}{2}=\dfrac{1}{2}(n^2+n)$（结论：$1^2+2^2+\cdots+n^2=\dfrac{n(n+1)(2n+1)}{6}$），

所以 $1+3+6+\cdots+\dfrac{n(n+1)}{2}=\dfrac{1}{2}\cdot(1^2+2^2+\cdots+n^2)+\dfrac{1}{2}\cdot(1+2+\cdots+n)=\dfrac{1}{2}\times$

$\dfrac{n(n+1)(2n+1)}{6}+\dfrac{1}{2}\times\dfrac{n(n+1)}{2}=\dfrac{n(n+1)(2n+1)}{12}+\dfrac{n(n+1)}{4}$.

【拓展 2－29】(1)将 n 换成 $n-1$，得 $2S_{n-1}=(n-1)+(n-1)a_{n-1}$，两式相减得 $2a_n=1+na_n-(n-1)a_{n-1}(n>1)$，即 $(n-1)a_{n-1}=1+(n-2)a_n$.

将 n 换成 $n+1$，得 $na_n=1+(n-1)a_{n+1}$. 两式相减得 $na_n-(n-1)a_{n-1}=(n-1)\cdot a_{n+1}-(n-2)a_n(n>1)$，化简得 $2a_n=a_{n-1}+a_n(n>1)$.

因为 $2S_1=2a_1=1+a_1$，$a_1=1$，$a_2=2$，所以 a_n 是以 1 为首项，1 为公比的等差数列，故 $a_n=n$.

(2)因为 $c_{2n-1}=a_{2n}=2n$，$c_{2n}=3\times2^{2n-1}+1$，所以 $T_{2n}=(2+4+\cdots+2n)+3(2^1+2^3+\cdots+2^{2n-1})+n=n^2+2n+3\cdot\dfrac{2-2^{2n+1}}{1-4}=2^{2n+1}+n^2+2n-2$.

【拓展 2－30】2010.

由定义知 $T_{502}=\dfrac{S_1+S_2+\cdots+S_{502}}{502}=2012$，则 $S_1+S_2+\cdots+S_{502}-502\times2012$，所以

2，a_1，a_2，$\cdots$，a_{502} 的"均数"$T_{503}=\dfrac{2+(2+S_1)+(2+S_2)+\cdots+(2+S_{502})}{503}=$

$\dfrac{2\times503+502\times2012}{503}=2+2008=2010$.

【例 2－84】(1)将 n 换成 $n-1$，得 $a_{n+1}=3S_{n-1}-S_n+3$，$n\geqslant2$.

两式相减得 $a_{n+2}-a_{n+1}=3S_n-3S_{n-1}-(S_{n+1}-S_n)=3a_n-a_{n+1}$，即 $a_{n+2}=3a_n$.

当 $n=1$ 时，$a_3=3S_1-S_2+3=3\times1-(1+2)+3=3=3a_1$，所以对任意的 $n\in\mathbf{N}^*$，有 $a_{n+2}=3a_n$.

(2)由(1)得 $\{a_n\}$ 的奇数项和偶数项分别成等比数列，公比为 3，则 $a_{2n-1}=3^{n-1}$，$a_{2n}=2\cdot 3^{n-1}$.

当 $n=2k$ 时，$S_{2k}=(a_1+a_3+\cdots+a_{2k-1})+(a_2+a_4+\cdots+a_{2k})=\dfrac{1-3^{k-1}\times 3}{1-3}+\dfrac{1-2\times 3^{k-1}\times 3}{1-3}=\dfrac{3(3^k-1)}{2}$.

当 $n=2k-1$ 时，$S_{2k-1}=S_{2k}-a_{2k}=\dfrac{3(3^k-1)}{2}-2\times 3^{k-1}=\dfrac{3}{2}(5\cdot 3^{k-2}-1)$.

综上，$S_n=\begin{cases}\dfrac{3(3^k-1)}{2}, & n=2k,\\[2mm] \dfrac{3}{2}(5\cdot 3^{k-2}-1), & n=2k-1,\end{cases}\quad k\in\mathbf{N}^*.$

【变式 2-163】(1)由题设可得 $b_1=a_2=a_1+1=2$，$b_2=a_4=a_3+1=a_2+2+1=5$，又 $a_{2k+2}=a_{2k+1}+1$，$a_{2k+1}=a_{2k}+2$，$k\in\mathbf{N}^*$，故 $a_{2k+2}=a_{2k}+3$，则 $b_{n+1}=b_n+3$，即 $b_{n+1}-b_n=3$，所以 $\{b_n\}$ 为等差数列，故 $b_n=2+(n-1)\times 3=3n-1$.

(2)设 $\{a_n\}$ 的前 20 项和为 S_{20}，则 $S_{20}=a_1+a_2+a_3+\cdots+a_{20}$. 因为 $a_1=a_2-1$，$a_3=a_4-1$，$\cdots$，$a_{19}=a_{20}-1$，所以 $S_{20}=2(a_2+a_4+\cdots+a_{18}+a_{20})-10=2(b_1+b_2+\cdots+b_9+b_{10})-10=2\times\left(10\times 2+\dfrac{9\times 10}{2}\times 3\right)-10=300$.

【例 2-85】(1)设 $\{a_n\}$ 的公差为 d，$S_7=7a_4=28$，所以 $a_4=4$，$d=\dfrac{a_4-a_1}{3}=1$，$a_n=a_1+(n-1)d=n$. 所以 $b_1=[\lg a_1]=[\lg 1]=0$，$b_{11}=[\lg a_{11}]=[\lg 11]=1$，$b_{101}=[\lg a_{101}]=[\lg 101]=2$.

(2)记 $\{b_n\}$ 的前 n 项和为 T_n，则 $T_{1000}=b_1+b_2+\cdots+b_{1000}=[\lg a_1]+[\lg a_2]+\cdots+[\lg a_{1000}]$.

当 $0\leqslant\lg a_n<1$ 时，$n=1,2,\cdots,9$；

当 $1\leqslant\lg a_n<2$ 时，$n=10,11,\cdots,99$；

当 $2\leqslant\lg a_n<3$ 时，$n=100,101,\cdots,999$；

当 $\lg a_n=3$ 时，$n=1000$.（全国卷在数列命题上不断地创新，力求打破套路）

所以 $T_{1000}=0\times 9+1\times 90+2\times 900+3\times 1=1893$.

2.5.3 错位相减法求和

【例 2-86】$S_n=1\times 2^0+3\times 2^1+5\times 2^2+\cdots+(2n-3)\times 2^{n-2}+(2n-1)\times 2^{n-1}$，

$2S_n=1\times 2^1+3\times 2^2+5\times 2^3+\cdots+(2n-3)\times 2^{n-1}+(2n-1)\times 2^n$，

两式相减得 $-S_n=1+2^2+2^3+\cdots+2^n-(2n-1)\times 2^n$（易错点 1：最后一项是减）

$=1+\dfrac{2^2-2^n\times 2}{1-2}-(2n-1)\times 2^n$（易错点 2：等比数列的项数是 $n-1$ 项，策略：为避

免数项数，选择公式 $S_n = \dfrac{a_1 - a_n q}{1-q}$）

$$= 1 + \frac{4 - 2 \cdot 2^n}{-1} - (2n-1) \times 2^n$$

$= 1 + 2 \cdot 2^n - 4 - (2n-1) \times 2^n$（易错点 3：运算能力包括指数运算、分式、去括号符号等，策略：运算不跳步）

$= (3 - 2n) \times 2^n - 3$，（易错点 4：这不是最后结果，是 $-S_n$）

所以 $S_n = (2n-3)2^n + 3$.

（检验：$S_1 = (2 \times 1 - 3) \times 2^1 + 3 = 1$ 与 $\{c_n\}$ 的首项 $c_1 = (2 \times 1 - 1)2^{1-1} = 1$ 吻合. 错位相减法求和非常容易出错，可以推出其结果一定是 $S_n = (An + B)q^n + C$ 的形式，从而可以根据前三项，用待定系数法来求解，但解方程也需要相应的计算能力，建议还是按照此题的解法来解，并注意易错点）

【变式 2−164】由 $c_n = \dfrac{(a_n + 1)^{n+1}}{(b_n + 2)^n} = \dfrac{(6n+6)^{n+1}}{(3n+3)^n} = (3n+3) \cdot 2^{n+1}$，得 $T_n = 6 \cdot 2^2 + 9 \cdot 2^3 + 12 \cdot 2^4 + \cdots + 3n \cdot 2^n + (3n+3) \cdot 2^{n+1}$，两边同时乘以 2，得 $2T_n = 6 \cdot 2^3 + 9 \cdot 2^4 + \cdots + (3n) \cdot 2^{n+1} + (3n+3) \cdot 2^{n+2}$，两式相减得 $-T_n = 6 \cdot 2^2 + 3 \cdot 2^3 + 3 \cdot 2^4 + \cdots + 3 \cdot 2^{n+1} - (3n+3) \cdot 2^{n+2} = 6 \cdot 2^2 + \dfrac{3 \cdot 2^3 - 3 \cdot 2^{n+1} \cdot 2}{1 - 2} - (3n+3) \cdot 2^{n+2} = -3n \cdot 2^{n+2}$（指数运算要过关），所以 $T_n = 3n \cdot 2^{n+2}$.

【变式 2−165】(1) 由已知可得 $\dfrac{a_{n+1}}{n+1} = \dfrac{a_n}{n} + 1$，即 $\dfrac{a_{n+1}}{n+1} - \dfrac{a_n}{n} = 1$，所以 $\left\{\dfrac{a_n}{n}\right\}$ 是以 $\dfrac{a_1}{1} = 1$ 为首项，1 为公差的等差数列.

$(2) S_n = \dfrac{(2n-1) \cdot 3^{n+1} + 3}{4}$.

【变式 2−166】$(1) a_1 = 1$，$a_2 = 2$，$a_n = 2^{n-1}$，$n \in \mathbf{N}^*$.（为了让运算更方便，可以保留等差数列的通项 a_n）

$(2) T_n = 1 \cdot a_1 + 2 \cdot a_2 + 3 \cdot a_3 + \cdots + n \cdot a_n \Rightarrow qT_n = 1 \cdot qa_1 + 2 \cdot qa_2 + 3 \cdot qa_3 + \cdots + n \cdot qa_n$，即 $qT_n = 1 \cdot a_2 + 2 \cdot a_3 + 3 \cdot a_4 + \cdots + n \cdot a_{n+1}$，两式相减得 $(1-q)T_n = a_1 + a_2 + a_3 + \cdots + a_n - na_{n+1} = a_1 \dfrac{1-q^n}{1-q}$　$na_{n+1} = 2^n - 1 - n \cdot 2^n \Rightarrow T_n = (n-1) \cdot 2^n + 1$，$n \in \mathbf{N}^*$.

【变式 2−167】$(1) a_n = 4n - 1$，$b_n = 2^{n-1}$；$(2) T_n = (4n-5)2^n + 5$.

【变式 2−168】B.

【变式 2−169】$(1) a_n = 2^n$；$(2) T_n = 2 + (n-1)2^{n+1}$.

【变式 2−170】$(1) a_n = 3n - 1$，$b_n = 2^n (n \in \mathbf{N}^*)$；$(2)$ 略.

【变式 2−171】$(1) a_1 = 1$，$q = 2$；$(2) T_n = -(n+2) + 2^{n+1}$.

【变式 2−172】$(1) -2$；$(2) S_n = \dfrac{1 - (1 + 3n)(-2)^n}{9}$.

【例 2-87】(1)设等差数列 $\{a_n\}$ 的公差为 d，由已知条件可得 $\begin{cases} a_1+d=0, \\ 2a_1+12d=-10, \end{cases}$ 解得 $\begin{cases} a_1=1, \\ d=-1. \end{cases}$ 所以数列 $\{a_n\}$ 的通项公式 $a_n=2-n$.

(2)设数列 $\left\{\dfrac{a_n}{2^{n-1}}\right\}$ 的前 n 项和为 S_n，所以 $S_n=a_1+\dfrac{a_2}{2}+\cdots+\dfrac{a_{n-1}}{2^{n-2}}+\dfrac{a_n}{2^{n-1}}$①，$\dfrac{S_n}{2}=\dfrac{a_1}{2}+\dfrac{a_2}{4}+\cdots+\dfrac{a_{n-1}}{2^{n-1}}+\dfrac{a_n}{2^n}$②.

①-②得 $\dfrac{S_n}{2}=a_1+\dfrac{a_2-a_1}{2}+\cdots+\dfrac{a_n-a_{n-1}}{2^{n-1}}-\dfrac{a_n}{2^n}$（易错点 1：最后一项是减）

$$=1-\left(\dfrac{1}{2}+\dfrac{1}{4}+\cdots+\dfrac{1}{2^{n-1}}\right)-\dfrac{2-n}{2^n}$$

$$=1-\left[\dfrac{\dfrac{1}{2}-\dfrac{1}{2^{n-1}}\times\dfrac{1}{2}}{1-\dfrac{1}{2}}\right]-\dfrac{2-n}{2^n}$$（易错点 2：等比数列的项数是 $n-1$ 项，策略：为避免

数项数，选择公式 $S_n=\dfrac{a_1-a_nq}{1-q}$）

$$=1-\left(1-\dfrac{1}{2^{n-1}}\right)-\dfrac{2-n}{2^n}$$

$$=1-1+\dfrac{1}{2^{n-1}}-\dfrac{2-n}{2^n}$$（易错点 3：运算能力包括指数运算、分式、去括号符号等，策

略：运算不跳步）

$$=\dfrac{2}{2^n}-\dfrac{2-n}{2^n}=\dfrac{2-(2-n)}{2^n}=\dfrac{n}{2^n}.$$（易错点 4：这不是最后结果，是 $\dfrac{S_n}{2}$）

所以 $S_n=\dfrac{n}{2^{n-1}}$.

（检验：$S_1=\dfrac{1}{2^{1-1}}=1$ 与 $\left\{\dfrac{a_n}{2^{n-1}}\right\}$ 的首项 $\dfrac{a_1}{2^{1-1}}=1$ 吻合. 错位相减法求和非常容易出错，可以推出其结果一定是 $S_n=(An+B)q^n+C$ 的形式，从而可以根据前三项，用待定系数法来求解，但解方程也需要相应的计算能力，建议还是按照此题的解法来解，并注意易错点）

【变式 2-173】(1)$a_n=\dfrac{1}{2}n+1$；(2)$S_n=2-\dfrac{n+4}{2^{n+1}}$.

【变式 2-174】(1) $q=1$，$a_n=\begin{cases} 2^{\frac{n-1}{2}}, & n \text{ 为奇数}, \\ 2^{\frac{n}{2}}, & n \text{ 为偶数}; \end{cases}$ (2)$S_n=4-\dfrac{n+2}{2^{n-1}}$，$n\in\mathbf{N}^*$.

【变式 2-175】(1)$\begin{cases} a_n=2n-1, \\ b_n=2^{n-1} \end{cases}$ 或 $\begin{cases} a_n=\dfrac{1}{9}(2n+79), \\ b_n=9\cdot\left(\dfrac{2}{9}\right)^{n-1}; \end{cases}$ (2)$T_n=6-\dfrac{2n+3}{2^{n-1}}$.

【变式 2-176】(1)$a_n = 2n - 1$.

(2)由$\dfrac{b_1}{a_1} + \dfrac{b_2}{a_2} + \cdots + \dfrac{b_n}{a_n} = 1 - \dfrac{1}{2^n}$，$n \in \mathbf{N}^*$ ①，得$\dfrac{b_1}{a_1} + \dfrac{b_2}{a_2} + \cdots + \dfrac{b_{n-1}}{a_{n-1}} = 1 - \dfrac{1}{2^{n-1}}$，$n \geq 2$②.

①-②得$\dfrac{b_n}{a_n} = 1 - \dfrac{1}{2^n} - \left(1 - \dfrac{1}{2^{n-1}}\right) = \dfrac{1}{2^n}$，$n \geq 2$，当$n = 1$时，$\dfrac{b_1}{a_1} = 1 - \dfrac{1}{2^1} = \dfrac{1}{2}$，满足$\dfrac{b_n}{a_n} = \dfrac{1}{2^n}$，所以$\dfrac{b_n}{a_n} = \dfrac{1}{2^n}$，即$b_n = \dfrac{2n-1}{2^n}$.

$T_n = \dfrac{1}{2} + \dfrac{3}{2^2} + \cdots + \dfrac{2n-3}{2^{n-1}} + \dfrac{2n-1}{2^n}$③，$\dfrac{1}{2}T_n = \dfrac{1}{2^2} + \dfrac{3}{2^3} + \cdots + \dfrac{2n-3}{2^n} + \dfrac{2n-1}{2^{n+1}}$④.

③-④得$\dfrac{1}{2}T_n = \dfrac{1}{2} + 2\left(\dfrac{1}{2^2} + \dfrac{1}{2^3} + \cdots + \dfrac{1}{2^n}\right) - \dfrac{2n-1}{2^{n+1}} = \dfrac{1}{2} + 2 \times \dfrac{\dfrac{1}{2^2} - \dfrac{1}{2^n} \times \dfrac{1}{2}}{1 - \dfrac{1}{2}} - \dfrac{2n-1}{2^{n+1}} =$

$\dfrac{1}{2} + 2 \times \dfrac{\dfrac{1}{2^2} - \dfrac{1}{2^n} \times \dfrac{1}{2}}{1 - \dfrac{1}{2}} - \dfrac{2n-1}{2^{n+1}} = \dfrac{3}{2} - \dfrac{1}{2^{n-1}} - \dfrac{2n-1}{2^{n+1}} = \dfrac{3}{2} - \dfrac{2n+3}{2^{n+1}}$.

所以$T_n = 3 - \dfrac{2n+3}{2^n}$.

【拓展 2-31】(1)由$2S_n = 3^n + 3$，得$a_1 = S_1 = \dfrac{1}{2}(3+3) = 3$，$a_n = S_n - S_{n-1} = \dfrac{1}{2}(3^n + 3) - \dfrac{1}{2}(3^{n-1} + 3) = 3^{n-1}(n \geq 2)$，而$a_1 = 3 \neq 3^{1-1}$，则$a_n = \begin{cases} 3, & n = 1, \\ 3^{n-1}, & n > 1. \end{cases}$

(2)由$a_n b_n = \log_3 a_n$ 及$a_n = \begin{cases} 3, & n = 1, \\ 3^{n-1}, & n > 1, \end{cases}$得$b_n = \dfrac{\log_3 a_n}{a_n} = \begin{cases} \dfrac{1}{3}, & n = 1, \\ \dfrac{n-1}{3^{n-1}}, & n > 1. \end{cases}$

$T_n = \dfrac{1}{3} + \dfrac{1}{3} + \dfrac{2}{3^2} + \dfrac{3}{3^3} + \cdots + \dfrac{n-1}{3^{n-1}}$①，$\dfrac{1}{3}T_n = \dfrac{1}{3^2} + \dfrac{1}{3^2} + \dfrac{2}{3^3} + \dfrac{3}{3^4} + \cdots + \dfrac{n-2}{3^{n-1}} + \dfrac{n-1}{3^n}$②.

①-②得$\dfrac{2}{3}T_n = \dfrac{1}{3} + \dfrac{1}{3} - \dfrac{1}{3^2} + \dfrac{1}{3^2} + \dfrac{1}{3^3} + \cdots + \dfrac{1}{3^{n-1}} - \dfrac{n-1}{3^n}$

$= \dfrac{1}{3} - \dfrac{1}{3^2} + \left(\dfrac{1}{3} + \dfrac{1}{3^2} + \dfrac{1}{3^3} + \cdots + \dfrac{1}{3^{n-1}}\right) - \dfrac{n-1}{3^n}$

$= \dfrac{2}{9} + \dfrac{\dfrac{1}{3} - \dfrac{1}{3^n}}{1 - \dfrac{1}{3}} - \dfrac{n-1}{3^n}$

$= \dfrac{2}{9} + \dfrac{1}{2} - \dfrac{3}{2 \cdot 3^n} - \dfrac{n-1}{3^n}$

$= \dfrac{13}{18} - \dfrac{2n+1}{2 \cdot 3^n}$.

$$T_n = \frac{13}{12} - \frac{2n+1}{4 \cdot 3^{n-1}}.$$

2.5.4 裂项求和

【例 $2-88$】由 $a_5 = 5$，$S_5 = 5a_3 = 15$，得 $a_n = n$，$\dfrac{1}{a_n a_{n+1}} = \dfrac{1}{d}\left(\dfrac{1}{a_n} - \dfrac{1}{a_{n+1}}\right)$，$T_{100} =$

$\dfrac{1}{d}\left(\dfrac{1}{a_1} - \dfrac{1}{a_2} + \dfrac{1}{a_3} - \dfrac{1}{a_4} + \cdots + \dfrac{1}{a_{100}} - \dfrac{1}{a_{101}}\right) = \dfrac{1}{d}\left(\dfrac{1}{a_1} - \dfrac{1}{a_{101}}\right) = 1 - \dfrac{1}{101} = \dfrac{100}{101}.$（到最后才把 $a_n =$

n 代进去）

【变式 $2-177$】(1)由 $S_3 = 0$，$S_5 = -5$，得 $3a_2 = 0$，$5a_3 = -5$，则公差 $d = -1$，$a_n =$
$a_2 + (n-2)d = 2 - n$.

（2）$\dfrac{1}{a_{2n-1}a_{2n+1}} = \dfrac{1}{2d}\left(\dfrac{1}{a_{2n-1}} - \dfrac{1}{a_{2n+1}}\right)$，前 n 项和 $T_n =$

$\dfrac{1}{2d}\left(\dfrac{1}{a_1} - \dfrac{1}{a_3} + \dfrac{1}{a_3} - \dfrac{1}{a_5} + \cdots + \dfrac{1}{a_{2n-1}} - \dfrac{1}{a_{2n+1}}\right) = \dfrac{1}{2d}\left(\dfrac{1}{a_1} - \dfrac{1}{a_{2n+1}}\right) = \dfrac{1}{-2}\left(\dfrac{1}{1} - \dfrac{1}{1-2n}\right) = \dfrac{-n}{2n-1}.$

【变式 $2-178$】(1)由 $S_n \leqslant S_4$，得 $d < 0$，$a_4 \geqslant 0$，$a_5 \leqslant 0$，即 $a_4 = 10 + 3d \geqslant 0$，$a_5 =$
$10 + 4d \leqslant 0$，所以 $-\dfrac{10}{3} \leqslant d \leqslant -\dfrac{10}{4}$.（最值可以由通项去判断）

又因为 a_2 为整数，所以 $d \in \mathbf{Z}$，即 $d = -3$，所以 $a_n = 10 + (n-1) \times (-3) = 13 - 3n$.

(2)$b_n = \dfrac{1}{a_n a_{n+1}} = \dfrac{1}{d}\left(\dfrac{1}{a_n} - \dfrac{1}{a_{n+1}}\right)$，所以 $T_n = \dfrac{1}{d}\left(\dfrac{1}{a_1} - \dfrac{1}{a_2} + \dfrac{1}{a_2} - \dfrac{1}{a_3} + \cdots + \dfrac{1}{a_n} - \dfrac{1}{a_{n+1}}\right) =$

$\dfrac{1}{d}\left(\dfrac{1}{a_1} - \dfrac{1}{a_{n+1}}\right) = -\dfrac{1}{3}\left(\dfrac{1}{10} - \dfrac{1}{10-3n}\right) = \dfrac{n}{10(10-3n)}.$

【变式 $2-179$】(1)当 $n = 1$ 时，$4a_1 = a_2^2 - 5$，$a_2^2 = 4a_1 + 5$，因为 $a_n > 0$，所以
$a_2 = \sqrt{4a_1 + 5}$.

(2)当 $n \geqslant 2$ 时，$4S_{n-1} = a_n^2 - 4(n-1) - 1$，$4a_n = 4S_n - 4S_{n-1} = a_{n+1}^2 - a_n^2 - 4$，$a_{n+1}^2 =$
$a_n^2 + 4a_n + 4 = (a_n + 2)^2$，因为 $a_n > 0$，所以 $a_{n+1} = a_n + 2$，所以 $\{a_n\}$ 是公差为 2 的等差
数列.

因为 a_2，a_5，a_{14} 构成等比数列，所以 $a_5^2 = a_2 \cdot a_{14}$，$(a_2 + 8)^2 = a_2 \cdot (a_2 + 24)$，解
得 $a_2 = 3$.

由(1)可知 $4a_1 = a_2^2 - 5 = 4$，易得 $a_1 = 1$，因为 $a_2 - a_1 = 3 - 1 = 2$，所以 $\{a_n\}$ 是首项为
1，公差为 2 的等差数列.

所以数列 $\{a_n\}$ 的通项公式为 $a_n = 2n - 1$.

(3)$\dfrac{1}{a_1 a_2} + \dfrac{1}{a_2 a_3} + \cdots + \dfrac{1}{a_n a_{n+1}} = \dfrac{1}{1 \cdot 3} + \dfrac{1}{3 \cdot 5} + \dfrac{1}{5 \cdot 7} + \cdots + \dfrac{1}{(2n-1)(2n+1)} = \dfrac{1}{2} \cdot$

$\left[\left(1 - \dfrac{1}{3}\right) + \left(\dfrac{1}{3} - \dfrac{1}{5}\right) + \left(\dfrac{1}{5} - \dfrac{1}{7}\right) + \left(\dfrac{1}{2n-1} - \dfrac{1}{2n+1}\right)\right] = \dfrac{1}{2} \cdot \left(1 - \dfrac{1}{2n+1}\right) < \dfrac{1}{2}.$

【例 2-89】 $(1)a_n=\dfrac{n+1}{2}$；$(2)S_n=\dfrac{2n}{n+1}$.

【变式 2-180】 (1)由 $a_n^2-(2n-1)a_n-2n=0$，可得$(a_n-2n)(a_n+1)=0$，因为 $\{a_n\}$ 是正项数列，所以 $a_n=2n$.

$(2)T_n=\dfrac{n}{2n+2}$.

【变式 2-181】 $(1)a_n=2n$；$(2)\dfrac{n}{n+1}$.

【变式 2-182】 $(1)a_n=2n+1$，$S_n=n^2+2n$；$(2)T_n=\dfrac{n}{4(n+1)}$.

【变式 2-183】 $(1)a_n=\dfrac{1}{3^n}$.

$(2)b_n=\log_3 a_1+\log_3 a_2+\cdots+\log_3 a_n=-(1+2+\cdots+n)=-\dfrac{n(n+1)}{2}$，故 $\dfrac{1}{b_n}=-\dfrac{2}{n(n+1)}=-2\left(\dfrac{1}{n}-\dfrac{1}{n+1}\right)$.

$\dfrac{1}{b_1}+\dfrac{1}{b_2}+\cdots+\dfrac{1}{b_n}=-2\left[\left(1-\dfrac{1}{2}\right)+\left(\dfrac{1}{2}-\dfrac{1}{3}\right)+\cdots+\left(\dfrac{1}{n}-\dfrac{1}{n+1}\right)\right]=-\dfrac{2n}{n+1}$，所以数列 $\left\{\dfrac{1}{b_n}\right\}$ 的前 n 项和为 $-\dfrac{2n}{n+1}$.

【变式 2-184】 $\dfrac{20}{11}$.

【例 2-90】 (1)因为 $\dfrac{1}{1-a_{n+1}}-\dfrac{1}{1-a_n}=1$，所以数列 $\left\{\dfrac{1}{1-a_n}\right\}$ 是等差数列，首项$\dfrac{1}{1-a_1}=1$，故 $\dfrac{1}{1-a_n}=1+(n-1)\times 1=n$，从而 $a_n=1-\dfrac{1}{n}$.

（很多学生都会把式子变形成常见的一些题型，但如果题型不是常见的形式，学生则束手无策，由此看出纯粹的"题型+方法"的训练不利于数学思维的培养. 结合近几年全国卷在数列方面的命题，不难发现其命题思路：注重对基础的考查，同时不断地打破套路）

$(2)b_n=\dfrac{1-\sqrt{a_{n+1}}}{\sqrt{n}}=\dfrac{1-\sqrt{1-\dfrac{1}{n+1}}}{\sqrt{n}}=\dfrac{\sqrt{n+1}-\sqrt{n}}{\sqrt{n}\sqrt{n+1}}=\dfrac{1}{\sqrt{n}}-\dfrac{1}{\sqrt{n+1}}$，所以 $S_n=\sum\limits_{k=1}^{n}b_k=1-\dfrac{1}{\sqrt{2}}+\dfrac{1}{\sqrt{2}}-\dfrac{1}{\sqrt{3}}+\cdots+\dfrac{1}{\sqrt{n}}-\dfrac{1}{\sqrt{n+1}}=1-\dfrac{1}{\sqrt{n+1}}<1$.

【例 2-91】 (1)由题知$[S_n-(n^2+n)](S_n+1)=0$，因为数列 $\{a_n\}$ 的各项为正，所以 $S_n=n^2+n$，$a_n=\begin{cases}S_1,&n=1,\\S_n-S_{n-1},&n\geqslant 2,\end{cases}=\begin{cases}2,&n=1,\\2n,&n\geqslant 2,\end{cases}$则 $a_n=2n$.

$(2)b_n=\dfrac{n+1}{(n+2)^2 a^2}=\dfrac{n+1}{4n^2(n+2)^2}=\dfrac{1}{16}\left[\dfrac{1}{n^2}-\dfrac{1}{(n+2)^2}\right]$.

$$T_n = \frac{1}{16}\left[\frac{1}{1^2} - \frac{1}{3^2} + \frac{1}{2^2} - \frac{1}{4^2} + \cdots + \frac{1}{n^2} - \frac{1}{(n+2)^2}\right]$$

$$= \frac{1}{16}\left[\left(\frac{1}{1^2} + \frac{1}{2^2} + \frac{1}{3^2} + \cdots + \frac{1}{n^2}\right) - \left(\frac{1}{3^2} + \frac{1}{4^2} + \cdots + \frac{1}{n^2} + \frac{1}{(n+1)^2} + \frac{1}{(n+2)^2}\right)\right]$$

$$= \frac{1}{16}\left[\frac{1}{1^2} + \frac{1}{2^2} - \frac{1}{(n+1)^2} - \frac{1}{(n+2)^2}\right] < \frac{1}{16}\left(\frac{1}{1^2} + \frac{1}{2^2}\right) = \frac{5}{64}.$$

【变式 2-185】(1) $a_n = 2^{n-1}$.

(2) 由 (1) 知 $S_n = \dfrac{1-2^n}{1-2} = 2^n - 1$，所以 $b_n = \dfrac{2^n}{(2^n-1)(2^{n+1}-1)} = \dfrac{1}{2^n-1} - \dfrac{1}{2^{n+1}-1}$，

$T_n = 1 - \dfrac{1}{3} + \dfrac{1}{3} - \dfrac{1}{7} + \cdots + \dfrac{1}{2^n-1} - \dfrac{1}{2^{n+1}-1}.$

【拓展 2-32】$S_n = \dfrac{4}{3}(4^n - 2^n) - \dfrac{1}{3} \times 2^{n+1} + \dfrac{2}{3} = \dfrac{4 \cdot 2^n}{3}(2^n-1) - \dfrac{2}{3}(2^n-1) =$

$\dfrac{2}{3}(2^{n+1}-1)(2^n-1)$.（代数变形不在于"变"，而在于把握"变的方向"，由 $T_n = \dfrac{2^n}{S_n}$ 的

结构知需要裂项，从而尝试把分母因式分解，观察是否有公因式）

$$T_n = \frac{3}{2} \cdot \frac{2^n}{(2^{n+1}-1)(2^n-1)} = \frac{3}{2}\left(\frac{1}{2^n-1} - \frac{1}{2^{n+1}-1}\right), \quad 则 \quad \sum_{i=1}^{n} T_i =$$

$$\frac{3}{2}\left(\frac{1}{2^1-1} - \frac{1}{2^2-1} + \frac{1}{2^2-1} - \frac{1}{2^3-1} + \cdots + \frac{1}{2^n-1} - \frac{1}{2^{n+1}-1}\right) = \frac{3}{2}\left(1 - \frac{1}{2^{n+1}-1}\right) <$$

$$\frac{3}{2}.$$

【拓展 2-33】2011.

$$\frac{1}{\lg a_i \lg a_{i+1}} = \frac{1}{\lg q}\left(\frac{1}{\lg a_i} - \frac{1}{\lg a_{i+1}}\right), \quad 所 \quad 以 \quad \sum_{i=1}^{2011} \frac{1}{\lg a_i \lg a_{i+1}} =$$

$$\frac{1}{\lg q}\left(\frac{1}{\lg a_1} - \frac{1}{\lg a_2} + \frac{1}{\lg a_2} - \frac{1}{\lg a_3} + \cdots + \frac{1}{\lg a_{2011}} - \frac{1}{\lg a_{2012}}\right) = \frac{1}{\lg q}\left(\frac{1}{\lg a_1} - \frac{1}{\lg a_{2012}}\right) =$$

$$\frac{1}{\lg q} \cdot \frac{\lg a_{2012} - \lg a_1}{\lg a_1 \lg a_{2012}} = \frac{1}{\lg q} \cdot \frac{\lg q^{2011}}{\lg a_1 \lg a_{2012}} = \frac{2011}{\lg a_1 \lg a_{2012}}, \quad 则 \quad \lg a_1 \lg a_{2012} \sum_{i=1}^{2011} \frac{1}{\lg a_i \lg a_{i+1}} = \lg a_1 \lg a_{2012} \times$$

$$\frac{2011}{\lg a_1 \lg a_{2012}} = 2011.$$

【例 2-92】$\sqrt{n+1} - 1$.

因为 $\dfrac{1}{\sqrt{n+1}+\sqrt{n}} = \dfrac{\sqrt{n+1}-\sqrt{n}}{(\sqrt{n+1}+\sqrt{n})(\sqrt{n+1}-\sqrt{n})} = \sqrt{n+1}-\sqrt{n}$，所以 $S_n = \sqrt{2} -$

$1 + \sqrt{3} - \sqrt{2} + \cdots + \sqrt{n+1} - \sqrt{n} = \sqrt{n+1} - 1.$

【拓展 2-34】$1 - \dfrac{1}{\sqrt{n+1}}$.

$$a_n = \frac{1}{n\sqrt{n+1}+(n+1)\sqrt{n}} = \frac{1}{\sqrt{n}\sqrt{n+1}(\sqrt{n}+\sqrt{n+1})} = \frac{\sqrt{n+1}-\sqrt{n}}{\sqrt{n}\sqrt{n+1}} = \frac{1}{\sqrt{n}} - \frac{1}{\sqrt{n+1}},$$

所以 $S_n = \dfrac{1}{\sqrt{1}} - \dfrac{1}{\sqrt{2}} + \dfrac{1}{\sqrt{2}} - \dfrac{1}{\sqrt{3}} + \cdots + \dfrac{1}{\sqrt{n}} - \dfrac{1}{\sqrt{n+1}} = 1 - \dfrac{1}{\sqrt{n+1}}.$

【拓展 2-35】 $(n+1)! - 1.$

$n \cdot n! = (n+1)! - n!$，所以 $1 \cdot 1! + 2 \cdot 2! + 3 \cdot 3! + \cdots + n \cdot n! = 2! - 1! + 3! - 2! + \cdots + (n+1)! - n! = (n+1)! - 1.$

【拓展 2-36】 $\dfrac{1}{2} - \dfrac{1}{102!}.$

$k! + (k+1)! + (k+2)! = k![1 + (k+1) + (k+2)(k+1)] = k!(k+2)^2,$ $a_k = \dfrac{k+2}{k!(k+2)^2} = \dfrac{1}{k!(k+2)} = \dfrac{1}{(k+1)!} - \dfrac{1}{(k+2)!},$ 所以 $S_{100} = \dfrac{1}{2!} - \dfrac{1}{3!} + \dfrac{1}{3!} - \dfrac{1}{4!} + \cdots + \dfrac{1}{(100+1)!} - \dfrac{1}{(100+2)!} = \dfrac{1}{2} - \dfrac{1}{102!}.$

【拓展 2-37】 $\dfrac{1}{2}(1 - \sqrt{n+1} + \sqrt{n}).$

$a_n = \dfrac{1}{(\sqrt{n-1} + \sqrt{n+1})} \times \dfrac{1}{(\sqrt{n-1} + \sqrt{n})(\sqrt{n} + \sqrt{n+1})}$

$= \dfrac{1}{(\sqrt{n-1} + \sqrt{n+1})} \dfrac{1}{(\sqrt{n+1} - \sqrt{n-1})} \left[\dfrac{1}{(\sqrt{n-1} + \sqrt{n})} - \dfrac{1}{(\sqrt{n} + \sqrt{n+1})} \right]$

$= \dfrac{1}{2} \left[\dfrac{1}{(\sqrt{n-1} + \sqrt{n})} - \dfrac{1}{(\sqrt{n} + \sqrt{n+1})} \right],$

所以 $S_n = \dfrac{1}{2} \left(\dfrac{1}{0+1} - \dfrac{1}{1+\sqrt{2}} + \dfrac{1}{1+\sqrt{2}} - \dfrac{1}{\sqrt{2} + \sqrt{3}} + \cdots + \dfrac{1}{\sqrt{n-1} + \sqrt{n}} - \dfrac{1}{\sqrt{n} + \sqrt{n+1}} \right)$

$= \dfrac{1}{2} \left(1 - \dfrac{1}{\sqrt{n} + \sqrt{n+1}} \right) = \dfrac{1}{2}(1 - \sqrt{n+1} + \sqrt{n}).$

【拓展 2-38】 C.

$a_n = f\left(\dfrac{1}{n^2 + 5n + 5} \right) = f\left(\dfrac{(n+2) - (n+3)}{1 - (n+2)(n+3)} \right) = f\left(\dfrac{1}{n+2} \right) - f\left(\dfrac{1}{n+3} \right),$ 所以 $S_8 = f\left(\dfrac{1}{3} \right) - f\left(\dfrac{1}{4} \right) + f\left(\dfrac{1}{4} \right) - f\left(\dfrac{1}{5} \right) + \cdots + f\left(\dfrac{1}{10} \right) - f\left(\dfrac{1}{11} \right) = f\left(\dfrac{1}{3} \right) - f\left(\dfrac{1}{11} \right) = f\left(\dfrac{1}{3} \right) - f\left(\dfrac{1}{11} \right) = f\left(\dfrac{\dfrac{1}{3} - \dfrac{1}{11}}{1 - \dfrac{1}{3} \times \dfrac{1}{11}} \right) = f\left(\dfrac{1}{4} \right).$

【拓展 2-39】 $n.$

$a_n = \sqrt{1 + \dfrac{1}{n^2} + \dfrac{1}{(n+1)^2}} = \sqrt{\dfrac{(n^2+n+1)^2}{n^2(n+1)^2}} = \dfrac{n^2+n+1}{n(n+1)} = 1 + \left(\dfrac{1}{n} - \dfrac{1}{n+1} \right),$ 则 $S_n = n + \left(1 - \dfrac{1}{n+1} \right),$ 所以 $[S_n] = n.$

2.5.5　并项求和

【例2-93】由题意知 $a_1+a_2=5$，$a_2+a_3=5$，$a_3+a_4=5$，…，所以 $a_1=2$，$a_2=3$，

$a_3=2$，$a_4=3$，…，所以 $a_{18}=3$，$S_n=\begin{cases} \dfrac{5n}{2}, & n=2k, \\ \dfrac{5n}{2}+2, & n=2k+1. \end{cases}$

【例2-94】$a_n=(-1)^n \cdot 2^n=(-2)^n$，所以 $S_{10}=\dfrac{-2\times[1-(-2)^{10}]}{1-(-2)}=\dfrac{2}{3}(2^{10}-1)$.
$[(-1)^n$ 放在等差数列通项上，并项求和，$(-1)^n$ 放在等比数列通项上，仍然是等比数列，公比变为 $-q]$

【例2-95】$S_{10}=-1+4-7+10+\cdots+(-1)^{10}(3\times10-2)=(-1+4)+(-7+10)+\cdots=3+3+\cdots+3=15$.

【例2-96】(1)由题意知 $\{a_n\}$ 为等差数列，设 $a_n=a_1+(n-1)d$，因为 a_2 为 a_1 与 a_4 的等比中项，所以 $a_2^2=a_1\times a_4$ 且 $a_1\neq0$，即 $(a_1+d)^2=a_1(a_1+3d)$，$d=2$，解得 $a_1=2$，所以 $a_n=2+(n-1)\times2=2n$.

(2)由(1)知 $a_n=2n$，$b_n=a_{\frac{n(n+1)}{2}}=n(n+1)$.

①当 n 为偶数时，
$$\begin{aligned} T_n &= -(1\times2)+(2\times3)-(3\times4)+\cdots+n(n+1) \\ &= 2(-1+3)+4(-3+5)+\cdots+n[-(n-1)+(n+1)] \\ &= 2\times2+4\times2+6\times2+\cdots+n\times2 \\ &= 2\times(2+4+6+\cdots+n) \\ &= 2\times\frac{(2+n)\frac{n}{2}}{2}=\frac{n^2+2n}{2}. \end{aligned}$$

②当 n 为奇数时，
$$\begin{aligned} T_n &= -(1\times2)+(2\times3)-(3\times4)+\cdots-n(n+1) \\ &= 2(-1+3)+4(-3+5)+\cdots+(n-1)[-(n-2)+n]-n(n+1) \\ &= 2\times2+4\times2+6\times2+\cdots+(n-1)\times2-n(n+1) \\ &= 2\times[2+4+6+\cdots+(n-1)]-n(n+1) \\ &= 2\times\frac{(2+n-1)\frac{n-1}{2}}{2}-n(n-1) \\ &= -\frac{n^2+2n+1}{2}. \end{aligned}$$

【拓展2-40】1830.

【拓展2-41】7.

$a_{n+2} + (-1)^n a_n = 3n - 1$，当 n 为奇数时，$a_{n+2} = a_n + 3n - 1$；当 n 为偶数时，$a_{n+2} + a_n = 3n - 1$.

设数列 $\{a_n\}$ 的前 n 项和为 S_n，

$S_{16} = a_1 + a_2 + a_3 + a_4 + \cdots + a_{16}$

$\quad = a_1 + a_3 + a_5 + \cdots + a_{15} + (a_2 + a_4) + \cdots + (a_{14} + a_{16})$

$\quad = a_1 + (a_1 + 2) + (a_1 + 10) + (a_1 + 24) + (a_1 + 44) + (a_1 + 70) + (a_1 + 102) +$

$\quad\quad (a_1 + 140) + (5 + 17 + 29 + 41)$

$\quad = 8a_1 + 392 + 92 = 8a_1 + 484 = 540,$

所以 $a_1 = 7$.

【拓展 2 - 42】（1）$a_{n+1} = f\left(\dfrac{1}{a_n}\right) = \dfrac{2 \times \dfrac{1}{a_n} + 3}{3 \times \dfrac{1}{a_n}} = \dfrac{2}{3} + a_n$，则 $a_n = a_1 +$

$\dfrac{2}{3}(n - 1) = \dfrac{2}{3}n + \dfrac{1}{3}$.

（2）$T_n = a_2(a_1 - a_3) + a_4(a_3 - a_5) + \cdots + a_{2n}(a_{2n-1} - a_{2n+1}) =$

$-\dfrac{4}{3}(a_2 + a_4 + \cdots + a_{2n}) = -\dfrac{4}{9}(2n^2 + 3n)$.

（3）$T_n \leqslant \dfrac{m}{2}$ 对 $n \in \mathbf{N}^*$ 恒成立 $\Leftrightarrow (T_n)_{\max} \leqslant \dfrac{m}{2}$，因为 $\{T_n\}$ 是单调递减数列，所以

$(T_n)_{\max} \leqslant T_1 = -\dfrac{20}{9} \leqslant \dfrac{m}{2}$，则 m 的最小值为 $-\dfrac{40}{9}$.

【例 2-97】$f(x) = \sin \dfrac{\pi x}{3}$ 的周期 $T = \dfrac{2\pi}{\dfrac{\pi}{3}} = 6$（对周期函数来说，最基本且最重要的

是弄清一个周期内的情况，即求出 $f(1) + f(2) + \cdots + f(6)$），则 $f(1) + f(2) + \cdots +$

$f(6) = \sin \dfrac{\pi}{3} + \sin \dfrac{2\pi}{3} + \cdots + \sin 2\pi = 0$，所以 $f(1) + f(2) + \cdots + f(2012) =$

$[f(1) + f(2) + \cdots + f(6)] \times 335 + f(1) + f(2) = 0 \times 335 + \sin \dfrac{\pi}{3} + \sin \dfrac{2\pi}{3} = \sqrt{3}$.

【变式 2-186】B.

【例 2-98】$f(n) = \cos \dfrac{n\pi}{2}$ 的周期 $T = \dfrac{2\pi}{\dfrac{\pi}{2}} = 4$，$a_{4k-3} = 1$，$a_{4k-2} = -4k + 3$，$a_{4k-1} = 1$，

$a_{4k} = 4k + 1$，则 $a_{4k-3} + a_{4k-2} + a_{4k-1} + a_{4k} = 6$，因为 $2012 = 4 \times 503$，所以 $S_{2012} = 6 \times 503 = 3018$.

【变式 2-187】A.

$a_n = n^2 \cos \dfrac{2n\pi}{3}$，$f(n) = \cos \dfrac{2n\pi}{3}$，周期 $T = \dfrac{2\pi}{\dfrac{2\pi}{3}} = 3$，$a_{3k-2} = -\dfrac{1}{2}(3k-2)^2$，$a_{3k-1} =$

$-\dfrac{1}{2}(3k-1)^2$，$a_{3k}=(3k)^2$，所以 $a_{3k-2}+a_{3k-1}+a_{3k}=9k-\dfrac{5}{2}$，则 $\{a_{3k-2}+a_{3k-1}+a_{3k}\}$ 是

以 $\dfrac{13}{2}$ 为首项，9 为公差的等差数列，所以 $S_{30}=\dfrac{13}{2}\times10+\dfrac{10\times9}{2}\times9=470$.

【拓展 2-43】 C.

$f(n)=\sin\dfrac{n\pi}{7}$ 的周期 $T=\dfrac{2\pi}{\dfrac{\pi}{7}}=14$，$S_{13}=0$，$S_{14}=0$，则一个周期内有两个非正数，因

为 $100=14\times7+2$，显然 $S_{99}>0$，$S_{100}>0$，7 个周期共 14 个 0.

【例 2-99】 (1)设 $\{a_n\}$ 的公差为 d，$S_7=7a_4=28$，则 $a_4=4$，$d=\dfrac{a_4-a_1}{3}=1$，$a_n=$

$a_1+(n-1)d=n$.

所以 $b_1=[\lg a_1]=[\lg1]=0$，$b_{11}=[\lg a_{11}]=[\lg11]=1$，$b_{101}=[\lg a_{101}]=$

$[\lg101]=2$.

(2)记 $\{b_n\}$ 的前 n 项和为 T_n，则 $T_{1000}=b_1+b_2+\cdots+b_{1000}=[\lg a_1]+[\lg a_2]+\cdots+$

$[\lg a_{1000}]$.

当 $0\leqslant\lg a_n<1$ 时，$n=1,2,\cdots,9$；

当 $1\leqslant\lg a_n<2$ 时，$n=10,11,\cdots,99$；

当 $2\leqslant\lg a_n<3$ 时，$n=100,101,\cdots,999$；

(注重基础，但突破常规，打破"题型+方法"的思维方式)

当 $\lg a_n=3$ 时，$n=1000$，所以 $T_{1000}=0\times9+1\times90+2\times900+3\times1=1893$.

【拓展 2-44】 (1)9，15，21.

(2) c_1，c_2，c_3，$\cdots$，c_{40} 分别为 9，11，12，13，15，17，18，19，21，23，24，25，27，29，30，31，33，35，36，37，39，41，42，43，45，47，48，49，51，53，54，55，57，59，60，61，63，65，66，67.

(3) $b_{3k-2}=2(3k-2)+7=6k+3=a_{2k-1}$，$b_{3k-1}=6k+5$，$a_{2k}=6k+6$，$b_{3k}=6k+7$.

因为 $6k+3<6k+5<6k+6<6k+7$，所以 $c_n=\begin{cases}6k+3, & n=4k-3, \\ 6k+5, & n=4k-2, \\ 6k+6, & n=4k-1, \\ 6k+7, & n=4k,\end{cases}k\in\mathbf{N}^*$. 因为

$c_{4k-3}+c_{4k-2}+c_{4k-1}+c_{4k}=24k+21$，所以 $S_{4n}=(c_1+c_2+c_3+c_4)+\cdots+(c_{4n-3}+c_{4n-2}+$

$c_{4n-1}+c_{4n})=24\times\dfrac{n(n+1)}{2}+21n=12n^2+33n$.

2.5.6 倒序求和

【例 2-100】 $f(x)+f(1-x)=\dfrac{4^x}{4^x+2}+\dfrac{4^{1-x}}{4^{1-x}+2}=\dfrac{4^x}{4^x+2}+\dfrac{4^x\cdot4^{1-x}}{4^x\cdot4^{1-x}+4^x\cdot2}=\dfrac{4^x}{4^x+2}+$

$\dfrac{4}{4+4^x \cdot 2}= =\dfrac{4^x}{4^x+2}+\dfrac{2}{2+4^x}=1.$ （$f(x)=\dfrac{4^x}{4^x+2}$ 关于 $\left(\dfrac{1}{2},\ \dfrac{1}{2}\right)$ 对称，倒序相加求和是基于函数具有对称性，等差数列是一次函数，是中心对称图形）

$S_{2014}=f\left(\dfrac{1}{2015}\right)+f\left(\dfrac{2}{2015}\right)+\cdots+f\left(\dfrac{2014}{2015}\right)$ ①，

$S_{2014}=f\left(\dfrac{2014}{2015}\right)+f\left(\dfrac{2013}{2015}\right)+\cdots+f\left(\dfrac{1}{2015}\right)$ ②，

① + ②得 $2S_{2014}=\left[f\left(\dfrac{1}{2015}\right)+f\left(\dfrac{2014}{2015}\right)\right]+\cdots+\left[f\left(\dfrac{1}{2015}\right)+f\left(\dfrac{2014}{2015}\right)\right]=2014$，所以

$f\left(\dfrac{1}{2015}\right)+f\left(\dfrac{2}{2015}\right)+\cdots+f\left(\dfrac{2014}{2015}\right)=1007.$

【变式 2－188】因为 $h(x)=f\left(x+\dfrac{1}{2}\right)$ 为奇函数，所以 $h(-x)=-h(x)$，即 $f\left(-x+\dfrac{1}{2}\right)=-f\left(x+\dfrac{1}{2}\right)$，则 $f\left(-x+\dfrac{1}{2}\right)+f\left(x+\dfrac{1}{2}\right)=0.$ （其实函数关于 $\left(\dfrac{1}{2},\ 0\right)$ 对称，倒序相加求和是基于函数具有对称性，等差数列是一次函数，是中心对称图形）

令 $t=x+\dfrac{1}{2}$，则 $-x+\dfrac{1}{2}=1-t$，所以 $f(1-t)+f(t)=0.$

$S_{2014}=f\left(\dfrac{1}{2015}\right)+f\left(\dfrac{2}{2015}\right)+\cdots+f\left(\dfrac{2014}{2015}\right)$ ①，

$S_{2014}=f\left(\dfrac{2014}{2015}\right)+f\left(\dfrac{2013}{2015}\right)+\cdots+f\left(\dfrac{1}{2015}\right)$ ②，

① + ②得 $2S_{2014}=\left[f\left(\dfrac{1}{2015}\right)+f\left(\dfrac{2014}{2015}\right)\right]+\cdots+\left[f\left(\dfrac{1}{2015}\right)+f\left(\dfrac{2014}{2015}\right)\right]=0$，所以

$f\left(\dfrac{1}{2015}\right)+f\left(\dfrac{2}{2015}\right)+\cdots+f\left(\dfrac{2014}{2015}\right)=0.$

【变式 2－189】$\dfrac{n-1}{2}.$

【变式 2－190】$\dfrac{17}{2}.$

【拓展 2－45】因为分母为 100，且 $100=2^3 \times 5^2$，要为既约分数，则分子不能是 2 或 5 的倍数.

首先排除偶数，再在奇数中排除 5 的倍数"5，15，25，…，95"这 10 个数，剩下 40 个数，所以 $S_{40}=\dfrac{1}{100}+\dfrac{3}{100}+\dfrac{7}{100}+\cdots+\dfrac{97}{100}+\dfrac{99}{100}$，$S_{40}=\dfrac{99}{100}+\dfrac{97}{100}+\cdots+\dfrac{7}{100}+\dfrac{3}{100}+\dfrac{1}{100}$，则 $2S_{40}=\left(\dfrac{99}{100}+\dfrac{1}{100}\right)+\left(\dfrac{97}{100}+\dfrac{3}{100}\right)+\cdots+\left(\dfrac{1}{100}+\dfrac{99}{100}\right)=1+1+\cdots+1=40$，即 $S_{40}=20.$

【拓展 2－46】(1)将 n 换成 $n-1$，得 $S_n=a_2 S_{n-1}+a_1$，$n \geqslant 2.$

两式相减得 $S_{n+1}-S_n=a_2 S_n+a_1-(a_2 S_{n-1}+a_1)$，即 $a_{n+1}=a_2 a_n$，$n \geqslant 2.$ （这只说明了数列从第二项开始成等比数列）

当 $n=1$ 时，$a_1+a_2=a_2 S_1+a_1$，即 $a_1=1$，所以 $\dfrac{a_2}{a_1}=a_2=\dfrac{a_{n+1}}{a_n}$，$n\geqslant 2$，则 $\{a_n\}$ 是首项为 1 的等比数列. ［证明的时候需要特别注意序号，$\dfrac{a_{n+1}}{a_n}=\dfrac{a_2}{a_1}=a_2(n\geqslant 2)$］

(2)由(1)知 $a_n=a_2^{n-1}$，$a_1+a_n-(a_k+a_{n-k+1})=1+a_2^{n-1}-a_2^{k-1}-a_2^{n-k}=1-a_2^{k-1}+(a_2^{n-1}-a_2^{n-k})=1-a_2^{k-1}+a_2^{n-k}(a_2^{k-1}-1)=(1-a_2^{k-1})(1-a_2^{n-k})$.

当 $-1<a_2<1$ 时，$-1<a_2^{k-1}<1$，$-1<a_2^{n-k}<1$，则 $a_1+a_n>a_k+a_{n-k+1}$；

当 $a_2\geqslant 1$ 时，$a_2^{k-1}\geqslant 1$，$a_2^{n-k}\geqslant 1$，则 $a_1+a_n\geqslant a_k+a_{n-k+1}$.

综上，当 $a_2>-1$ 时，$a_1+a_n\geqslant a_k+a_{n-k+1}$，$S_n=a_1+a_2+a_3+\cdots+a_n$，$S_n=a_n+a_{n-1}+\cdots+a_1$，则 $2S_n=(a_1+a_n)+(a_2+a_{n-1})+\cdots+(a_1+a_n)\leqslant(a_1+a_n)+(a_1+a_n)+\cdots+(a_1+a_n)=n(a_1+a_n)$，即 $S_n\leqslant\dfrac{n}{2}(a_1+a_n)$.

（比大小的基本方法是作差，等比数列也倒序相加求和，这是打破常规的思维，根据具体情境灵活选择不同的方法，这道题设计得非常精彩）

2.5.7　求和法综合

【例 2-101】(1) 设 $\{a_n\}$ 的公差为 d，则 $\dfrac{1}{a_n a_{n+1}}=\dfrac{1}{d}\left(\dfrac{1}{a_n}-\dfrac{1}{a_{n+1}}\right)$，所以 $S_n=\dfrac{1}{d}\left(\dfrac{1}{a_1}-\dfrac{1}{a_2}+\dfrac{1}{a_2}-\dfrac{1}{a_3}+\cdots+\dfrac{1}{a_n}-\dfrac{1}{a_{n+1}}\right)=\dfrac{1}{d}\left(\dfrac{1}{a_1}-\dfrac{1}{a_{n+1}}\right)=\dfrac{1}{d}\dfrac{nd}{a_1 a_{n+1}}=\dfrac{n}{a_1 a_{n+1}}=\dfrac{n}{a_1(a_1+nd)}=\dfrac{n}{2n+1}$，则 $d=2$，$a_1=1$，从而 $a_n=2n-1$.

(2)$b_n=(a_n+1)\cdot 2^{a_n}=(2n-1+1)\cdot 2^{2n-1}=n\cdot 4^n$，$T_n=4+2\times 4^2+\cdots+(n-1)4^{n-1}+n\times 4^n$，则 $4T_n=4^2+2\times 4^3+\cdots+(n-1)4^n+n\times 4^{n+1}$.

两式相减得 $-3T_n=4+4^2+4^3+\cdots+4^n-n\times 4^{n+1}=\dfrac{4-4^n\times 4}{1-4}-n\times 4^{n+1}=\dfrac{(1-3n)4^{n+1}-4}{3}$，所以 $T_n=\dfrac{(3n-1)4^{n+1}+4}{9}$.

【变式 2-191】(1)$a_n=2^{n-1}$，$b_n=n$；(2)$2^{n+1}-2+\dfrac{n}{2n+1}$.

【变式 2-192】(1)由题意，$a_1 a_2\cdots a_n=(\sqrt{2})^{b_n}(n\in\mathbf{N}^*)$，$b_3-b_2=6$，则 $a_3=(\sqrt{2})^{b_3-b_2}=8$，又有 $a_1=2$，得公比 $q=2(q=-2$ 舍去)，所以数列 $\{a_n\}$ 的通项公式 $a_n=2^n$ $(n\in\mathbf{N}^*)$，所以 $a_1 a_2 a_3\cdots a_n=2^{\frac{n(n+1)}{2}}=(\sqrt{2})^{n(n+1)}$，故数列 $\{b_n\}$ 的通项公式 $b_n=n(n+1)$ $(n\in\mathbf{N}^*)$.

(2)(i)由(1)知 $c_n=\dfrac{1}{a_n}-\dfrac{1}{b_n}=\dfrac{1}{2^n}-\left(\dfrac{1}{n}-\dfrac{1}{n+1}\right)(n\in\mathbf{N}^*)$，所以 $S_n=\dfrac{1}{n+1}-\dfrac{1}{2^n}(n\in\mathbf{N}^*)$.

(ii)因为 $c_1=0$，$c_2>0$，$c_3>0$，$c_4>0$，当 $n\geqslant5$ 时，$c_n=\dfrac{1}{n(n+1)}\left[\dfrac{n(n+1)}{2^n}-1\right]$，

而 $\dfrac{n(n+1)}{2^n}-\dfrac{(n+1)(n+2)}{2^{n+1}}=\dfrac{(n+1)(n-2)}{2^{n+1}}>0$，得 $\dfrac{n(n+1)}{2^n}\leqslant\dfrac{5(5+1)}{2^5}<1$，所以当

$n\geqslant5$时，$c_n<0$. 综上，对任意 $n\in\mathbf{N}^*$，恒有 $S_4\geqslant S_n$，故 $k=4$.

【拓展 2-47】 (1)$c_n=b_{n+1}^2-b_n^2=a_{n+1}a_{n+2}-a_na_{n+1}=2da_{n+1}$，$c_{n+1}-c_n=2d(a_{n+2}-a_{n+1})=2d^2$ 为定值，所以$\{c_n\}$为等差数列.

(2) $T_n=\sum\limits_{k=1}^{2n}(-1)^kb_k^2=c_1+c_3+\cdots+c_{2n-1}=nc_1+\dfrac{n(n-1)}{2}4d^2=nc_1+$

$2d^2n(n-1)$（*），由已知 $c_1=b_2^2-b_1^2=a_2a_3-a_1a_2=2d(a_1+d)=4d^2$，将 $c_1=4d^2$ 代入

（*）式，得 $T_n=2d^2n(n+1)$，所以 $\sum\limits_{k=1}^n\dfrac{1}{T_k}=\dfrac{1}{2d^2}\sum\limits_{k=1}^n\dfrac{1}{k(k+1)}=$

$\dfrac{1}{2a^2}\left(1-\dfrac{1}{2}+\dfrac{1}{2}-\dfrac{1}{3}+\cdots+\dfrac{1}{n}-\dfrac{1}{n+1}\right)=\dfrac{1}{2d^2}\left(1-\dfrac{1}{n+1}\right)<\dfrac{1}{2d^2}$.

【例 2-102】 (1)$a_n=n$.

(2)$b_n=2^n+(-1)^n\cdot n$，则数列 $\{b_n\}$ 的前 $2n$ 项和 $T_{2n}=2^{2n+1}-2+(-1+2)+$ $(-3+4)+\cdots+[-(2n-1)+2n]=2^{2n+1}-2+1+1+\cdots+1=2^{2n+1}+n-2$.

【变式 2-193】 (1)当 $a_1=3$ 时，不合题意；

当 $a_1=2$ 时，当且仅当 $a_2=6$，$a_3=18$ 时，符合题意；

当 $a_1=10$ 时，不合题意.

因为 $a_1=2$，$a_2=6$，$a_3=18$，所以 $q=3$，故 $a_n=2\cdot3^{n-1}$.

(2)因为 $b_n=a_n+(-1)^n\ln a_n$，（分组求和，对$\{(-1)^n\ln a_n\}$用并项求和）

$T_n=a_1+a_2+\cdots+a_n=2\times\dfrac{1-3^{n-1}\times3}{1-3}=3^n-1$，

$H_n=(-\ln a_1+\ln a_2)+(-\ln a_3+\ln a_4)+\cdots+(-1)^n\ln a_n$

$=\ln3+\ln3+\cdots+(-1)^n\ln a_n$

$=\begin{cases}\dfrac{n}{2}\ln3,\ n=2k,\\[2mm]\dfrac{n-1}{2}\ln3-\ln2-(n-1)\ln3,\ n=2k-1\end{cases}$

$=\begin{cases}\dfrac{n}{2}\ln3,\ n=2k,\\[2mm]-\dfrac{n-1}{2}\ln3-\ln2,\ n=2k-1,\end{cases}$

所以 $S_n=\begin{cases}3^n+\dfrac{n}{2}\ln3-1,\ n\ \text{为偶数},\\[2mm]3^n-\dfrac{n-1}{2}\ln3-\ln2-1,\ n\ \text{为奇数}.\end{cases}$

【变式 2-194】 (1)$d=2$，$S_1=a_1$，$S_2=2a_1+d$，$S_4=4a_1+6d$.

因为 S_1，S_2，S_4 成等比数列，所以 $S_2^2 = S_1 S_4$，解得 $a_1 = 1$，所以 $a_n = 2n - 1$.

(2) $b_n = (-1)^{n-1} \dfrac{4n}{a_n a_{n+1}} = (-1)^{n-1} \left(\dfrac{1}{2n-1} + \dfrac{1}{2n+1} \right)$. （对于 $\left\{ \dfrac{4n}{a_n a_{n+1}} \right\}$，选择裂项求

和，$\left\{ (-1)^{n-1} \dfrac{4n}{a_n a_{n+1}} \right\}$ 需要并项求和，先裂项，再并项）

当 n 为偶数时，$T_n = \left(1 + \dfrac{1}{3} \right) - \left(\dfrac{1}{3} + \dfrac{1}{5} \right) + \left(\dfrac{1}{5} + \dfrac{1}{7} \right) - \cdots + \left(\dfrac{1}{2n-3} + \dfrac{1}{2n-1} \right) -$

$\left(\dfrac{1}{2n-1} + \dfrac{1}{2n+1} \right)$，所以 $T_n = 1 - \dfrac{1}{2n+1} = \dfrac{2n}{2n+1}$.

当 n 为奇数时，$T_n = \left(1 + \dfrac{1}{3} \right) - \left(\dfrac{1}{3} + \dfrac{1}{5} \right) + \left(\dfrac{1}{5} + \dfrac{1}{7} \right) - \cdots - \left(\dfrac{1}{2n-3} + \dfrac{1}{2n-1} \right) +$

$\left(\dfrac{1}{2n-1} + \dfrac{1}{2n+1} \right)$，所以 $T_n = 1 + \dfrac{1}{2n+1} = \dfrac{2n+2}{2n+1}$.

所以 $T_n = \begin{cases} \dfrac{2n}{2n+1}, & n \text{ 为偶数,} \\[2mm] \dfrac{2n+2}{2n+1}, & n \text{ 为奇数.} \end{cases}$

【拓展 2-48】(1) 由 $b_n = \dfrac{3 + (-1)^{n-1}}{2}$，$n \in \mathbf{N}^*$，可得 $b_n = \begin{cases} 2, & n \text{ 为奇数,} \\ 1, & n \text{ 为偶数.} \end{cases}$

又 $b_{n+1} a_n + b_n a_{n+1} = (-2)^n + 1$，当 $n = 1$ 时，$a_1 + 2a_2 = -1$，由 $a_1 = 2$，可得 $a_2 = -\dfrac{3}{2}$；当 $n = 2$ 时，$2a_2 + a_3 = 5$，可得 $a_3 = 8$.

(2) 对任意的 $n \in \mathbf{N}^*$，$a_{2n-1} + 2a_{2n} = -2^{2n-1} + 1$①，$2a_{2n} + a_{2n+1} = 2^{2n} + 1$②.

②−①得 $a_{2n+1} - a_{2n-1} = 3 \times 2^{2n-1}$，即 $c_n = 3 \times 2^{2n-1}$，于是 $\dfrac{c_{n+1}}{c_n} = 4$.

所以 $\{c_n\}$ 是等比数列.

(3) $a_1 = 2$，由(2)知，当 $k \in \mathbf{N}^*$ 且 $k \geqslant 2$ 时，$a_{2k-1} = a_1 + (a_3 - a_1) + (a_5 - a_3) + (a_7 - a_5) + \cdots + (a_{2k-1} - a_{2k-3}) = 2 + 3(2 + 2^3 + 2^5 + \cdots + 2^{2k-3}) = 2 + 3 \times \dfrac{2(1 - 4^{k-1})}{1 - 4} = 2^{2k-1}$.

故对任意的 $k \in \mathbf{N}^*$，$a_{2k-1} = 2^{2k-1}$.

由①得 $2^{2k-1} + 2a_{2k} = -2^{2k-1} + 1$，所以 $a_{2k} = \dfrac{1}{2} - 2^{2k-1}$，$k \in \mathbf{N}^*$.

因此，$S_{2k} = (a_1 + a_2) + (a_3 + a_4) + \cdots + (a_{2k-1} + a_{2k}) = \dfrac{k}{2}$.

于是，$S_{2k-1} = S_{2k} - a_{2k} = \dfrac{k-1}{2} + 2^{2k-1}$.

故 $\dfrac{S_{2k-1}}{a_{2k-1}} + \dfrac{S_{2k}}{a_{2k}} = \dfrac{\dfrac{k-1}{2} + 2^{2k-1}}{2^{2k-1}} + \dfrac{\dfrac{k}{2}}{\dfrac{1}{2} - 2^{2k-1}} = \dfrac{k-1+2^{2k}}{2^{2k}} - \dfrac{k}{2^{2k}-1} = 1 - \dfrac{1}{4^k} - \dfrac{k}{4^k(4^k-1)} \leqslant$

$1 - \dfrac{1}{4^k} - \dfrac{1}{4^k(4^k-1)} = 1 - \dfrac{1}{4^k} - \left(\dfrac{1}{4^k-1} - \dfrac{1}{4^k} \right) = 1 - \dfrac{1}{4^k-1}$.

所以 $\dfrac{S_1}{a_1}+\dfrac{S_2}{a_2}+\cdots+\dfrac{S_{2n-1}}{a_{2n-1}}+\dfrac{S_{2n}}{a_{2n}}\leqslant n-\left(\dfrac{1}{3}+\dfrac{1}{4^2-1}+\cdots+\dfrac{1}{4^n-1}\right)\leqslant n-\dfrac{1}{3}.$

【拓展 2-49】(1) $F_n(x)=f_n(x)-2=1+x+x^2+\cdots+x^n-2$，则 $F_n(1)=n-1>0$，

$F_n\left(\dfrac{1}{2}\right)=1+\dfrac{1}{2}+\left(\dfrac{1}{2}\right)^2+\cdots+\left(\dfrac{1}{2}\right)^n-2=\dfrac{1-\left(\dfrac{1}{2}\right)^{n+1}}{1-\dfrac{1}{2}}-2=-\dfrac{1}{2^n}<0$，所以 $F_n(x)$ 在

$\left(\dfrac{1}{2},1\right)$ 内至少存在一个零点 x_n。

易知 $F_n(x)$ 在 $\left(\dfrac{1}{2},1\right)$ 内单调递增，所以 $F_n(x)$ 在 $\left(\dfrac{1}{2},1\right)$ 内有且仅有一个零点 x_n。

因为 x_n 是 $F_n(x)$ 的零点，所以 $F_n(x_n)=0$，即 $\dfrac{1-x_n^{n+1}}{1-x_n}-2=0$，故 $x_n=\dfrac{1}{2}+\dfrac{1}{2}x_n^{n+1}$。

(2) 由题设 $g_n(x)=\dfrac{(n+1)(1+x_n)}{2}$。

当 $x=1$ 时，$f_n(x)=g_n(x)$；

当 $x\neq 1$ 时，$x^k+x^{n-k}-(1+x^n)=x^k+x^{n-k}-1-x^n=x^k-1+x^{n-k}-x^n=x^k-1+x^{n-k}(1-x^k)=(1-x^k)(1-x^{n-k})$。

当 $x>1$ 时，$1-x^k<0$，$1-x^{n-k}<0$，则 $x^k+x^{n-k}>1+x^n$；（根据 $g_n(x)$ 灵活选择相应的方法求和，对等比数列也进行了倒序相加求和）

当 $x<1$ 时，$1-x^k>0$，$1-x^{n-k}>0$，则 $x^k+x^{n-k}>1+x^n$。

综上，当 $x\neq 1$ 时，$x^k+x^{n-k}>1+x^n$，$1\leqslant k\leqslant n$。

因为 $f_n(x)=1+x+x^2+\cdots+x^n$，$f_n(x)=x^n+x^{n-1}+\cdots+1$，则 $2f_n(x)=(1+x^n)+(x+x^{n-1})+\cdots+(x^n+1)>(1+x^n)+\cdots+(1+x^n)=(n+1)(1+x^n)$，即 $f_n(x)>g_n(x)$。

第3章　对数列的中观解读

3.1　函数观点和数列的特殊方法

新课程从函数的观点来看数列，把数列看成以正整数集（或它的子集 $\{1,2,\cdots,n\}$）为定义域的函数 $a_n=f(n)$，即自变量按照从小到大的顺序依次排列取值时所对应的一列函数值．这是从一般到特殊，为我们指明了研究的方向．数列本身又具有特殊性，所以也有专门的研究方法，比如求最值，既可以通过函数观点求最值，也可以通过对通项的观察求最值．

【例 3－1】（2013 年辽宁卷第 4 题）下面是关于公差 $d>0$ 的等差数列 $\{a_n\}$ 的四个命题：

p_1：数列 $\{a_n\}$ 是递增数列；　　　　　　　　p_2：数列 $\{na_n\}$ 是递增数列；

p_3：数列 $\left\{\dfrac{a_n}{n}\right\}$ 是递增数列；　　　　　　p_4：数列 $\{a_n+3nd\}$ 是递增数列；

其中的真命题是（　　）．

A. p_1，p_2　　　　　B. p_3，p_4　　　　　C. p_2，p_3　　　　　D. p_1，p_4

【变式 3－1】（2014 年辽宁卷第 8 题）设等差数列 $\{a_n\}$ 的公差为 d，若数列 $\{2^{a_1a_n}\}$ 为递减数列，则（　　）．

A. $d<0$　　　　　B. $d>0$　　　　　C. $a_1d<0$　　　　　D. $a_1d>0$

【例 3－2】（2010 年辽宁卷第 16 题）已知数列 $\{a_n\}$ 满足 $a_1=33$，$a_{n+1}-a_n=2n$，则 $\dfrac{a_n}{n}$ 的最小值为_____．

【变式 3－2】（2013 年新课标 Ⅱ 第 16 题）等差数列 $\{a_n\}$ 的前 n 项和为 S_n，已知 $S_{10}=0$，$S_{15}=25$，则 nS_n 的最小值为_____．

【变式 3－3】（2017 年成都三诊第 12 题）等差数列 $\{a_n\}$ 的前 n 项和为 S_n，已知 $S_{m-1}=13$，$S_m=0$，$S_{m+1}--15$，则 $\left\{\dfrac{1}{a_na_{n+1}}\right\}$ 的前 n 项和的最大值为_____．

3.2　归纳法和从特殊到一般

从函数的观点看数列，是从一般到特殊，这为我们指明了研究的方向，比如要研究数列的通项公式（解析式）、单调性、周期性、最值等．

还要充分注重数列的特殊性，其定义域为正整数集或其子集，数列是一列数，研究数列的基本方法是列出来，观察、归纳、猜想，从特殊到一般.

【例 $3-3$】(2014 年新课标 II 文科)数列 $\{a_n\}$ 满足 $a_{n+1}=\dfrac{1}{1-a_n}$，$a_8=2$，则 $a_1=$____.

【例 $3-4$】(2015 年新课标 II 第 16 题)设 S_n 是数列 $\{a_n\}$ 的前 n 项和，且 $a_1=-1$，$a_{n+1}=S_nS_{n+1}$，则 $S_n=$_____.

【变式 $3-4$】(2020 年全国卷 III 理科)设数列 $\{a_n\}$ 满足 $a_1=3$，$a_{n+1}=3a_n-4n$.

(1)计算 a_2，a_3，猜想 $\{a_n\}$ 的通项公式并加以证明；

(2)求数列 $\{2^na_n\}$ 的前 n 项和 S_n.

【例 $3-5$】(2011 年大纲卷文科)已知数列 $\{a_n\}$ 的前 n 项和为 S_n，$a_1=1$，$S_n=a_{n+1}$ $(n\geqslant1)$，则 $S_n=$_____.

【例 $3-6$】(2008 年全国卷 II)设数列 $\{a_n\}$ 的前 n 项和为 S_n. 已知 $a_1=a$，$a_{n+1}=S_n+3^n$，$n\in\mathbf{N}^*$.

(1)设 $b_n=S_n-3^n$，求数列 $\{b_n\}$ 的通项公式；

(2)若 $a_{n+1}\geqslant a_n$，$n\in\mathbf{N}^*$，求 a 的取值范围.

【例 $3-7$】(2003 年全国卷)设 $\{a_n\}$ 是集合 $\{2^s+2^t \mid 0\leqslant s<t \text{ 且 } s,t\in\mathbf{Z}\}$ 中所有的数从小到大排列成的数列，即 $a_1=3$，$a_2=5$，$a_3=6$，$a_4=9$，$a_5=10$，$a_6=12$，…将数列 $\{a_n\}$ 各项按照上小下大、左小右大的原则写成如下的三角形数表：

$$3$$
$$5 \quad 6$$
$$9 \quad 10 \quad 12$$
$$— \quad — \quad — \quad —$$
$$\cdots\cdots$$

(1)写出这个三角形数表的第四行、第五行的各数；

(2)求 a_{100}.

3.3 回归数列特殊性

【例 $3-8$】(2011 年全国卷第 19 题)设数列 $\{a_n\}$ 满足 $a_1=0$，$\dfrac{1}{1-a_{n+1}}-\dfrac{1}{1-a_n}=1$.

(1)求 $\{a_n\}$ 的通项公式；

(2)设 $b_n=\dfrac{1-\sqrt{a_{n+1}}}{\sqrt{n}}$，记 $S_n=\sum_{k=1}^{n}b_k$，证明：$S_n<1$.

【例 $3-9$】(2016 年全国卷 II)S_n 为等差数列 $\{a_n\}$ 的前 n 项和，且 $a_1=1$，$S_7=28$，

记 $b_n = [\lg a_n]$，其中 $[x]$ 表示不超过 x 的最大整数，如 $[0.9] = 0$，$[\lg 99] = 1$.

(1)求 b_1，b_{11}，b_{101}；

(2)求数列 $\{b_n\}$ 的前 1000 项和.

【例 3-10】(2012 年新课标理科第 16 题)数列 $\{a_n\}$ 满足 $a_{n+1} + (-1)^n a_n = 2n - 1$，则 $\{a_n\}$ 的前 60 项和为＿＿＿＿＿.

【例 3-11】(2014 年全国卷 I 第 17 题)已知数列 $\{a_n\}$ 的前 n 项和为 S_n，$a_1 = 1$，$a_n \neq 0$，$a_n a_{n+1} = \lambda S_n - 1$，其中 λ 为常数.

(1)证明：$a_{n+2} - a_n = \lambda$；

(2)是否存在 λ，使得 $\{a_n\}$ 为等差数列？并说明理由.

【例 3-12】(2013 年新课标 I 第 12 题)设 $\triangle A_n B_n C_n$ 的三边长分别为 a_n，b_n，c_n，$\triangle A_n B_n C_n$ 的面积为 $S_n (n \in \mathbf{N}^*)$，若 $b_1 > c_1$，$b_1 + c_1 = 2a_1$，$a_{n+1} = a_n$，$b_{n+1} = \dfrac{c_n + a_n}{2}$，则(　　).

A. $\{S_n\}$ 为单调递减数列

B. $\{S_n\}$ 为单调递增数列

C. $\{S_{2n-1}\}$ 为单调递增数列，$\{S_{2n}\}$ 为单调递减数列

D. $\{S_{2n-1}\}$ 为单调递减数列，$\{S_{2n}\}$ 为单调递增数列

3.4　数列中方程的思想

在等差(比)数列中求出 a_1，$d(q)$ 就可以写出通项公式以及前 n 项和，所以利用已知建立等量关系求出 a_1，$d(q)$ 是最基本且重要的方法.

3.4.1　联立方程，注意公式的选择、结果的取舍以及等差等比数列的混淆

【例 3-13】(2014 年江苏卷)在各项均为正数的等比数列 $\{a_n\}$ 中，若 $a_2 = 1$，$a_8 = a_6 + 2a_4$，则 a_6 的值是＿＿＿＿＿.

【变式 3-5】(2014 年天津卷)设 $\{a_n\}$ 是首项为 a_1，公差为 -1 的等差数列，S_n 为其前 n 项和. 若 S_1，S_2，S_4 成等比数列，则 a_1 的值为＿＿＿＿＿.

【例 3-14】在等比数列中，$a_3 = \dfrac{3}{2}$，$S_3 = \dfrac{9}{2}$，求 a_1，q.

【例 3-15】(2013 年四川卷)在等差数列 $\{a_n\}$ 中，$a_2 + a_1 = 8$，且 a_4 为 a_2 和 a_9 的等比中项，求数列 $\{a_n\}$ 的首项、公差及前 n 项和.

【变式 3-6】(2013 年大纲卷)等差数列 $\{a_n\}$ 的前 n 项和为 S_n，已知 $S_3 = a_2^2$，且 S_1，

S_2，S_4 成等比数列，求$\{a_n\}$的通项公式.

3.4.2　方程思想与性质的结合

【例3-16】(2014年福建卷)等差数列$\{a_n\}$的前n项和为S_n，若$a_1=2$，$S_3=12$，则$a_6=($　$)$.

A. 8 　　　　 B. 10 　　　　 C. 12 　　　　 D. 14

【变式3-7】等比数列$\{a_n\}$的各项均为正数，且$2a_1+3a_2=1$，$a_3^2=9a_2a_6$，求数列$\{a_n\}$的通项公式.

【变式3-8】已知方程$(x^2-2x+m)(x^2-2x+n)=0$的四个根组成一个首项为$\dfrac{1}{4}$的等差数列，则$|m-n|=($　$)$.

A. 1 　　　　 B. $\dfrac{3}{4}$ 　　　　 C. $\dfrac{1}{2}$ 　　　　 D. $\dfrac{3}{8}$

【例3-17】(2012年广东卷)设数列$\{a_n\}$的前n项和为S_n，满足$2S_n=a_{n+1}-2^{n+1}+1$，$n\in\mathbf{N}^*$，且a_1，a_2+5，a_3成等差数列，求a_1的值.

【变式3-9】已知$\{a_n\}$是首项为1的等比数列，若$9S_3=S_6$，则$\left\{\dfrac{1}{a_n}\right\}$的前5项和为_____.

3.4.3　方程思想的进一步应用

【例3-18】(2015年北京卷文科)已知等差数列$\{a_n\}$满足$a_1+a_2=10$，$a_4-a_3=2$.
(1)求$\{a_n\}$的通项公式；
(2)设等比数列$\{b_n\}$满足$b_2=a_3$，$b_3=a_7$，问：b_6与数列$\{a_n\}$的第几项相等？

【变式3-10】(2018年全国卷Ⅲ文科)等比数列$\{a_n\}$中，$a_1=1$，$a_5=4a_3$.
(1)求$\{a_n\}$的通项公式；
(2)记S_n为$\{a_n\}$的前n项和. 若$S_m=63$，求m.

【变式3-11】(2020年全国卷Ⅰ文科)设等比数列$\{a_n\}$满足$a_1+a_2=4$，$a_3-a_1=8$.
(1)求$\{a_n\}$的通项公式；
(2)记S_n为数列$\{\log_3 a_n\}$的前n项和. 若$S_m+S_{m+1}=S_{m+3}$，求m.

【变式3-12】已知等差数列$\{a_n\}$：3，7，11，15，….
(1)135，$4m+19(m\in\mathbf{N}^*)$是数列$\{a_n\}$中的项吗？
(2)若a_m，$a_t(m,t\in\mathbf{N}^*)$是数列$\{a_n\}$中的项，则$2a_m+3a_t$是数列$\{a_n\}$中的项吗？并说明你的理由.

【变式3-13】(2014年浙江卷文科)已知等差数列$\{a_n\}$的公差$d>0$，设$\{a_n\}$的前n项和为S_n，$a_1=1$，$S_2\cdot S_3=36$.

(1)求 d 及 S_n;

(2)求 m，$k(m，k \in \mathbf{N}^*)$的值，使得 $a_m + a_{m+1} + a_{m+2} + \cdots + a_{m+k} = 65$.

【例 3-19】(2008 年北京卷文科)数列 $\{a_n\}$ 满足 $a_1 = 1$，$a_{n+1} = (n^2 + n - \lambda)a_n(n = 1$，$2，\cdots)$，$\lambda$ 是常数.

(1)当 $a_2 = -1$ 时，求 λ 及 a_3 的值.

(2)数列 $\{a_n\}$ 是否可能为等差数列? 若可能，求出它的通项公式; 若不可能，说明理由.

(3)求 λ 的取值范围，使得存在正整数 m，当 $n > m$ 时，总有 $a_n < 0$.

【变式 3-14】(2014 年新课标 I)已知数列 $\{a_n\}$ 的前 n 项和为 S_n，$a_1 = 1$，$a_n \neq 0$，$a_n a_{n+1} = \lambda S_n - 1$，其中 λ 为常数.

(1)证明：$a_{n+2} - a_n = \lambda$;

(2)是否存在 λ，使得 $\{a_n\}$ 为等差数列? 并说明理由.

【例 3-20】(2014 年江西卷文科)已知数列 $\{a_n\}$ 的前 n 项和 $S_n = \dfrac{3n^2 - n}{2}$，$n \in \mathbf{N}^*$.

(1)求数列 $\{a_n\}$ 的通项公式;

(2)证明：对任意 $n > 1$，都有 $m \in \mathbf{N}^*$，使得 a_1，a_n，a_m 成等比数列.

【例 3-21】(2011 年江西卷文科)(1)已知两个等比数列 $\{a_n\}$，$\{b_n\}$，满足 $a_1 = a(a > 0)$，$b_1 - a_1 = 1$，$b_2 - a_2 = 2$，$b_3 - a_3 = 3$，若数列 $\{a_n\}$ 唯一，求 a 的值;

(2)是否存在两个等比数列 $\{a_n\}$，$\{b_n\}$，使得 $b_1 - a_1$，$b_2 - a_2$，$b_3 - a_3$，$b_4 - a_4$ 成公差不为 0 的等差数列? 若存在，求 $\{a_n\}$，$\{b_n\}$ 的通项公式; 若不存在，说明理由.

【变式 3-15】(1995 年全国卷)设 $\{a_n\}$ 是由正数组成的等比数列，S_n 是其前 n 项和. 是否存在常数 $c > 0$，使得 $\dfrac{\lg(S_n - c) + \lg(S_{n+2} - c)}{2} = \lg(S_{n+1} - c)$ 成立? 并证明你的结论.

3.5　数列中的分类讨论

3.5.1　数列的奇偶项不同导致的分类讨论

【例 3-22】已知数列 $\{a_n\}$ 满足：$a_1 = m$（m 为正整数），$a_{n+1} = \begin{cases} \dfrac{a_n}{2}，& a_n \text{ 为偶数}，\\ 3a_n + 1，& a_n \text{ 为奇数}. \end{cases}$ 若 $a_6 = 1$，则 m 所有可能的取值为_____.

【变式 3-16】(2012 年河北竞赛)已知数列 $\{a_n\}$ 满足：$a_1 = m$（m 为正整数），$a_{n+1} = \begin{cases} \dfrac{a_n}{2}，& a_n \text{ 为偶数}，\\ 3a_n + 1，& a_n \text{ 为奇数}. \end{cases}$ 若 $a_4 = 7$，则 m 所有可能的取值为_____.

【例 3－23】（2013 年湖北卷文科）已知 S_n 是等比数列 $\{a_n\}$ 的前 n 项和，S_4，S_2，S_3 成等差数列，且 $a_2+a_3+a_4=-18$.

（1）求数列 $\{a_n\}$ 的通项公式；

（2）是否存在正整数 n，使得 $S_n\geqslant 2013$？若存在，求出符合条件的所有 n 的集合；若不存在，说明理由.

【变式 3－17】（2013 年天津卷文科）已知首项为 $\dfrac{3}{2}$ 的等比数列 $\{a_n\}$ 的前 n 项和为 S_n $(n\in\mathbf{N}^*)$，且 $-2S_2$，S_3，$4S_4$ 成等差数列.

（1）求数列 $\{a_n\}$ 的通项公式；

（2）证明：$S_n+\dfrac{1}{S_n}\leqslant\dfrac{13}{6}(n\in\mathbf{N}^*)$.

【变式 3－18】（2013 年天津卷）已知首项为 $\dfrac{3}{2}$ 的等比数列 $\{a_n\}$ 不是单调递减数列，其前 n 项和为 $S_n(n\in\mathbf{N}^*)$，且 S_3+a_3，S_5+a_5，S_4+a_4 成等差数列.

（1）求数列 $\{a_n\}$ 的通项公式；

（2）设 $T_n=S_n-\dfrac{1}{S_n}(n\in\mathbf{N}^*)$，求数列 $\{T_n\}$ 的最大项的值与最小项的值.

3.5.2　指代不清隐含的分类讨论

【例 3－24】在等差数列 $\{a_n\}$ 中，已知 $a_3+a_6=17$，$a_1 a_8=-38$，$a_1<a_8$.

（1）求 a_n；

（2）调整数列 $\{a_n\}$ 的前三项的顺序，使它成为等比数列 $\{b_n\}$ 的前三项，求 $\{b_n\}$ 的前 n 项和.

3.5.3　绝对值导致的分类讨论

$$b_n=|a_n|\begin{cases}\{a_n\}\text{为等差数列}\Rightarrow\text{分类讨论,}\\\{a_n\}\text{为等比数列}\Rightarrow\text{公式法.}\end{cases}$$

【例 3－25】（2013 年浙江卷文科）在公差为 d 的等差数列 $\{a_n\}$ 中，已知 $a_1=10$，且 a_1，$2a_2+2$，$5a_3$ 成等比数列.

（1）求 d，a_n；

（2）若 $d<0$，求 $|a_1|+|a_2|+|a_3|+\cdots+|a_n|$.

【变式 3－19】（2012 年湖北卷）已知等差数列 $\{a_n\}$ 的前三项和为 -3，前三项积为 8.

（1）求等差数列 $\{a_n\}$ 的通项公式；

（2）若 a_2，a_3，a_1 成等比数列，求数列 $\{|a_n|\}$ 的前 n 项和.

3.6　函数观点和单调性解决数列不等式问题

对于一些数列，求数列和较困难，在研究过程中退而求其次，求数列和的范围，则就会产生数列不等式．数列不等式可以视为特殊数列求和的拓展，数列的前 n 项和 S_n 为一个函数，数列不等式其实就是一个函数不等式，将函数不等式转化为函数的最值进行比较．

3.6.1　解数列不等式

数列不等式就是一个含 n 的不等式，如果 n 的最高次数为 2，就是二次不等式，要注意 n 是整数，如果是指数式的不等式，找到满足条件的第一个值，利用单调性，即可解出数列不等式．

【例 3-26】(2014 年湖北卷)已知等差数列 $\{a_n\}$ 满足：$a_1=2$，且 a_1，a_2，a_5 成等比数列．

(1)求数列 $\{a_n\}$ 的通项公式．

(2)记 S_n 为数列 $\{a_n\}$ 的前 n 项和，是否存在正整数 n，使得 $S_n>60n+800$？若存在，求 n 的最小值；若不存在，说明理由．

【变式 3-20】(2019 年全国卷 I 文科)记 S_n 为等差数列 $\{a_n\}$ 的前 n 项和，已知 $S_9=-a_5$．

(1)若 $a_3=4$，求 $\{a_n\}$ 的通项公式；

(2)若 $a_1>0$，求使得 $S_n \geqslant a_n$ 的 n 的取值范围．

【例 3-27】(2015 年四川卷)设数列 $\{a_n\}$ 的前 n 项和 $S_n=2a_n-a_1$，且 a_1，a_2+1，a_3 成等差数列．

(1)求数列 $\{a_n\}$ 的通项公式；

(2)记数列 $\left\{\dfrac{1}{a_n}\right\}$ 的前 n 项和为 T_n，求使得 $|T_n-1|<\dfrac{1}{1000}$ 成立的 n 的最小值．

【例 3-28】(2021 年全国乙卷文科)设 $\{a_n\}$ 是首项为 1 的等比数列，数列 $\{b_n\}$ 满足 $b_n=\dfrac{na_n}{3}$．已知 a_1，$3a_2$，$9a_3$ 成等差数列．

(1)求 $\{a_n\}$ 和 $\{b_n\}$ 的通项公式；

(2)记 S_n 和 T_n 分别为 $\{a_n\}$ 和 $\{b_n\}$ 的前 n 项和．证明：$T_n<\dfrac{S_n}{2}$．

3.6.2 判断数列单调性

数列 $\{a_n\}$ 单调递增 $\Leftrightarrow a_{n+1}-a_n>0$，$n\in\mathbf{N}^*$；

等差数列 $\{a_n\}$ 单调递增 $\Leftrightarrow d>0$；

等差数列 $\{a_n\}$ 单调递增 $\Leftrightarrow \begin{cases} a_1>0, \\ q>1 \end{cases}$ 或 $\begin{cases} a_1<0, \\ 0<q<1. \end{cases}$

【例 3-29】（2009 年安徽卷文科改编）已知数列 $\{a_n\}$ 的前 n 项和 $S_n=2n^2+2n$，数列 $\{b_n\}$ 的前 n 项和 $T_n=2-b_n$．

(1)求数列 $\{a_n\}$ 与 $\{b_n\}$ 的通项公式；

(2)设 $c_n=a_n^2\cdot b_n$，证明：当且仅当 $n\geqslant3$ 时，$c_{n+1}<c_n$．

3.6.3 数列不等式恒成立问题向最值的转化

数列恒成立问题与函数恒成立问题一样，都转化为最值问题，注意数列需要考虑自变量为正整数．

【例 3-30】已知二次函数 $f(x)=3x^2-2x$，数列 $\{a_n\}$ 的前 n 项和为 S_n，点 (n,S_n) $(n\in\mathbf{N}^*)$ 均在函数 $y=f(x)$ 的图像上．

(1)求数列 $\{a_n\}$ 的通项公式；

(2)设 $b_n=\dfrac{1}{a_na_{n+1}}$，$T_n$ 是数列 $\{b_n\}$ 的前 n 项和，求使得 $T_n<\dfrac{m}{20}$ 对所有 $n\in\mathbf{N}^*$ 都成立的 m 的取值范围．

【拓展 3-1】各项均不相等的等差数列 $\{a_n\}$ 的前四项和 $S_4=14$，且 a_1，a_3，a_7 成等比数列．

(1)求数列 $\{a_n\}$ 的通项公式 a_n 与前 n 项和 S_n；

(2)记 T_n 为数列 $\left\{\dfrac{1}{a_na_{n+1}}\right\}$ 的前 n 项和，若 $T_n\leqslant\lambda a_{n+1}$ 对任意的正整数 n 都成立，求实数 λ 的最小值．

【拓展 3-2】已知正数数列 $\{a_n\}$ 的前 n 项和为 S_n，且满足 $a_n^2+a_n-2S_n=0$，$c_n=a_nb_n$．

(1)求数列 $\{a_n\}$ 的通项公式；

(2)若 $b_1=1$，$2b_n-b_{n-1}=0(n\geqslant2$，$n\in\mathbf{N}^*)$，求数列 $\{c_n\}$ 的前 n 项和 T_n；

(3)是否存在整数 m，M，使得 $m<T_n<M$ 对任意正整数 n 恒成立，且 $M-m=4$？说明理由．

3.7　数列不等式中的放缩法求和

对于大部分数列,我们不能求出数列和,在研究过程中退而求其次,求数列和的范围,则就会产生数列不等式,此时的数列不等式可以视为数列求和的一个延伸. 处理数列不等式的一种基本方法——放缩法,在竞赛和自主招生考试中较为常见. 本节以高考题为主,介绍一些基本的、简单的放缩法.

放缩法求和的思想:比如要证 $a_1 + a_2 + \cdots + a_n < T$,若能找到数列 $\{b_n\}$(数列 $\{b_n\}$ 往往是一个等比数列或可以裂项求和的数列),使得 $a_n < b_n$,且 $b_1 + b_2 + \cdots + b_n = T_n \leqslant T$,则可以证明 $a_1 + a_2 + \cdots + a_n < b_1 + b_2 + \cdots + b_n \leqslant T$.

(整个问题的核心:找 $\{b_n\}$,思路 1:从 $\{a_n\}$ 到 $\{b_n\}$,思路 2:从 T 到 $\{b_n\}$)

3.7.1　从 $\{a_n\}$ 到 $\{b_n\}$

3.7.1.1　放缩成可裂项数列求和

【例 3-31】(2013 年广东卷)数列 $\{a_n\}$ 的通项公式 $a_n = n^2$,证明:对一切正整数 n,有 $\dfrac{1}{a_1} + \dfrac{1}{a_2} + \cdots + \dfrac{1}{a_n} < \dfrac{7}{4}$.

【变式 3-21】已知数列 $\{a_n\}$ 满足 $a_n = 2n + 1$,求证:$\dfrac{1}{a_1^2} + \dfrac{1}{a_2^2} + \cdots + \dfrac{1}{a_n^2} < \dfrac{1}{4}$.

3.7.1.2　放缩成等比数列求和

【例 3-32】(2011 年浙江卷)数列 $\{a_n\}$ 的通项公式 $a_n = n + \dfrac{n}{2^n - 1}$,求证:$\dfrac{a_1}{1} + \dfrac{a_2}{2} + \dfrac{a_3}{3} + \cdots + \dfrac{a_n}{n} < n + 2 (n \in \mathbf{N}^*)$.

【变式 3-22】(2016 年四川卷)$e_n = \sqrt{1 + \left(\dfrac{4}{3}\right)^{2n-2}}$,证明:$e_1 + e_2 + \cdots + e_n > \dfrac{4^n - 3^n}{3^{n-1}}$.

3.7.1.3　常见的放缩(拓展)

$(1) \dfrac{1}{2} - \dfrac{1}{n+1} < \dfrac{1}{2^2} + \dfrac{1}{3^2} + \cdots + \dfrac{1}{n^2} < \dfrac{n-1}{n} (n \geqslant 2) \Leftarrow$

$\dfrac{1}{n} - \dfrac{1}{n+1} = \dfrac{1}{n(n+1)} < \dfrac{1}{n^2} < \dfrac{1}{n(n-1)} = \dfrac{1}{n-1} - \dfrac{1}{n}$.

(2)$2\sqrt{n+1}-2<1+\dfrac{1}{\sqrt{2}}+\dfrac{1}{\sqrt{3}}+\cdots+\dfrac{1}{\sqrt{n}}<2\sqrt{n}\Leftarrow$

$2(\sqrt{n+1}-\sqrt{n})=\dfrac{2}{\sqrt{n+1}+\sqrt{n}}<\dfrac{2}{2\sqrt{n}}=\dfrac{1}{\sqrt{n}}=\dfrac{2}{2\sqrt{n}}<\dfrac{2}{\sqrt{n-1}+\sqrt{n}}=2(\sqrt{n}-\sqrt{n-1})$.

(3)$\dfrac{n(n+1)}{2}<\sqrt{1\cdot2}+\sqrt{2\cdot3}+\cdots+\sqrt{n(n+1)}<\dfrac{(n+1)^2}{2}\Leftarrow$

$n=\sqrt{n^2}<\sqrt{n(n+1)}<\sqrt{(n+1)^2}=n+1$.

3.7.2　从 T 到 $\{b_n\}$

将数字 T 看成一个无穷递减等比数列的和.

理论根据：$a_1+a_1q+\cdots+a_1q^{n-1}+\cdots=\dfrac{a_1(1-q^n)}{1-q}(|q|<1)\to\dfrac{a_1}{1-q}$①，

$1+x+x^2+\cdots+x^n=\dfrac{1-x^n}{1-x}\to\dfrac{1}{1-x}(|x|<1)$②.

比如，由 $\dfrac{3}{2}$ 找 $\{b_n\}$，则由②可设为 $\dfrac{1}{1-x}=\dfrac{3}{2}$，解得 $x=\dfrac{1}{3}$，所以 $1+\dfrac{1}{3}+\dfrac{1}{3^2}+\cdots+\dfrac{1}{3^{n-1}}<\dfrac{3}{2}$.

又如，由 $\dfrac{1}{2}$ 找 $\{b_n\}$，则由①可设为 $\dfrac{a_1}{1-q}=\dfrac{1}{2}$，如果根据题目的条件选取 $a_1=\dfrac{1}{3}$，则 $q=\dfrac{1}{3}$，所以 $\dfrac{1}{3}+\dfrac{1}{3^2}+\cdots+\dfrac{1}{3^n}<\dfrac{1}{2}$.

常见的有：$\dfrac{3}{2}=1+\dfrac{1}{3}+\dfrac{1}{3^2}+\cdots$，$2=1+\dfrac{1}{2}+\dfrac{1}{2^2}+\cdots$，$1=\dfrac{1}{2}+\dfrac{1}{2^2}+\cdots$，$\dfrac{1}{2}=\dfrac{1}{3}+\dfrac{1}{3^2}+\cdots$，$\dfrac{1}{k}=\dfrac{1}{k}\left(\dfrac{1}{2}+\dfrac{1}{2^2}+\cdots\right)$.

【例3-33】(2014年新课标全国卷Ⅱ) 已知数列 $\{a_n\}$ 满足 $a_1=1$，$a_{n+1}=3a_n+1$.

(1)证明：$\left\{a_n+\dfrac{1}{2}\right\}$ 是等比数列，并求 $\{a_n\}$ 的通项公式；

(2)证明：$\dfrac{1}{a_1}+\dfrac{1}{a_2}+\cdots+\dfrac{1}{a_n}<\dfrac{3}{2}$.

【变式3-23】(2012年广东卷)设数列 $\{a_n\}$ 的通项公式 $a_n=3^n-2^n$，证明：对一切正整数 n，有 $\dfrac{1}{a_1}+\dfrac{1}{a_2}+\cdots+\dfrac{1}{a_n}<\dfrac{3}{2}$.

【变式3-24】(2006年福建卷)已知数列 $\{a_n\}$ 满足 $a_1=1$，$a_{n+1}=2a_n+1$，$n\in\mathbf{N}^*$.

(1)证明：$\{a_n+1\}$ 是等比数列，并求数列 $\{a_n\}$ 的通项公式；

(2)证明：$\dfrac{n}{2}-\dfrac{1}{3}<\dfrac{a_1}{a_2}+\dfrac{a_2}{a_3}+\cdots+\dfrac{a_n}{a_{n+1}}<\dfrac{n}{2}(n\in\mathbf{N}^*)$.

3.7.3　从 T_n 到 $\{b_n\}$

放缩法求和的思想：比如要证 $a_1 + a_2 + \cdots + a_n < T_n$，只需要找到数列 $\{b_n\}$，使得 $a_n < b_n$，且 $b_1 + b_2 + \cdots + b_n = T_n$，用 $b_n = \begin{cases} T_1, & n=1, \\ T_n - T_{n-1}, & n \geq 2 \end{cases}$ 即可.

【例 3－34】（2016 年四川卷）$e_n = \sqrt{1 + \left(\dfrac{4}{3}\right)^{2n-2}}$，证明：$e_1 + e_2 + \cdots + e_n > \dfrac{4^n - 3^n}{3^{n-1}}$.

【解析】 设 $\{b_n\}$ 的前 n 项和为 $T_n = \dfrac{4^n - 3^n}{3^{n-1}}$，则 $b_n = T_n - T_{n-1} = \dfrac{4^n - 3^n}{3^{n-1}} - \dfrac{4^{n-1} - 3^{n-1}}{3^{n-2}} =$

$\dfrac{4^n - 3^n - 3(4^{n-1} - 3^{n-1})}{3^{n-1}} = \dfrac{4^{n-1}}{3^{n-1}}(n \geq 2)$.

当 $n = 1$ 时，$b_1 = T_1 = \dfrac{4^1 - 3^1}{3^{1-1}} = 1$ 满足 $b_n = \dfrac{4^{n-1}}{3^{n-1}}(n \geq 2)$，所以 $b_n = \dfrac{4^{n-1}}{3^{n-1}}$.

$e_n^2 - b_n^2 = 1 + \left(\dfrac{4}{3}\right)^{2n-2} - \left(\dfrac{4}{3}\right)^{2n-2} > 0$，所以 $e_n^2 > b_n^2$，即 $e_n > b_n$.

所以 $e_1 + e_2 + \cdots + e_n > b_1 + b_2 + \cdots + b_n = \dfrac{4^n - 3^n}{3^{n-1}}$.

3.8　数列中不可忽略的一些知识点

3.8.1　数列不等式证明的归纳法

由递推关系求通项公式，常常是猜出通项公式，再用数学归纳法证明. 数学归纳法也是处理数列不等式的重要方法，在 2002 年全国卷第 22 题、2005 年全国卷Ⅰ第 22 题、2006 年全国卷Ⅱ第 22 题、2007 年全国卷Ⅰ第 22 题、2010 年全国大纲卷第 22 题、2011 年全国大纲卷、2012 年全国大纲卷第 22 题都有体现.

【例 3－35】（2006 年全国卷Ⅱ第 22 题）设数列 $\{a_n\}$ 的前 n 项和为 S_n，且方程 $x^2 - a_n x - a_n = 0$，有一根为 $S_n - 1$，$n = 1, 2, 3, \cdots$.

(1)求 a_1，a_2；

(2)求 $\{a_n\}$ 的通项公式.

【变式 3－25】（2010 年全国大纲卷第 22 题）已知数列 $\{a_n\}$ 中，$a_1 = 1$，$a_{n+1} = c - \dfrac{1}{a_n}$.

(1)设 $c = \dfrac{5}{2}$，$b_n = \dfrac{1}{a_n - 2}$，求数列 $\{b_n\}$ 的通项公式；

(2)求使不等式 $a_n < a_{n+1} < 3$ 成立的 c 的取值范围.

【变式 3 - 26】（2012 年全国大纲卷第 22 题）函数 $f(x) = x^2 - 2x - 3$，定义数列 $\{x_n\}$ 如下：$x_1 = 2$，x_{n+1} 是过两点 $P(4，5)$，$Q_n(x_n，f(x_n))$ 的直线 PQ_n 与 x 轴交点的横坐标.

(1)证明：$2 \leqslant x_n < x_{n+1} < 3$；

(2)求数列 $\{x_n\}$ 的通项公式.

3.8.2 数列的实际问题

【例 3 - 36】（2012 年湖北卷）《九章算术》"竹九节"问题：现有一根 9 节的竹子，自上而下各节的容积成等差数列，上面 4 节的容积共 3 升，下面 3 节的容积共 4 升，则第 5 节的容积为 _____ 升.

【解析】设该数列 $\{a_n\}$ 的首项为 a_1，公差为 d，依题意有 $\begin{cases} a_1 + a_2 + a_3 + a_4 = 3， \\ a_7 + a_8 + a_9 = 4， \end{cases}$ 即

$\begin{cases} 4a_1 + 6d = 3， \\ 3a_1 + 21d = 4， \end{cases}$ 解得 $\begin{cases} a_1 + 7d = \dfrac{4}{3}， \\ d = \dfrac{7}{66}， \end{cases}$ 则 $a_5 = a_1 + 4d = a_1 + 7d - 3d = \dfrac{4}{3} - \dfrac{21}{66} = \dfrac{67}{66}$.

【变式 3 - 27】（2002 年全国卷第 20 题）某城市 2001 年末汽车保有量为 30 万辆，预计此后每年报废上一年末汽车保有量的 6%，并且每年新增汽车数量相同. 为保护城市环境，要求该城市汽车保有量不超过 60 万辆，那么每年新增汽车数量不应超过多少辆？

【解析】方法 1：设 2001 年末汽车保有量为 b_1 万辆，以后各年末汽车保有量依次为 b_2 万辆，b_3 万辆，…，每年新增汽车 x 万辆，则 $b_1 = 30$，$b_2 = b_1 \times 0.94 + x$.

对于 $n > 1$，有 $b_{n+1} = b_n \times 0.94 + x = b_{n-1} \times 0.94^2 + (1 + 0.94)x = \cdots$，所以 $b_{n+1} = b_1 \times 0.94^n + x(1 + 0.94 + 0.94^2 + \cdots + 0.94^n) = b_1 \times 0.94^n + \dfrac{1 - 0.94^n}{0.06}x = \dfrac{x}{0.06} + \left(30 - \dfrac{x}{0.06}\right) \times 0.94^n$.

当 $30 - \dfrac{x}{0.06} \geqslant 0$，即 $x \leqslant 1.8$ 时，$b_{n+1} \leqslant b_n \leqslant \cdots \leqslant b_1 = 30$.

当 $30 - \dfrac{x}{0.06} < 0$，即 $x > 1.8$ 时，数列 $\{b_n\}$ 逐项增加，可以任意靠近 $\dfrac{x}{0.06}$，$\lim\limits_{n \to +\infty} b_n = \lim\limits_{n \to +\infty} \left[\dfrac{x}{0.06} + \left(30 - \dfrac{x}{0.06}\right) \times 0.94^{n-1}\right] = \dfrac{x}{0.06}$.

因此，如果要求汽车保有量不超过 60 万辆，即 $b_n \leqslant 60(n = 1，2，3，\cdots)$，则 $\dfrac{x}{0.06} \leqslant 60$，即 $x \leqslant 3.6$.

综上，每年新增汽车不应超过 3.6 万辆.

方法 2：(极限分析)该城市汽车保有量最大值为 60 万辆，此时报废的车为 $60 \times 6\% =$

3.6 万辆，故增加的车不超过 3.6 万辆.

【点评】方法 1 在实际问题情境中构建递推关系，并通过研究单调性，借助极限得到最值. 方法 2 是通过极限分析直接得到答案.

3.8.3　数列递推关系的独特意义

数列是一种特殊的函数，对于函数三要素来说，其最重要的就是对应关系，这也启发我们要充分关注数列的通项公式. 无论是研究数列本身还是研究数列的前 n 项和，都是紧紧围绕通项公式来思考的. 数列作为一个特殊的函数，其特殊性反映在图像上是一些离散的点，我们可以通过点与点之间的关系来找对应关系，即通过数列的递推关系来找数列的通项公式. 因此，对于数列来说，通项公式有着特别的意义. 于是我们可以把数列通项公式的求法归结为：具体的情境 $\xrightarrow{\text{观察、归纳}}$ 递推关系式 $\xrightarrow{\text{运算、变形}}$ 通项公式. 这些年很多省份的高考试题都会涉及递推关系式，都把"递推关系式"作为一个结果直接呈现给学生，让学生只经历了第二个过程. 对于学生来说，从看似无序的数字中找到有序性，找到规律性，其意义比第二个过程大得多，由此看出数列也是承载观察力非常好的载体.

【例 3−37】(2011 年陕西卷)如下图，从点 $P_1(0，0)$ 作 x 轴的垂线交曲线 $y=e^x$ 于点 $Q_1(0，1)$. 曲线在点 Q_1 处的切线与 x 轴交于点 P_2. 再从点 P_2 作 x 轴的垂线交曲线于点 Q_2，依次重复上述过程得到一系列点：P_1，Q_1；P_2，Q_2，…，P_n，Q_n，记点 P_k 的坐标为 $(x_k，0)(k=1，2，…，n)$.

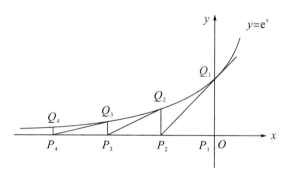

(1)试求 x_k 与 x_{k-1} 的关系 $(2 \leqslant k \leqslant n)$；

(2)求 $|P_1Q_1|+|P_2Q_2|+|P_3Q_3|+…+|P_nQ_n|$.

【变式 3−28】如下图，互不相同的点 A_1，A_2，…，A_n，…和 B_1，B_2，…，B_n，…分别在角 O 的两条边上，所有 A_nB_n 相互平行，且所有梯形 $A_nB_nB_{n+1}A_{n+1}$ 的面积均相等. 设 $OA_n=a_n$，若 $a_1=1$，$a_2=2$，则数列 $\{a_n\}$ 的通项公式是_____.

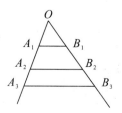

第 3 章答案

3.1 函数观点和数列的特殊方法

【例 3-1】D.

$a_n = dn + (a_1 - d)$，因为 $d > 0$，所以 $\{a_n\}$ 单调递增；$na_n = dn^2 + (a_1 - d)n$，单调性看对称轴；$\dfrac{a_n}{n} = d + \dfrac{a_1 - d}{n}$，单调性看 $a_1 - d$ 的正负；$a_n + 3nd = 4dn + (a_1 - d)$，单调递增.

【变式 3-1】C.

因为数列 $\{2^{a_1 a_n}\}$ 单调递减且 $2^{a_1 a_n}$ 恒正，所以 $\dfrac{2^{a_1 a_{n+1}}}{2^{a_1 a_n}} = 2^{a_1 a_{n+1} - a_1 a_n} = 2^{a_1 d} < 1$，则 $a_1 d < 0$.

【例 3-2】$\dfrac{21}{2}$.

【变式 3-2】-49.

【变式 3-3】$\dfrac{16}{13}$.

3.2 归纳法和从特殊到一般

【例 3-3】由 $a_8 = \dfrac{1}{1 - a_7} = 2$，得 $a_7 = \dfrac{1}{2}$，由 $a_7 = \dfrac{1}{1 - a_6} = \dfrac{1}{2}$，得 $a_6 = -1$，同理可求得 $a_5 = 2$，发现数列的周期为 3，则 $a_1 = \dfrac{1}{2}$.

【例 3-4】由 $a_{n+1} = S_n S_{n+1}$，得 $S_{n+1} - S_n = S_n S_{n+1}$.

方法 1：$S_1 = -1$，$S_2 = -\dfrac{1}{2}$，$S_3 = -\dfrac{1}{3}$，$\cdots$，猜想 $S_n = -\dfrac{1}{n}$．（列出来，观察、归纳、猜想，是研究数列的基本方法）

方法 2：$\dfrac{S_{n+1}}{S_n S_{n+1}} - \dfrac{S_n}{S_n S_{n+1}} = 1$，即 $\dfrac{1}{S_n} - \dfrac{1}{S_{n+1}} = 1$，所以 $\dfrac{1}{S_{n+1}} - \dfrac{1}{S_n} = -1$，则 $\left\{\dfrac{1}{S_n}\right\}$ 成等差数列，公差为 -1，所以 $\dfrac{1}{S_n} = \dfrac{1}{S_1} + (n-1) \times (-1) = -n$，则 $S_n = -\dfrac{1}{n}$．

【点评】对 S_n 与 a_n 关系的灵活处理：退位相减，目的是消掉 S_n，进而找出 a_n，a_{n-1} 的关系，这是求通项的方法．此题是求 S_n，所以消掉 a_{n+1}，即 $S_{n+1} - S_n$．这种思路在 2006 年全国卷 Ⅱ 第 22 题、2008 年全国卷第 20 题第 (1) 问、2011 年全国大纲卷文科都考查过．方法 1 是用基本方法以"不变应万变"，方法 2 是通过代数变形．

【变式 3-4】(1) 由题意可得 $a_2 = 3a_1 - 4 = 9 - 4 = 5$，$a_3 = 3a_2 - 8 = 15 - 8 = 7$．

由数列 $\{a_n\}$ 的前三项可猜想数列 $\{a_n\}$ 是以 3 为首项，2 为公差的等差数列，即 $a_n = 2n + 1$．

证明如下：

当 $n = 1$ 时，$a_1 = 3$ 成立；假设当 $n = k$ 时，$a_k = 2k + 1$ 成立．

那么当 $n = k + 1$ 时，$a_{k+1} = 3a_k - 4k = 3(2k + 1) - 4k = 2k + 3 = 2(k + 1) + 1$ 也成立．

所以对任意的 $n \in \mathbf{N}^*$，都有 $a_n = 2n + 1$ 成立．

(2) 由 (1) 可知 $a_n \cdot 2^n = (2n + 1) \cdot 2^n$．

$S_n = 3 \times 2 + 5 \times 2^2 + 7 \times 2^3 + \cdots + (2n - 1) \cdot 2^{n-1} + (2n + 1) \cdot 2^n$ ①，

$2S_n = 3 \times 2^2 + 5 \times 2^3 + 7 \times 2^4 + \cdots + (2n - 1) \cdot 2^n + (2n + 1) \cdot 2^{n+1}$ ②，

① $-$ ② 得 $-S_n = 6 + 2 \times (2^2 + 2^3 + \cdots + 2^n) - (2n + 1) \cdot 2^{n+1} = 6 + 2 \times \dfrac{2^2 \times (1 - 2^{n-1})}{1 - 2} - (2n + 1) \cdot 2^{n+1} = (1 - 2n) \cdot 2^{n+1} - 2$，即 $S_n = (2n - 1) \cdot 2^{n+1} + 2$．

【例 3-5】由 $S_n = a_{n+1}$，得 $S_n = S_{n+1} - S_n$，即 $S_{n+1} = 2S_n$，所以 $\{S_n\}$ 是等比数列，则 $S_n = S_1 \times 2^{n-1} = 2^{n-1}$．

【例 3-6】略．

【例 3-7】(1) 用 (t, s) 表示 $2^s + 2^t$，则三角形数表的规律如下：

第一行：3(0, 1)

第二行：5(0, 2)　6(1, 2)

第三行：9(0, 3)　10(1, 3)　12(2, 3)

第四行：17(0, 4)　18(1, 4)　20(2, 4)　24(3, 4)

第五行：33(0, 5)　34(1, 5)　36(2, 5)　40(3, 5)　48(4, 5)

（列出来，观察、归纳、猜想，是研究数列的基本方法，全国卷的数列压轴题都是这样突破的，为了更好地观察，改编其形式）

(2) $100 = (1 + 2 + \cdots + 13) + 9$，所以 $a_{100} = (8, 14) = 2^8 + 2^{14} = 16640$．

（到 100 的前一行为止，设共有 n 行，$\dfrac{n(n+1)}{2} \leqslant 100$ 中 n 最大可取 13，则 a_{100} 位于

第 14 行，由 $100=(1+2+\cdots+13)+9$ 知 a_{100} 位于第 14 行第 8 个数)

3.3 回归数列特殊性

【例 3-8】(1)由 $\dfrac{1}{1-a_{n+1}}-\dfrac{1}{1-a_n}=1$，可得数列 $\left\{\dfrac{1}{1-a_n}\right\}$ 是等差数列，首项为 $\dfrac{1}{1-a_1}=1$，故 $\dfrac{1}{1-a_n}=1+(n-1)\times1=n$，从而 $a_n=1-\dfrac{1}{n}$．

(2) $b_n=\dfrac{1-\sqrt{a_{n+1}}}{\sqrt{n}}=\dfrac{1-\sqrt{1-\dfrac{1}{n+1}}}{\sqrt{n}}=\dfrac{\sqrt{n+1}-\sqrt{n}}{\sqrt{n}\sqrt{n+1}}=\dfrac{1}{\sqrt{n}}-\dfrac{1}{\sqrt{n+1}}$，所以 $S_n=\displaystyle\sum_{k=1}^{n}b_k=$

$1-\dfrac{1}{\sqrt{2}}+\dfrac{1}{\sqrt{2}}+-\dfrac{1}{\sqrt{3}}+\cdots+\dfrac{1}{\sqrt{n}}-\dfrac{1}{\sqrt{n+1}}=1-\dfrac{1}{\sqrt{n+1}}<1$．

【例 3-9】(1)设 $\{a_n\}$ 的公差为 d，$S_7=7a_4=28$，所以 $a_4=4$，$d=\dfrac{a_4-a_1}{3}=1$，$a_n=$ $a_1+(n-1)d=n$．

所以 $b_1=[\lg a_1]=[\lg 1]=0$，$b_{11}=[\lg a_{11}]=[\lg 11]=1$，$b_{101}=[\lg a_{101}]=$ $[\lg 101]=2$．

(2)记 $\{b_n\}$ 的前 n 项和为 T_n，则 $T_{1000}=b_1+b_2+\cdots+b_{1000}=[\lg a_1]+[\lg a_2]+\cdots$ $+[\lg a_{1000}]$．

当 $0\leqslant\lg a_n<1$ 时，$n=1$，2，$\cdots$，9；

当 $1\leqslant\lg a_n<2$ 时，$n=10$，11，$\cdots$，99；

当 $2\leqslant\lg a_n<3$ 时，$n=100$，101，$\cdots$，999；

当 $\lg a_n=3$ 时，$n=1000$．

所以 $T_{1000}=0\times9+1\times90+2\times900+3\times1=1893$．

【例 3-10】方法 1(分别求奇数项和偶数项)：

$a_2-a_1=1$①，$a_3+a_2=3$②，

$a_4-a_3=5$③，$a_5+a_4=7$④，

$a_6-a_5=9$⑤，$a_7+a_6=11$⑥，

$a_8-a_7=13$⑦，$a_9+a_8=15$⑧，

$a_{10}-a_9=17$⑨，$a_{11}+a_{10}=19$⑩，

$a_{12}-a_{11}=21$⑪，$a_{13}+a_{12}=23$⑫．

②-①：$a_1+a_3=2$；⑥-⑤：$a_5+a_7=2$；⑩-⑨：$a_9+a_{11}=2$；$\cdots$猜想：相邻的奇数项和为 2，从而前 60 项中，30 个奇数项分为 15 组，和为 30．

②+③：$a_2+a_4=8$；⑥+⑦：$a_6+a_8=24$；⑩+⑪：$a_{10}+a_{12}=40$；$\cdots$猜想：相邻的

偶数项和构成一个等差数列，首项为 8，公差为 16，从而前 60 项中，30 个偶数项分为 15 组，和为 $15\times8+\dfrac{15\times14}{2}\times16=1800$.

所以 $\{a_n\}$ 的前 60 项和为 1830.

【反思 1】研究数列的基本方法是列出来，观察、归纳、猜想. $(-1)^n$ 让人联想到并项求和，所以尝试把这些式子相加减. 为了更好地观察，选择把加和减的式子写成两列，可以横着、竖着、斜着观察.

方法 2（注意奇数项和偶数项之间的关系）：

由第一列，得到 $a_2=a_1+1$，$a_4=a_3+5$，…全部加起来，得到的偶数项的和分为两部分：一部分是奇数项的和；另一部分是首项为 1，公差为 4，项数为 30 的等差数列的和.

【反思 2】奇数项的和是容易观察出来的，找到奇数项的和与偶数项的和的关系，问题很容易就解决了.

方法 3：$(-1)^n$ 让人想到并项求和，可以写几个式子，尝试合并.

由 $a_{2k+1}+a_{2k}=4k-1$，$a_{2k}-a_{2k-1}=4k-3$，相减得 $a_{2k+1}+a_{2k-1}=2$，则相邻的奇数项的和为 2，从而前 60 项中，30 个奇数项分为 15 组，和为 30.

由 $a_{2k+1}+a_{2k}=4k-1$，$a_{2k+2}-a_{2k+1}=4k+1$，相加得 $a_{2k}+a_{2k+2}=8k$，则相邻的偶数项的和构成一个等差数列，首项为 8，公差为 16，后面的计算同方法 1.

【反思 3】方法 1 和方法 3 本质上一样，方法 1 从特殊的项开始观察和思考.

【例 3-11】(1)由题设可知 $a_na_{n+1}=\lambda S_n-1$，$a_{n+1}a_{n+2}=\lambda S_{n+1}-1$，两式相减得 $a_{n+1}\cdot(a_{n+2}-a_n)=\lambda a_{n+1}$，因为 $a_n\neq0$，所以 $a_{n+2}-a_n=\lambda$.

(2)由题设可知 $a_1=1$，$a_1a_2=\lambda S_1-1$，则 $a_2=\lambda-1$，由(1)知 $a_3=\lambda+1$.

假设 $\{a_n\}$ 为等差数列，则 $a_1+a_3=2a_2$，解得 $\lambda=4$.

下面证明当 $\lambda=4$ 时，$\{a_n\}$ 为等差数列.

由 $a_{n+2}-a_n=4$（再证明一般情况成立），可知数列奇数项构成的数列 $\{a_{2m-1}\}$ 是首项为 1，公差为 4 的等差数列，$a_{2m-1}=4m-3$. 令 $n=2m-1$，则 $m=\dfrac{n+1}{2}$，所以 $a_n=2n-1(n=2m-1)$.

数列偶数项构成的数列 $\{a_{2m}\}$ 是首项为 3，公差为 4 的等差数列，$a_{2m}=4m-1$，令 $n=2m$，则 $m=\dfrac{n}{2}$，所以 $a_n=2n-1(n=2m)$.

所以 $a_n=2n-1(n\in\mathbf{N}^*)$，$a_{n+1}-a_n=2$.

因此，存在 $\lambda=4$，使得 $\{a_n\}$ 为等差数列.

【例 3-12】方法 1：（特殊化，用最朴素的思想去猜）由题设知 $b_1>a_1>c_1$，不妨设 $b_1=5$，$a_1=4$，$c_1=3$，则 $a_2=4$，$b_2=3.5$，$c_2=4.5$，周长不变，但边与边的长度越来越接近（可以求出第 n 个三角形三边长分别为 $4+(-1)^{n-1}\left(\dfrac{1}{2}\right)^{n-1}$，4，$4-(-1)^{n-1}\cdot$

$\left(\dfrac{1}{2}\right)^{n-1}$），面积越来越大. 故选 B.

方法 2：（利用海伦公式构建函数）由题设知 $b_1 > a_1 > c_1$，不妨设 $b_1 = 5$，$a_1 = 4$，$c_1 = 3$，设三边长分别为 $4+m$，4，$4-m$，其中 $m = \left(\dfrac{1}{2}\right)^{n-1}$，设 $p = \dfrac{1}{2}(a+b+c)$，则其面积 $S_n = \sqrt{p(p-a)(p-b)(p-c)} = 2\sqrt{3}\sqrt{4-m^2}$，随着 n 增大，m 减小，面积增大. 故选 B.

【点评】抓住变化中的不变性，即变化所具有的性质，常常是破题的关键；特殊化，发现周长为定值，在三角形的周长一定的情况下，正三角形的面积最大，由此猜想在周长一定的情况下，三角形边长越接近，面积越大；根据实际问题情境，通过递推关系列出 b_1，b_2，b_3，…，进一步猜想 $b_n = 4 + (-1)^{n-1}\left(\dfrac{1}{2}\right)^{n-1}$，再用数学归纳法证明，这常常是利用数列知识解决实际问题的方法；方法 2 由三边的关系构建面积的函数，想到海伦公式，考查了数学文化，这也要求学生有非常广泛的知识，不应该受教材、课标和考试说明的限制，凭着兴趣广泛地学习，学而致知.

3.4 数列中方程的思想

【例 $3-13$】由题设知 $a_2 q^6 = a_2 q^4 + 2a_2 q^2$，即 $q^4 - q^2 - 2 = 0$，所以 $q^2 = 2$，从而 $a_6 = a_2 q^4 = 4$.

【变式 $3-5$】$-\dfrac{1}{2}$.

因为 S_1，S_2，S_4 成等比数列，所以 $S_2^2 = S_1 S_4$，即 $(2a_1 + d)^2 = a_1(4a_1 + 6d)$，由 $d = -1$，得 $a_1 = -\dfrac{1}{2}$.

【例 $3-14$】$S_3 = a_1 + a_1 q + a_1 q^2 = a_1(1 + q + q^2) = \dfrac{9}{2}$ ①，$a_3 = a_1 q^2 = \dfrac{3}{2}$ ②，$\dfrac{①}{②}$ 得 $\dfrac{1 + q + q^2}{q^2} = 3$，即 $q = -\dfrac{1}{2}$ 或 $q = 1$. 当 $q = 1$ 时，$a_1 = \dfrac{3}{2}$；当 $q = -\dfrac{1}{2}$ 时，$a_1 = 12$.

【例 $3-15$】设 $\{a_n\}$ 的公差为 d，由题设知 $\begin{cases} 2a_1 + 2d = 8, \\ (a_1 + 3d)^2 = (a_1 + d)(a_1 + 8d), \end{cases}$ 即 $\begin{cases} a_1 + d = 4, \\ d^2 = 3a_1 d, \end{cases}$ 所以 $\begin{cases} d = 0, \\ a_1 = 4 \end{cases}$ 或 $\begin{cases} d = 3, \\ a_1 = 1, \end{cases}$ 则前 n 项和为 $S_n = 4n$ 或 $S_n = \dfrac{3n^2 - n}{2}$.

（四川卷分别在 2012 年、2013 年借助数列，2014 年借助三角函数考查了解方程的严谨性，即两边约掉一个数，要考虑是否为 0. 恒等变形一定要注意其等价性，对常见变形易错点的记忆是应对这一问题的根本所在）

【变式 3－6】设 $\{a_n\}$ 的公差为 d，由 $S_3=a_2^2$，得 $3a_2=a_2^2$，即 $a_2=0$ 或 $a_2=3$. 由 S_1，S_2，S_4 成等比数列，得 $S_2^2=S_1S_4$，又 $S_1=a_2-d$，$S_2=2a_2-d$，$S_4=4a_2+2d$，故 $(2a_2-d)^2=(a_2-d)(4a_2+2d)$. 若 $a_2=0$，则 $d^2=-2d^2$，即 $d=0$，此时 $S_n=0$，不合题意；若 $a_2=3$，则 $(6-d)^2=(3-d)(12+2d)$，即 $d=0$ 或 $d=2$，所以 $a_n=3$ 或 $a_n=2n-1$.

【例 3－16】C.

由题设知 $a_1=2$，$S_3=3a_2=12$，所以 $d=2$，则 $a_6=a_1+5d=12$.

【变式 3－7】由 $a_3^2=9a_2a_6=9a_4^2$，得 $q=\dfrac{1}{3}$ 或 $q=-\dfrac{1}{3}$（舍），所以 $2a_1+3a_2=2a_1+3a_1\times\dfrac{1}{3}=1$，即 $a_1=\dfrac{1}{3}$，从而 $a_n=\left(\dfrac{1}{3}\right)^n$.

【变式 3－8】C.

设四个根分别为 x_1，x_2，x_3，x_4，则 $x_1+x_2=2$，$x_3+x_4=2$.

由等差数列的性质 $a_1+a_4=a_2+a_3$，不妨设 x_1 为第一项，x_2 为第四项，则数列为 $\dfrac{1}{4}$，$\dfrac{3}{4}$，$\dfrac{5}{4}$，$\dfrac{7}{4}$，所以 $m=\dfrac{1}{4}\times\dfrac{7}{4}=\dfrac{7}{16}$，$n=\dfrac{3}{4}\times\dfrac{5}{4}=\dfrac{15}{16}$，则 $|m-n|=\dfrac{1}{2}$.

【例 3－17】由题设知 $\begin{cases}2a_1=a_2-3,\\2(a_1+a_2)=a_3-7,\\2a_2+10=a_1+a_3,\end{cases}$ 得 $a_1=1$.

【变式 3－9】$9S_3=S_6=S_3+q^3S_3=(1+q^3)S_3$，所以 $1+q^3=9$，即 $q=2$. 所以 $a_n=2^{n-1}$，则 $\left\{\dfrac{1}{a_n}\right\}$ 是公比为 $\dfrac{1}{2}$ 的等比数列，其前 5 项和为 $\dfrac{1\times\left[1-\left(\frac{1}{2}\right)^5\right]}{1-\frac{1}{2}}=\dfrac{31}{16}$.

【例 3－18】(1)设等差数列 $\{a_n\}$ 的公差为 d. 因为 $a_4-a_3=2$，所以 $d=2$. 又因为 $a_1+a_2=10$，所以 $2a_1+d=10$，故 $a_1=4$. 所以 $a_n=4+2(n-1)=2n+2(n\in\mathbf{N}^*)$.

(2)设等比数列 $\{b_n\}$ 的公比为 q. 因为 $b_2=a_3=8$，$b_3=a_7=16$，所以 $q=2$，$b_1=4$，$b_6=4\times2^{6-1}=128$. 由 $128=2n+2$，得 $n=63$. 所以 b_6 与数列 $\{a_n\}$ 的第 63 项相等.

【变式 3－10】(1)设 $\{a_n\}$ 的公比为 q，由题设得 $a_n=q^{n-1}$. 由已知得 $q^4=4q^2$，解得 $q=0$(舍)，$q=-2$ 或 $q=2$，故 $a_n=(-2)^{n-1}$ 或 $a_n=2^{n-1}(n\in\mathbf{N}^*)$.

(2)若 $a_n=(-2)^{n-1}$，则 $S_n=\dfrac{1-(-2)^n}{3}$. 由 $S_m=63$，得 $(-2)^m=-188$，此方程没有正整数解. 若 $a_n=2^{n-1}$，则 $S_n=2^n-1$. 由 $S_m=63$，得 $2^m=64$，解得 $m=6$.

【变式 3－11】(1)设等比数列 $\{a_n\}$ 的公比为 q，根据题意，有 $\begin{cases}a_1+a_1q=4,\\a_1q^2-a_1=8,\end{cases}$ 解得 $\begin{cases}a_1=1,\\q=3,\end{cases}$ 所以 $a_n=3^{n-1}(n\in\mathbf{N}^*)$.

(2)令 $b_n = \log_3 a_n = \log_3 3^{n-1} = n-1$，所以 $S_n = \dfrac{n(0+n-1)}{2} = \dfrac{n(n-1)}{2}$.

根据 $S_m + S_{m+1} = S_{m+3}$，可得 $\dfrac{m(m-1)}{2} + \dfrac{m(m+1)}{2} = \dfrac{(m+2)(m+3)}{2}$.

整理得 $m^2 - 5m - 6 = 0$，因为 $m > 0$，所以 $m = 6$.

【变式 3-12】(1)依题意有 $a_1 = 3$，$d = 7-3 = 4$，则 $a_n = 3 + 4(n-1) = 4n-1(n \in \mathbf{N}^*)$.

由 $4n-1 = 135$，得 $n = 34$，则 135 是 $\{a_n\}$ 中的第 34 项．由 $4m+19 = 4(m+5)-1$，$m \in \mathbf{N}^*$，知 $4m+19$ 是 $\{a_n\}$ 中的第 $m+5$ 项．

(2)$a_m = 4m-1$，$a_t = 4t-1$，则 $2a_m + 3a_t = 8m-2+12t-3 = 4(2m+3t-1)-1$.

因为 $2m+3t-1 \in \mathbf{N}^*$，所以 $2a_m + 3a_t$ 是 $\{a_n\}$ 中的第 $2m+3t-1$ 项．

【变式 3-13】(1)由题意，$(2a_1+d)(3a_1+3d) = 36$，将 $a_1 = 1$ 代入上式，得 $d = 2$ 或 $d = -5$，因为 $d > 0$，所以 $d = 2$，从而 $a_n = 2n-1$，$S_n = n^2(n \in \mathbf{N}^*)$.

(2)由(1)知 $a_m + a_{m+1} + a_{m+2} + \cdots + a_{m+k} = (2m+k-1)(k+1)$，所以 $(2m+k-1)(k+1) = 65$．（取整分析）

由 m，$k \in \mathbf{N}^*$ 知 $(2m+k-1)(k+1) > 1$，则 $\begin{cases} 2m+k-1 = 13, \\ k+1 = 5, \end{cases}$ 所以 $\begin{cases} m = 5, \\ k = 4. \end{cases}$

【例 3-19】(1)由于 $a_{n+1} = (n^2+n-\lambda)a_n (n \in \mathbf{N}^*)$，且 $a_1 = 1$，所以当 $a_2 = -1$ 时，得 $-1 = 2-\lambda$，故 $\lambda = 3$，从而 $a_3 = (2^2+2-3) \times (-1) = -3$.

(2)数列 $\{a_n\}$ 不可能为等差数列，证明如下：

由 $a_1 = 1$，$a_{n+1} = (n^2+n-\lambda)a_n$，得 $a_2 = 2-\lambda$，$a_3 = (6-\lambda)(2-\lambda)$，$a_4 = (12-\lambda) \cdot (6-\lambda)(2-\lambda)$．若存在 λ，使得 $\{a_n\}$ 为等差数列，则 $a_3 - a_2 = a_2 - a_1$，即 $(5-\lambda)(2-\lambda) = 1-\lambda$，解得 $\lambda = 3$．于是 $a_2 - a_1 = 1-\lambda = -2$，$a_4 - a_3 = (11-\lambda)(6-\lambda)(2-\lambda) = -24$．这与 $\{a_n\}$ 为等差数列矛盾，所以对任意 λ，$\{a_n\}$ 都不可能是等差数列．

(3)容易知道要满足条件，必须 $a_2 < 0$，则 $2-\lambda < 0$，易知 $\lambda > 2$，若 $2^2+2-\lambda > 0$，则 $n^2+n-\lambda > 0$ 对一切 $n > 2$ 恒成立．故此时对一切 $n \geqslant 2$ 都有 $a_n < 0$，因为 $n^2+n > (n-1)^2+(n-1)$，若 $n^2+n-\lambda < 0$，则对任意 $k < n$ 都有 $k^2+k-\lambda < 0$；若 $n^2+n-\lambda > 0$，则对任意 $k > n$ 都有 $k^2+k-\lambda > 0$.

若满足 $n^2+n-\lambda < 0$，且 $(n+1)^2+(n+1)-\lambda > 0$，当 n 是奇数时，$a_2 < 0$，$a_3 > 0$，$a_4 > 0$，$\cdots$，$a_{2k-1} > 0$，$a_{2k} < 0$，且当 $m > n$ 时，都有 $m^2+m-\lambda > 0$，所以满足 $\begin{cases} (2k-1)^2+2k-\lambda < 0, \\ 4k^2+2k-\lambda > 0, \end{cases}$ 解得 $4k^2-2k < \lambda < 4k^2+2k$；当 n 是偶数时，$a_2 < 0$，$a_3 > 0$，$a_4 > 0$，$\cdots$，$a_{2k-1} > 0$，$a_{2k} < 0$，且当 $m > n$ 时，都有 $m^2+m-\lambda > 0$，此时所有 $a_m > 0$ 恒成立，故不满足题意．

综上，$4k^2-2k < \lambda < 4k^2+2k$.

【变式 3-14】(1)由题设知 $a_n a_{n+1} = \lambda S_n - 1$，$a_{n+1}a_{n+2} = \lambda S_{n+1} - 1$，两式相减得

$a_{n+1}(a_{n+2}-a_n)=\lambda a_{n+1}$，由于 $a_n\neq0$，所以 $a_{n+2}-a_n=\lambda$.

(2)由题设知 $a_1=1$，$a_1a_2=\lambda S_1-1$，可得 $a_2=\lambda_1-1$，由(1)知 $a_3=\lambda+1$.

假设 $\{a_n\}$ 为等差数列，则 $a_1+a_3=2a_2$，解得 $\lambda=4$.

下面证明当 $\lambda=4$ 时，$\{a_n\}$ 为等差数列.

由 $a_{n+2}-a_n=4$ 知数列奇数项构成的数列 $\{a_{2m-1}\}$ 是首项为 1，公差为 4 的等差数列，$a_{2m-1}=4m-3$. 令 $n=2m-1$，则 $m=\dfrac{n+1}{2}$，所以 $a_n=2n-1(n=2m-1)$.

数列偶数项构成的数列 $\{a_{2m}\}$ 是首项为 3，公差为 4 的等差数列，$a_{2m}=4m-1$，令 $n=2m$，则 $m=\dfrac{n}{2}$，所以 $a_n=2n-1(n=2m)$.

所以 $a_n=2n-1(n\in\mathbf{N}^*)$，$a_{n+1}-a_n=2$.

因此，存在 $\lambda=4$，使得 $\{a_n\}$ 为等差数列.

【例 3-20】(1)当 $n=1$ 时，$a_1=S_1=1$；当 $n\geqslant2$ 时，$a_n=S_n-S_{n-1}=\dfrac{3n^2-n}{2}-\dfrac{3(n-1)^2-n+1}{2}=3n-2$.

经检验，当 $n=1$ 时，$a_1=1$，所以 $a_n=3n-2(n\in\mathbf{N}^*)$.

(2)要使 a_1，a_n，a_m 成等比数列，则 $a_n^2=a_1a_m$，所以 $(3n-2)^2=3m-2$，即满足 $3m=(3n-2)^2+2=9n^2-12n+6$，所以 $m=3n^2-4n+2$，则对任意 $n>1$，都有 $3n^2-4n+2\in\mathbf{N}^*$.

所以对任意 $n>1$，都有 $m\in\mathbf{N}^*$，使得 a_1，a_n，a_m 成等比数列.

【例 3-21】(1)$\{a_n\}$ 要唯一，$b_1=1+a_1=2$，$b_2=2+a_2$，$b_3=3+a_3$，设 $\{a_n\}$ 的公比为 q，由 $b_2^2=b_1b_3$，得 $(2+aq)^2=(1+a)(3+aq^2)$，则 $aq^2-4aq+3a-1=0(*)$.

由 $a>0$，得 $\Delta=4a^2+4a>0$，故方程 $(*)$ 有两个不同的实根. 由 $\{a_n\}$ 唯一，知方程 $(*)$ 必有一根为 0，代入 $(*)$ 得 $a=\dfrac{1}{3}$.

(2)假设存在这样的等比数列 $\{a_n\}$，$\{b_n\}$，公比分别为 q_1，q_2，则由等差数列的性质，可得 $2(b_1q_2-a_1q_1)=(b_1-a_1)+(b_1q_2^2-a_1q_1^2)$，$2(b_1q_2^2-a_1q_1^2)=(b_1q_2-a_1q_1)+(b_1q_2^3-a_1q_1^3)$，即 $b_1(q_2-1)^2-a_1(q_1-1)^2=0$①，$b_1q_2(q_2-1)^2-a_1q_1(q_1-1)^2=0$②.

② $-q_2$①得 $a_1(q_1-1)^2(q_2-q_1)=0$.

若 $q_1=1$，因为 $\{b_n\}$ 是等比数列，所以 $q_2=q_1=1$，这时 $b_i-a_i(i=1，2，3，4)$ 是公差为 0 的等差数列，与题不符.

若 $q_2=q_1$，则 $b_1=a_1$，这时 $b_i-a_i(i=1，2，3，4)$ 是公差为 0 的等差数列，与题不符.

综上，不存在这样的等比数列 $\{a_n\}$，$\{b_n\}$，使得 b_1-a_1，b_2-a_2，b_3-a_3，b_4-a_4 为公差不为零的等差数列。

【变式 3-15】要使 $\dfrac{\lg(S_n-c)+\lg(S_{n+2}-c)}{2}=\lg(S_{n+1}-c)$ 成立，则有

$$\begin{cases} (S_n - c)(S_{n+2} - c) = (S_{n+1} - c)^2, \\ S_n - c > 0. \end{cases}$$

$(S_n - c)(S_{n+2} - c) - (S_{n+1} - c)^2 = [(S_{n+1} - c) - a_{n+1}][(S_{n+1} - c) + a_{n+2}] - (S_{n+1} - c)^2 = (a_{n+2} - a_{n+1})(S_{n+1} - c) = 0$，则 $a_{n+2} = a_{n+1}$ 或 $S_{n+1} - c = 0$(舍).

若 $a_{n+2} = a_{n+1}$，则当 $q = 1$ 时，$(S_n - c)(S_{n+2} - c) - (S_{n+1} - c)^2 = (na_1 - c) \cdot [(n+2)a_1 - c] - [(n+1)a_1 - c]^2 = -a_1^2 < 0$，故不存在常数 $c > 0$ 使结论成立.

3.5　数列中的分类讨论

【例 3-22】$a_6 = 1 \Rightarrow \begin{cases} a_5 = 2 \Rightarrow \begin{cases} a_4 = 4 \Rightarrow \begin{cases} a_3 = 8 \Rightarrow \begin{cases} a_2 = 16 \Rightarrow \begin{cases} a_1 = 32 \\ a_1 = 5 \end{cases} \\ a_2 = \frac{7}{3}(\times) \end{cases} \\ a_3 = 1 \Rightarrow \begin{cases} a_2 = 2 \Rightarrow \begin{cases} a_1 = 4 \\ a_1 = \frac{1}{3}(\times) \end{cases} \\ a_1 = 0(\times) \end{cases} \end{cases} \\ a_4 = \frac{1}{3}(\times) \end{cases} \\ a_5 = 0(\times) \end{cases}$

m 的取值为 4，5，32.

【变式 3-16】$a_4 = 7 \Rightarrow \begin{cases} a_3 = 14 \Rightarrow \begin{cases} a_2 = 28 \Rightarrow \begin{cases} a_1 = 56 \\ a_1 = 9 \end{cases} \\ a_2 = \frac{13}{3}(\times) \end{cases} \\ a_3 = 2(\times) \end{cases}$

m 的取值为 9，56.

【例 3-23】（1）设 $\{a_n\}$ 的公比为 q，由题设知 $\begin{cases} 2S_2 = S_4 + S_3, \\ a_2 + a_3 + a_4 = -18, \end{cases}$ 即

$\begin{cases} 0 = 2a_1 q^2 + a_1 q^3, \\ a_1(q + q^2 + q^3) = -18, \end{cases}$ 所以 $\begin{cases} q = -2, \\ a_1 = 3, \end{cases}$ 则 $a_n = 3 \cdot (-2)^{n-1}(n \in \mathbf{N}^*)$.

（2）$S_n = \dfrac{3[1 - (-2)^n]}{1 - (-2)} = 1 - (-2)^n$.

$S_n \geqslant 2013 \Leftrightarrow 1 - (-2)^n \geqslant 2013 \Leftrightarrow (-2)^n \leqslant -2012 (*)$.

当 n 为偶数时，（*）式不成立；

当 n 为奇数时，（∗）式 $\Leftrightarrow -2^n \leqslant -2012$，则 $n \geqslant 11$.

综上，存在正整数 n，使得 $S_n \geqslant 2013$，这样的 n 构成的集合为 $n = \{n \mid n = 2k+1,\ k \in \mathbf{Z},\ k \geqslant 5\}$.

【变式 3-17】（1）由题设知 $-2S_2 + 4S_4 = 2S_3$，即 $2a_3 + 4a_4 = 0$，则 $q = -\dfrac{1}{2}$，所以

$$a_n = a_1 q^{n-1} = \frac{3}{2} \cdot \left(-\frac{1}{2}\right)^{n-1} \quad (n \in \mathbf{N}^*).$$

$$(2)\, S_n = \frac{\frac{3}{2} \cdot \left[1 - \left(-\frac{1}{2}\right)^n\right]}{1 - \left(-\frac{1}{2}\right)} = 1 - \left(-\frac{1}{2}\right)^n.$$

当 n 为奇数时，$S_n = 1 + \left(\dfrac{1}{2}\right)^n$ 单调递减，所以 $1 < S_n \leqslant \dfrac{3}{2}$；当 n 为偶数时，$S_n = 1 - \left(\dfrac{1}{2}\right)^n$ 单调递增，所以 $\dfrac{3}{4} \leqslant S_n < 1$.（函数的观点：把不等式恒成立问题转化为最值问题，求函数的值域则要研究函数的定义域，即 S_n 的范围）

令 $t = S_n$，则 $S_n + \dfrac{1}{S_n} = t + \dfrac{1}{t}$ 在 $\left(\dfrac{3}{4},\ 1\right)$ 上单调递减，在 $\left(1,\ \dfrac{3}{2}\right)$ 上单调递增，所以 $\left(t + \dfrac{1}{t}\right)_{\max} = \max\left\{\dfrac{25}{12},\ \dfrac{13}{6}\right\} = \dfrac{13}{6} \leqslant \dfrac{13}{6}$.

【变式 3-18】（1）由题设知 $S_3 + a_3 + S_4 + a_4 = 2S_5 + 2a_5$，即 $a_3 = 4a_5$，所以 $q^2 = \dfrac{1}{4}$.

因为等比数列 $\{a_n\}$ 是首项为 $\dfrac{3}{2}$ 的非递减数列，则 $q = -\dfrac{1}{2}$（注意取舍），从而 $a_n = a_1 q^{n-1} = \dfrac{3}{2} \cdot \left(-\dfrac{1}{2}\right)^{n-1}\ (n \in \mathbf{N}^*)$.

$$(2)\, S_n = \frac{\frac{3}{2} \cdot \left[1 - \left(-\frac{1}{2}\right)^n\right]}{1 - \left(-\frac{1}{2}\right)} = 1 - \left(-\frac{1}{2}\right)^n.$$

当 n 为奇数时，$S_n = 1 + \left(\dfrac{1}{2}\right)^n$ 单调递减，所以 $1 < S_n \leqslant \dfrac{3}{2}$；当 n 为偶数时，$S_n = 1 - \left(\dfrac{1}{2}\right)^n$ 单调递增，所以 $\dfrac{3}{4} \leqslant S_n < 1$.

令 $t = S_n$，则 $S_n - \dfrac{1}{S_n} = t - \dfrac{1}{t}$ 在 $\left(\dfrac{3}{4},\ 1\right)$ 上单调递增，在 $\left(1,\ \dfrac{3}{2}\right)$ 上单调递增.

所以当 $S_n = \dfrac{3}{2}$，即 $n = 1$ 时，$\left(S_n - \dfrac{1}{S_n}\right)_{\max} = \dfrac{5}{6}$；当 $S_n = \dfrac{3}{4}$，即 $n = 2$ 时，$\left(S_n - \dfrac{1}{S_n}\right)_{\min} = -\dfrac{7}{12}$.

【例 3-24】（1）由题设知 $\begin{cases} a_1 a_8 = -38, \\ a_1 + a_8 = 17, \end{cases}$ 即 $\begin{cases} a_1 = -2, \\ a_8 = 19 \end{cases}$ 或 $\begin{cases} a_1 = 19, \\ a_8 = -2 \end{cases}$（舍），所以 $d = 3$，

$a_n = -2 + 3(n-1) = 3n - 5$.

(2)由(1)得 $a_1 = -2$，$a_2 = 1$，$a_3 = 4$，要构成等比数列，则 $a_1 = -2$ 必为等比中项.

(i)若 1，-2，4 成等比数列，则 $q = -2$，所以 $b_n = (-2)^{n-1}$，$S_n = \dfrac{1 - (-2)^{n-1} \cdot (-2)}{1 - (-2)} = \dfrac{1 - (-2)^n}{3}$.

(ii)若 4，-2，1 成等比数列，则 $q = -\dfrac{1}{2}$，所以 $b_n = 4 \times \left(-\dfrac{1}{2}\right)^{n-1} = \left(-\dfrac{1}{2}\right)^{n-3}$，

$S_n = \dfrac{4 - \left(-\dfrac{1}{2}\right)^{n-3} \cdot \left(-\dfrac{1}{2}\right)}{1 - \left(-\dfrac{1}{2}\right)} = \dfrac{8 + \left(-\dfrac{1}{2}\right)^{n-3}}{3}$.

【例 $3-25$】（1）由已知得 $(2a_2 + 2)^2 = 5a_1 a_3 \Rightarrow 4(a_1 + d + 1)^2 = 50(a_1 + 2d) \Rightarrow (11 + d)^2 = 25(5 + d) \Rightarrow 121 + 22d + d^2 = 125 + 25d \Rightarrow d^2 - 3d - 4 = 0 \Rightarrow$
$\begin{cases} d = 4, \\ a_n = 4n + 6 \end{cases}$ 或 $\begin{cases} d = -1, \\ a_n = 11 - n. \end{cases}$

（2）由（1）知，当 $d < 0$ 时，$a_n = 11 - n (n \in \mathbf{N}^*)$.

当 $1 \leqslant n \leqslant 11$ 时，$a_n \geqslant 0$，所以 $|a_1| + |a_2| + |a_3| + \cdots + |a_n| = a_1 + a_2 + a_3 + \cdots + a_n = \dfrac{n(10 + 11 - n)}{2} = \dfrac{n(21 - n)}{2}$.

当 $n \geqslant 12$ 时，$a_n \leqslant 0$，所以 $|a_1| + |a_2| + |a_3| + \cdots + |a_n| = a_1 + a_2 + a_3 + \cdots + a_{11} - (a_{12} + a_{13} + \cdots + a_n) = 2(a_1 + a_2 + a_3 + \cdots + a_{11}) - (a_1 + a_2 + a_3 + \cdots + a_n) = 2 \times \dfrac{11(21 - 11)}{2} - \dfrac{n(21 - n)}{2} = \dfrac{n^2 - 21n + 220}{2}$.

综上，$|a_1| + |a_2| + |a_3| + \cdots + |a_n| = \begin{cases} \dfrac{n(21 - n)}{2}, & 1 \leqslant n \leqslant 11, \\ \dfrac{n^2 - 21n + 220}{2}, & n \geqslant 12. \end{cases}$

【变式 $3-19$】（1）设等差数列 $\{a_n\}$ 的公差为 d，则 $a_2 = a_1 + d$，$a_3 = a_1 + 2d$.

由题意得 $\begin{cases} 3a_1 + 3d = -3, \\ a_1(a_1 + d)(a_1 + 2d) = 8, \end{cases}$ 解得 $\begin{cases} a_1 = 2, \\ d = -3 \end{cases}$ 或 $\begin{cases} a_1 = -4, \\ d = 3. \end{cases}$

所以由等差数列的通项公式，可得 $a_n = -3n + 5$ 或 $a_n = 3n - 7 (n \in \mathbf{N}^*)$.

（2）当 $a_n = -3n + 5a_n = 3n - 7$ 时，a_2，a_3，a_1 分别为 -1，-4，2，不成等比数列；
当 $a_n = 3n - 7$ 时，a_2，a_3，a_1 分别为 -1，2，-4，能构成等比数列，满足条件.

所以 $|a_n| = |3n - 7| = \begin{cases} -3n + 7, & n = 1, 2, \\ 3n - 7, & n \geqslant 3. \end{cases}$

记数列 $\{|a_n|\}$ 的前 n 项和为 S_n.

当 $n = 1$ 时，$S_1 = |a_1| = 4$；

当 $n = 2$ 时，$S_2 = |a_1| + |a_2| = 5$；

当 $n \geqslant 3$ 时，$S_n = S_2 + |a_3| + \cdots + |a_n| = 5 + (3 \times 3 - 7) + (3 \times 4 - 7) + \cdots + (3n - 7) = \dfrac{3}{2}n^2 - \dfrac{11}{2}n + 10$．当 $n = 2$ 时，满足此式.

综上，$S_n = \begin{cases} 4, & n = 1, \\ \dfrac{3}{2}n^2 - \dfrac{11}{2}n + 10, & n > 1. \end{cases}$

3.6　函数观点和单调性解决数列不等式问题

【例 3-26】（1）设数列 $\{a_n\}$ 的公差为 d，依题意得 2，$2 + d$，$2 + 4d$ 成等比数列，故有 $(2 + d)^2 = 2(2 + 4d)$，化简得 $d^2 - 4d = 0$，解得 $d = 0$ 或 $d = 4$.

当 $d = 0$ 时，$a_n = 2$；当 $d = 4$ 时，$a_n = 2 + (n - 1) \cdot 4 = 4n - 2$．从而得数列 $\{a_n\}$ 的通项公式为 $a_n = 2$ 或 $a_n = 4n - 2 (n \in \mathbf{N}^*)$.

（2）当 $a_n = 2$ 时，$S_n = 2n$，显然 $2n < 60n + 800$，此时不存在正整数 n，使得 $S_n > 60n + 800$ 成立.

当 $a_n = 4n - 2$ 时，$S_n = \dfrac{n[2 + (4n - 2)]}{2} = 2n^2$．令 $2n^2 > 60n + 800$，即 $n^2 - 30n - 400 > 0$，解得 $n > 40$ 或 $n < -10$（舍去），此时存在正整数 n，使得 $S_n > 60n + 800$ 成立，n 的最小值为 41.

综上，当 $a_n = 2$ 时，不存在满足题意的正整数 n；当 $a_n = 4n - 2$ 时，存在满足题意的正整数 n，其最小值为 41.

【变式 3-20】（1）设等差数列 $\{a_n\}$ 的首项为 a_1，公差为 d，根据题意有 $\begin{cases} 9a_1 + \dfrac{9 \times 8}{2}d = -(a_1 + 4d), \\ a_1 + 2d = 4, \end{cases}$ 解得 $\begin{cases} a_1 = 8, \\ d = -2, \end{cases}$ 所以 $a_n = 8 + (n - 1) \times (-2) = -2n + 10$，所以等差数列 $\{a_n\}$ 的通项公式为 $a_n = -2n + 10 (n \in \mathbf{N}^*)$.

（2）由条件 $S_9 = -a_5$，得 $9a_5 = -a_5$，即 $a_5 = 0$，因为 $a_1 > 0$，所以 $d < 0$，并且有 $a_5 = a_1 + 4d = 0$，所以有 $a_1 = -4d$．由 $S_n \geqslant a_n$，得 $na_1 + \dfrac{n(n-1)}{2}d \geqslant a_1 + (n-1)d$，整理得 $(n^2 - 9n)d \geqslant (2n - 10)d$．因为 $d < 0$，所以有 $n^2 - 9n \leqslant 2n - 10$，即 $n^2 - 11n + 10 \leqslant 0$，解得 $1 \leqslant n \leqslant 10$，所以 n 的取值范围是 $1 \leqslant n \leqslant 10 (n \in \mathbf{N}^*)$.

【例 3-27】（1）由已知 $S_n = 2a_n - a_1$，有 $a_n = S_n - S_{n-1} = 2a_n - 2a_{n-1} (n > 1)$，即 $a_n = 2a_{n-1} (n > 1)$，从而 $a_2 = 2a_1$，$a_3 = 4a_1$．又因为 a_1，$a_2 + 1$，a_3 成等差数列，即 $a_1 + a_3 = 2(a_2 + 1)$，所以 $a_1 + 4a_1 = 2(2a_1 + 1)$，解得 $a_1 = 2$．所以数列 $\{a_n\}$ 是首项为 2，公比为 2 的等比数列，故 $a_n = 2^n (n \in \mathbf{N}^*)$.

(2)由(1)得$\dfrac{1}{a_n}=\dfrac{1}{2^n}$，则$T_n=\dfrac{\dfrac{1}{2}-\dfrac{1}{2^n}\times\dfrac{1}{2}}{1-\dfrac{1}{2}}=1-\dfrac{1}{2^n}$，即$|T_n-1|=\dfrac{1}{2^n}<\dfrac{1}{1000}$，所以$n\geqslant$

10，则n的最小值为10．（依次取数，凑答案：$2^4=16$，$2^8=256$，$2^9=512$，$2^{10}=1024$）

【例3-28】(1)因为$\{a_n\}$是首项为1的等比数列，且a_1，$3a_2$，$9a_3$成等差数列，所以$6a_2=a_1+9a_3$，$6a_1q=a_1+9a_1q^2$，即$9q^2-6q+1=0$，解得$q=\dfrac{1}{3}$，所以$a_n=\left(\dfrac{1}{3}\right)^{n-1}$，所以$b_n=\dfrac{na_n}{3}=\dfrac{n}{3^n}(n\in\mathbf{N}^*)$．

(2)由(1)得$S_n=\dfrac{1\times\left(1-\dfrac{1}{3^n}\right)}{1-\dfrac{1}{3}}=\dfrac{3}{2}\left(1-\dfrac{1}{3^n}\right)$，

$T_n=\dfrac{1}{3}+\dfrac{2}{3^2}+\cdots+\dfrac{n-1}{3^{n-1}}+\dfrac{n}{3^n}$①，

$\dfrac{1}{3}T_n=\dfrac{1}{3^2}+\dfrac{2}{3^3}+\cdots+\dfrac{n-1}{3^n}+\dfrac{n}{3^{n+1}}$②，

①－②得$\dfrac{2}{3}T_n=\dfrac{1}{3}+\dfrac{1}{3^2}+\dfrac{1}{3^3}+\cdots+\dfrac{1}{3^n}-\dfrac{n}{3^{n+1}}=\dfrac{\dfrac{1}{3}\left(1-\dfrac{1}{3^n}\right)}{1-\dfrac{1}{3}}-\dfrac{n}{3^{n+1}}=\dfrac{1}{2}\left(1-\dfrac{1}{3^n}\right)-\dfrac{n}{3^{n+1}}$，

所以$T_n=\dfrac{3}{4}\left(1-\dfrac{1}{3^n}\right)-\dfrac{n}{2\cdot3^n}$，$T_n-\dfrac{S_n}{2}=\dfrac{3}{4}\left(1-\dfrac{1}{3^n}\right)-\dfrac{n}{2\cdot3^n}-\dfrac{3}{4}\left(1-\dfrac{1}{3^n}\right)=-\dfrac{n}{2\cdot3^n}<0$，即$T_n<\dfrac{S_n}{2}$．

【例3-29】(1)由于$a_1=S_1=4$，当$n\geqslant2$时，$a_n=S_n-S_{n-1}=(2n^2+2n)-[2(n-1)^2+2(n-1)]=4n$，所以$a_n=4n(n\in\mathbf{N}^*)$．

又当$x\geqslant n$时，$b_n=T_n-T_{n-1}-(2-6_m)-(2-b_{m-1})$，则$2b_n=b_{n-1}$，所以数列$\{b_n\}$是等比数列，其首项为1，公比为$\dfrac{1}{2}$，所以$b_n=\left(\dfrac{1}{2}\right)^{n-1}(n\in\mathbf{N}^*)$．

(2)由(1)知$c_1=a_1^2\cdot b_n=16n^2\cdot\left(\dfrac{1}{2}\right)^{n-1}$，所以$\dfrac{c_{n+1}}{c_n}=\dfrac{16(n+1)^2\cdot\left(\dfrac{1}{2}\right)^{(n+1)-1}}{16n^2\cdot\left(\dfrac{1}{2}\right)^{n-1}}=\dfrac{(n+1)^2}{2n^2}$．（也可作差比大小，判断数列的单调性）

由$\dfrac{c_{n+1}}{c_n}<1$，得$\dfrac{(n+1)^2}{2n}<1$，即$n^2-2n-1>0$，所以$n>1+\sqrt{2}$，即$n\geqslant3$．

当$n\geqslant3$时，$\dfrac{(n+1)^2}{2n}<1$成立，即$\dfrac{c_{n+1}}{c_n}<1$，由于$c_n>0$恒成立，所以当且仅当$n\geqslant3$时，$c_{n+1}<c_n$．

【例 3−30】（1）由题设知 $S_n = 3n^2 - 2n$，$a_n = \begin{cases} S_1, & n=1, \\ S_n - S_{n-1}, & n \geq 2 \end{cases} = \begin{cases} 1, & n=1, \\ 6n-5, & n \geq 2. \end{cases}$

因为 a_1 满足 $a_n = 6n - 5$，所以 $a_n = 6n - 5$.

（2）$b_n = \dfrac{1}{a_n a_{n+1}} = \dfrac{1}{d}\left(\dfrac{1}{a_n} - \dfrac{1}{a_{n+1}}\right)$，则 $T_n = \dfrac{1}{d}\left(\dfrac{1}{a_1} - \dfrac{1}{a_2} + \dfrac{1}{a_3} - \dfrac{1}{a_4} + \cdots + \dfrac{1}{a_n} - \dfrac{1}{a_{n+1}}\right) =$ $\dfrac{1}{d}\left(\dfrac{1}{a_1} - \dfrac{1}{a_{n+1}}\right) = \dfrac{1}{6}\left(1 - \dfrac{1}{6n+1}\right)$.

易知 $T_n = \dfrac{1}{6}\left(1 - \dfrac{1}{6n+1}\right)$ 为单调递增，而当 $n \to +\infty$ 时，$T_n = \dfrac{1}{6}\left(1 - \dfrac{1}{6n+1}\right) \to \dfrac{1}{6}$.

所以 $T_n < \dfrac{m}{20}$ 对所有 $n \in \mathbf{N}^*$ 都成立 $\Leftrightarrow \dfrac{1}{6} \leq \dfrac{m}{20}$，即 $m \geq \dfrac{10}{3}$.

【拓展 3−1】（1）$a_n = n + 1$，$S_n = \dfrac{n(n+3)}{2}$ $(n \in \mathbf{N}^*)$.

（2）由裂项求和得 $T_n = \dfrac{n}{2(n+2)}$，因为 $T_n \leq \lambda a_{n+1}$ 对任意的正整数 n 都成立，且 $a_{n+1} > 0$，所以 $\lambda \geq \dfrac{T_n}{a_{n+1}} = \dfrac{n}{2(n+2)^2}$ 对任意的正整数 n 都成立.

因为 $f(n) = \dfrac{n}{2(n+2)^2} = \dfrac{n}{2(n^2+4n+4)} = \dfrac{1}{2\left(n + \dfrac{4}{n} + 4\right)} \leq \dfrac{1}{16}$，当且仅当 $n = 2$ 时等号成立，则 $\lambda \geq \dfrac{1}{16}$，即实数 λ 的最小值为 $\dfrac{1}{16}$.

【拓展 3−2】（1）在 $a_n^2 + a_n - 2S_n = 0$①中，将 n 换成 $n-1$，得 $a_{n-1}^2 + a_{n-1} - 2S_{n-1} = 0$②.

① − ② 得 $(a_n - a_{n-1})(a_n + a_{n-1}) + a_n - a_{n-1} - 2a_n = 0$，即 $(a_n + a_{n-1})(a_n - a_{n-1} - 1) = 0$. 因为数列 $\{a_n\}$ 各项为正，所以 $a_n - a_{n-1} = 1$.

令 $n = 1$，得 $a_1 = 1$，则 $a_n = n (n \in \mathbf{N}^*)$.

（2）$c_n = \dfrac{n}{2^{n-1}}$，由错位相减法可求得 $T_n = 4 - \dfrac{n+2}{2^{n-1}}$.

（3）由 $T_{n+1} - T_n = 4 - \dfrac{n+3}{2^n} - \left(4 - \dfrac{n+2}{2^{n-1}}\right) = \dfrac{n+2}{2^{n-1}} - \dfrac{n+3}{2^n} = \dfrac{n+1}{2^n} > 0$，得 T_n 单调递增，则 $T_n \geq T_1 = 1$. 又因为 $T_n = 4 - \dfrac{n+2}{2^{n-1}} < 4$，故存在 $m = 0$，$M = 4$，使得 $m < T_n < M$ 对任意正整数 n 恒成立.

3.7　数列不等式中的放缩法求和

【例 3−31】当 $n = 1$ 时，$\dfrac{1}{a_1} = 1 < \dfrac{7}{4}$；当 $n = 2$ 时，$\dfrac{1}{a_1} + \dfrac{1}{a_2} = 1 + \dfrac{1}{4} = \dfrac{5}{4} < \dfrac{7}{4}$；当 $n \geq 3$

时，$\dfrac{1}{a_n}=\dfrac{1}{n^2}<\dfrac{1}{(n-1)n}=\dfrac{1}{n-1}-\dfrac{1}{n}$，此时 $\dfrac{1}{a_1}+\dfrac{1}{a_2}+\cdots+\dfrac{1}{a_n}=1+\dfrac{1}{4}+\dfrac{1}{3^2}+\dfrac{1}{4^2}+\cdots+\dfrac{1}{n^2}<$

$1+\dfrac{1}{4}+\left(\dfrac{1}{2}-\dfrac{1}{3}\right)+\left(\dfrac{1}{3}-\dfrac{1}{4}\right)+\cdots+\left(\dfrac{1}{n-1}-\dfrac{1}{n}\right)=1+\dfrac{1}{4}+\dfrac{1}{2}-\dfrac{1}{n}=\dfrac{7}{4}-\dfrac{1}{n}<\dfrac{7}{4}.$

综上，对一切正整数 n，有 $\dfrac{1}{a_1}+\dfrac{1}{a_2}+\cdots+\dfrac{1}{a_n}<\dfrac{7}{4}.$

【变式 3-21】因为 $\dfrac{1}{a_n^2}=\dfrac{1}{4n^2+4n+1}<\dfrac{1}{4n^2+4n}=\dfrac{1}{4}\cdot\dfrac{1}{n(n+1)}=\dfrac{1}{4}\left(\dfrac{1}{n}-\dfrac{1}{n+1}\right)$，所

以 $\dfrac{1}{a_1^2}+\dfrac{1}{a_2^2}+\cdots+\dfrac{1}{a_n^2}<\dfrac{1}{4}\left(1-\dfrac{1}{2}+\dfrac{1}{2}-\dfrac{1}{3}+\cdots+\dfrac{1}{n}-\dfrac{1}{n+1}\right)=\dfrac{1}{4}\left(1-\dfrac{1}{n+1}\right)<\dfrac{1}{4}.$

【例 3-32】因为 $\dfrac{a_n}{n}=1+\dfrac{1}{2^n-1}=1+\dfrac{1}{2^{n-1}+2^{n-1}-1}<1+\dfrac{1}{2^{n-1}}$，所以 $\dfrac{a_1}{1}+\dfrac{a_2}{2}+\dfrac{a_3}{3}+\cdots$

$+\dfrac{a_n}{n}\leqslant n+\dfrac{1}{2^0}+\dfrac{1}{2^1}+\dfrac{1}{2^2}+\cdots+\dfrac{1}{2^{n-1}}=n+\dfrac{1-\left(\dfrac{1}{2}\right)^n}{1-\dfrac{1}{2}}=n+2-\left(\dfrac{1}{2}\right)^{n-1}<n+2.$

【变式 3-22】$e_n=\sqrt{1+\left(\dfrac{4}{3}\right)^{2n-2}}>\sqrt{\left(\dfrac{4}{3}\right)^{2n-2}}=\left(\dfrac{4}{3}\right)^{n-1}$，则 $e_1+e_2+\cdots+e_n>$

$\dfrac{1-\left(\dfrac{4}{3}\right)^{n-1}\times\dfrac{4}{3}}{1-\dfrac{4}{3}}=\dfrac{4^n-3^n}{3^{n-1}}.$

【例 3-33】(1)由 $a_{n+1}=3a_n+1$，得 $a_{n+1}+\dfrac{1}{2}=3a_n+\dfrac{3}{2}=3\left(a_n+\dfrac{1}{2}\right)$，又因为 a_1+

$\dfrac{1}{2}=\dfrac{3}{2}\neq 0$，所以 $\left\{a_n+\dfrac{1}{2}\right\}$ 是等比数列，则 $a_n+\dfrac{1}{2}=\dfrac{3}{2}\times 3^{n-1}=\dfrac{1}{2}\cdot 3^n$，即 $a_n=\dfrac{3^n-1}{2}$

$(n\in\mathbf{N}^*).$（放缩法是处理数列不等式的一种基本方法，应该掌握一些基本的放缩）

(2)方法 1：$\dfrac{1}{a_n}=\dfrac{2}{3^n-1}=\dfrac{2}{2\times 3^{n-1}+3^{n-1}-1}\leqslant\dfrac{2}{2\times 3^{n-1}}=\dfrac{1}{3^{n-1}}$，所以 $\dfrac{1}{a_1}+\dfrac{1}{a_2}+\cdots+\dfrac{1}{a_n}\leqslant$

$1+\dfrac{1}{3}+\cdots+\dfrac{1}{3^{n-1}}=\dfrac{3}{2}\left(1-\dfrac{1}{3^n}\right)<\dfrac{3}{2}.$

方法 2：先证 $\dfrac{1}{a_n}=\dfrac{1}{3^{n-1}}$，即证 $a_n>3^{n-1}.$

由 $3^n-1-3^{n-1}=2\times 3^{n-1}-1>0$，得 $a_n>3^{n-1}$，所以 $\dfrac{1}{a_n}$ 的和小于 $\dfrac{1}{3^{n-1}}$ 的和，即 $\dfrac{1}{a_1}+$

$\dfrac{1}{a_2}+\cdots+\dfrac{1}{a_n}<\dfrac{3}{2}.$（由 $\dfrac{3}{2}=1+\dfrac{1}{3}+\dfrac{1}{3^2}+\cdots$ 想到 $\dfrac{1}{a_n}<\dfrac{1}{3^{n-1}}$）

方法 3：因为分母变化很快，故考虑放缩为等比数列，由糖开水性质得 $\dfrac{1}{a_n}=\dfrac{2}{3^n-1}\leqslant$

$\dfrac{2+1}{3^n-1+1}=\dfrac{1}{3^{n-1}}.$

【变式 3-23】$\dfrac{1}{a_n}=\dfrac{1}{3\times 3^{n-1}-2^n}=\dfrac{1}{3^{n-1}+2\times 3^{n-1}-2^n}<\dfrac{1}{3^{n-1}}$，所以 $\dfrac{1}{a_1}+\dfrac{1}{a_2}+\cdots+\dfrac{1}{a_n}\leqslant$

$$1+\frac{1}{3}+\cdots+\frac{1}{3^{n-1}}=\frac{3}{2}\left(1-\frac{1}{3^n}\right)<\frac{3}{2}.$$

【变式 3-24】(1)两边同时加上 1 得 $a_n+1=2a_{n-1}+2=2(a_{n-1}+1)$，因为 $a_1+1=2\neq0$，所以 $\{a_n+1\}$ 是等比数列，则 $a_n+1=2^n$，即 $a_n=2^n-1$.

(2)因为 $\dfrac{a_k}{a_{k+1}}=\dfrac{2^k-1}{2^{k+1}-1}=\dfrac{1}{2}-\dfrac{1}{2(2^{k+1}-1)}<\dfrac{1}{2}$，$k=1$，$2$，$\cdots$，$n$，所以 $\dfrac{a_1}{a_2}+\dfrac{a_2}{a_3}+\cdots+$ $\dfrac{a_n}{a_{n+1}}<\dfrac{n}{2}$.（放缩成一个等比数列求和，由 $\dfrac{1}{3}=\dfrac{1}{3}\times\left(\dfrac{1}{2}+\dfrac{1}{2^2}+\cdots\right)$ 想到 $\dfrac{1}{3\times2^k}$）

因为 $\dfrac{a_k}{a_{k+1}}=\dfrac{2^k-1}{2^{k+1}-1}=\dfrac{1}{2}-\dfrac{1}{2(2^{k+1}-1)}=\dfrac{1}{2}-\dfrac{1}{3\times2^k+2^k-2}\geqslant\dfrac{1}{2}-\dfrac{1}{3\times2^k}$，所以 $\dfrac{a_1}{a_2}+$ $\dfrac{a_2}{a_3}+\cdots+\dfrac{a_n}{a_{n+1}}\geqslant\dfrac{n}{2}-\dfrac{1}{3}\left(\dfrac{1}{2}+\dfrac{1}{2^2}+\cdots+\dfrac{1}{2^n}\right)=\dfrac{n}{2}-\dfrac{1}{3}\left(1-\dfrac{1}{2^n}\right)>\dfrac{n}{2}-\dfrac{1}{3}.$

3.8　数列中不可忽略的一些知识点

【例 3-35】(1)$a_1=\dfrac{1}{2}$，$a_2=\dfrac{1}{6}$.

(2)由题知 $(S_n-1)^2-a_n(S_n-1)-a_n=0$，结合 $a_n=S_n-S_{n-1}$ $(n\geqslant2)$，得 $S_nS_{n-1}-2S_n+1=0$ $(n\geqslant2)$，因为 $S_1=\dfrac{1}{2}$，$S_2=\dfrac{2}{3}$，所以猜想 $S_n=\dfrac{n}{n+1}$，下面用数学归纳法证明.

(i)当 $n=1$ 时，结论成立.

(ii)假设当 $n=k$ 时，结论成立，即 $S_k=\dfrac{k}{k+1}$. 当 $n=k+1$ 时，由 $S_{k+1}S_k-2S_k+1=0$，得 $S_{k+1}=\dfrac{1}{2-S_k}=\dfrac{k+1}{k+2}$，故当 $n=k+1$ 时，结论成立.

综上，由(i)(ii)知 $S_n=\dfrac{n}{n+1}$，$n\in\mathbf{N}^*$.

所以 $a_n=\begin{cases}S_1,\ n=1,\\S_n-S_{n-1},\ n\geqslant2\end{cases}=\begin{cases}\dfrac{1}{2},\ n=1,\\\dfrac{1}{n(n+1)},\ n\geqslant2,\end{cases}$ 即 $a_n=\dfrac{1}{n(n+1)}$，$n\in\mathbf{N}^*$.

【变式 3-25】(1)$b_n=-\dfrac{4^{n-1}+2}{3}$；(2)$c$ 的取值范围是 $\left(2,\dfrac{10}{3}\right]$.

【变式 3-26】(1)因为 $f(4)=4^2-8-3=5$，所以点 $P(4,5)$ 在函数 $f(x)$ 的图像上，故由所给出的两点 $P(4,5)$，$Q_n(x_n,f(x_n))$，可知直线 PQ_n 的斜率一定存在.

直线 PQ_n 的直线方程为 $y-5=\dfrac{f(x_n)-5}{x_n-4}(x-4)$，令 $y=0$，可求得 $-5=$

$\dfrac{x_n^2-2x_n-8}{x_n-4}(x-4)\Leftrightarrow\dfrac{-5}{x_n+2}=x-4\Leftrightarrow x=\dfrac{4x_n+3}{x_n+2}$，所以 $x_{n+1}=\dfrac{4x_n+3}{x_n+2}$.

下面用数学归纳法证明 $2\leqslant x_n<3$.

当 $n=1$ 时，$x_1=2$，满足 $2\leqslant x_1<3$.

假设当 $n=k$ 时，$2\leqslant x_k<3$ 成立，则当 $n=k+1$ 时，$x_{k+1}=\dfrac{4x_k+3}{x_k+2}=4-\dfrac{5}{x_k+2}$.

由 $2\leqslant x_k<3\Leftrightarrow4\leqslant x_k+2<5\Leftrightarrow1<\dfrac{5}{x_k+2}\leqslant\dfrac{5}{4}\Leftrightarrow2<\dfrac{11}{4}\leqslant4-\dfrac{5}{x_k+2}<3$，即 $2\leqslant x_{k+1}<3$ 也成立.

综上可知 $2\leqslant x_n<3$ 对任意正整数恒成立.

下面证明 $x_n<x_{n+1}$.

$x_{n+1}-x_n=\dfrac{4x_n+3}{x_n+2}-x_n=\dfrac{4x_n+3-x_n^2-2x_n}{x_n+2}=\dfrac{-(x_n-1)^2+4}{x_n+2}$.

由 $2\leqslant x_n<3\Rightarrow1\leqslant x_n-1<2\Rightarrow0<-(x_n-1)^2+4\leqslant3$，故有 $x_{n+1}-x_n>0$，即 $x_n<x_{n+1}$.

综上可知 $2\leqslant x_n<x_{n+1}<3$ 恒成立.

(2)由 $x_{n+1}=\dfrac{4x_n+3}{x_n+2}$ 得到该数列的一个特征方程 $x=\dfrac{4x+3}{x+2}$，即 $x^2-2x-3=0$，解得 $x=3$ 或 $x=-1$.

所以 $x_{n+1}-3=\dfrac{4x_n+3}{x_n+2}-3=\dfrac{x_n-3}{x_n+2}$①，$x_{n+1}-(-1)=\dfrac{4x_n+3}{x_n+2}+1=\dfrac{5x_n+5}{x_n+2}$②.

两式相除可得 $\dfrac{x_{n+1}-3}{x_{n+1}+1}=\dfrac{1}{5}\times\dfrac{x_n-3}{x_n+1}$，而 $\dfrac{x_1-3}{x_1+1}=\dfrac{2-3}{2+1}=-\dfrac{1}{3}$，故数列 $\left\{\dfrac{x_n-3}{x_n+1}\right\}$ 是以 $-\dfrac{1}{3}$ 为首项，$\dfrac{1}{5}$ 为公比的等比数列.

$\dfrac{x_n-3}{x_n+1}=-\dfrac{1}{3}\cdot\left(\dfrac{1}{5}\right)^{n-1}$，故 $x_n=\dfrac{9\times5^{n-1}-1}{3\times5^{n-1}+1}=3-\dfrac{4}{3\times5^{n-1}+1}$.

【例 3-37】(1)设 $P_{k-1}(x_{k-1},0)$，由 $y'=\mathrm{e}^x$，得点 $Q_{k-1}(x_{k-1},\mathrm{e}^{x_{k-1}})$ 处的切线方程为 $y-\mathrm{e}^{x_{k-1}}=\mathrm{e}^{x_{k-1}}(x-x_{k-1})$，由 $y=0$，得 $x_k=x_{k-1}-1(2\leqslant k\leqslant n)$.

(2)$x_1=0$，$x_k-x_{k-1}=-1$，得 $x_k=-(k-1)$，所以 $|P_kQ_k|=\mathrm{e}^{x_k}=\mathrm{e}^{-(k-1)}$，于是 $S_n=|P_1Q_1|+|P_2Q_2|+|P_3Q_3|+\cdots+|P_nQ_n|=1+\mathrm{e}^{-1}+\mathrm{e}^{-2}+\cdots+\mathrm{e}^{-(n-1)}=\dfrac{1-\mathrm{e}^{-n}}{1-\mathrm{e}^{-1}}=\dfrac{\mathrm{e}-\mathrm{e}^{1-n}}{\mathrm{e}-1}$.

【变式 3-28】$a_n=\sqrt{3n-2}$，$n\in\mathbf{N}^*$.